"博学而笃志，切问而近思。"

（《论语》）

博晓古今，可立一家之说；
学贯中西，或成经国之才。

孙关宏，男，1935年5月出生于上海，复旦大学国际关系与公共事务学院教授、博士生导师。兼任中国政治学会理事、上海市政治学会副会长、上海市科学社会主义学会理事。长期从事科学社会主义与政治学理论学科的教学与科研工作。主编有《政治学教程》、《政治学概要》、《马克思主义政治学》、《企业行政管理》、《现代企业行政管理》、《邓小平政治思想研究》、《新政治学概要》、《走向新世纪的现代企业党组织》等著作。其中《政治学概要》获1992年国家教委优秀教材奖，《邓小平政治思想研究》获1995—1998年上海市邓小平理论研究和宣传优秀成果著作二等奖。曾主持和完成多项国家社科规划和上海市社科规划研究项目。

胡雨春，女，1954年生于上海，复旦大学国际关系与公共事务学院副教授。1991—1992年德国康斯坦茨大学访问学者，1997年3—8月为德国吉森大学政治学客座教授。主要从事政治学理论和企业行政管理等领域的教学与研究工作。主编《现代企业行政管理》、《走向新世纪的现代企业党组织》等著作，参与撰写《新政治学概要》、《西方政党制度社会生态分析》等10余部著作，发表论文多篇。

复旦博学·MPA系列

政治学

（第二版）

孙关宏　胡雨春　主编

复旦大學出版社

内容提要

　　本书在系统总结已有政治学理论研究成果的基础上，介绍和评述了现当代许多国内外学者在政治学方面的一些重要学术观点，对国家形态、政治权力、政党政治、政治参与、政治发展、政治民主、政治文化等政治学核心范畴作了较为深入并富有新意的分析和阐述，比较客观地反映了政治学科发展中的一些带有普遍意义的现象和规律，使抽象的理论更贴近中外政治发展的现实。

　　本书作为复旦版MPA（公共管理硕士）系列教材之一，既可作为MPA课程的基本教材，又可作为大专院校政治学专业和行政管理学专业的本科和专科的专业教材。

目　录

第一章 绪 论

　　作为当代社会科学研究的一个主要领域,政治学是一门研究一定经济基础之上的公共权力的活动、形式和关系及其发展规律的学科。由于不同区域和处于不同发展阶段的人类对政治本身的理解并不完全一致,政治学在不同的时空背景下所提供的政治知识和研究方法也就随着政治内涵本身的变化而不断变化。所以,我们在学习和研究政治学的知识框架、研究方法及各主题领域之前,必须先了解政治内涵本身的变迁。

一、政治与政治学

(一) 政治的内涵

　　在现实生活中,我们常常将政治等同于国家或政府的活动。严谨的政治学家们则认为,在现代意义上的国家和政府还没有出现之前的相当长的历史时期,一些地方就已经出现了政治实践活动。而且,即使在国家和政府出现之后,也不是所有的国家和政府活动都是严格意义上的政治活动。在理解政治的起源时,我们之所以要把目光投向遥远的古希腊时代,是因为,现代汉语中的"政治"一词,所表达的是英语中的"Politics"的含义。而"Politics"的源头,则是指古希腊时代的城邦活动。

1. 政治内涵在西方的演变

　　(1) 古希腊政治的内涵。在古希腊人的政治语汇中,"政治"一词源自

"波里"(Polis),该词在《荷马史诗》中指堡垒或卫城。同"乡郊"(demos)相对。雅典的山巅卫城"阿克罗波里"(Acropolis),雅典人常常简称之为"波里"。堡垒周遭的"市区"称"阿斯托"(asto)。后世把卫城、市区、乡郊统称为"波里",综合土地、人民及其政治生活而赋予其"邦"或"国"之意。由"波里"衍生出的名词包括:属于城邦的人即公民、城邦政制、政体或政府、政治家、政治学①。

参与城邦生活的公民在他的一生中有两个明显不同的生活层次,即家庭和城邦。亚里士多德指出,家庭有别于城邦,家庭虽然在程序上先于城邦,但在本性上却后于城邦,因为家庭只是城邦这一整体的一部分,每一个隔离的个人都不足以自给其生活,必须共同集合于城邦这个整体才能让大家满足其需要。因此,在亚里士多德看来,人是城邦即政治的动物,"城邦出于自然的演化,而人类自然是趋向于城邦的动物(人类在本性上,也正是一种政治动物)。凡人由于本性或由于偶然而不归属于任何城邦的,他如果不是一个鄙夫,那就是一位超人"。这里所说的"人"即城邦中具有自由人身份的公民,在雅典,所谓公民即年满21岁的男子,妇女、奴隶、外邦人和未成年人则不属于公民之列。

家庭由两大要素构成:即人的要素和物的要素,物的要素即财产,而人的要素首先是丈夫和妻子,其中尤为关键的是妻子。家庭的运作由一系列隶属关系所组成,即妻子从属于丈夫、子女从属于父亲、奴隶从属于主人。因此家庭是一个自然共同体,是一个受必然性支配的自然领域,在这里是没有自由可言的,人在这一领域内的活动并不是人的本质活动。家务管理技术包含三项要素,即管理奴隶(作为家主)的技术、运用父权的技术,以及运用夫权技术②。

与家庭这一基于人的自然需求而形成的联合体不同,城邦这一更为高级的政治组合则是基于某种"契约",它志在使人趋向善良,成为优良的动物。城邦的原则是正义,由正义而衍生出礼法,而正义恰是建立社会秩序的基础。因此,古希腊人所理解的政治首先意味着在城邦内部服从法律和在成员之间的关系中去除暴力。正是在这个意义上,亚里士多德一再强调:政治关系之所以不同于父子关系、夫妻关系和主奴关系,是因为它所体现的是自由而平等的主体之间轮番而治的统治与被统治关系。这种政治关系的存在,同时也意味着,只有在政治领域中,人的最高能力才能展现,才能实现某种超越本能的自由,或者说,自由只能存在于政治生活当中。人生的最高意义就在于,在政

---

① 亚里士多德:《政治学》,吴寿彭译,商务印书馆1965年,第113页注①。

② 亚里士多德:《政治学》卷一章十二。

治活动中去实现他的最大自由。

与家庭和城邦分别对应,主人的权威异于政治家的权威,家政学也有别于城邦(政治)学。政治家的治理对象是自由人,主人管辖的则是奴隶。家务管理由一个君主式的家长掌握,各家家长以君臣形式统率其附从的家属,政治家所执掌的则是平等的自由人之间所付托的权威。但家务与政务的功用相类似:政治学的功用既在于首先建立一个城邦,同时又在于管理好所建立的城邦;而家政学的功用也必定是既要组织一个家庭,又要妥善处理家庭中的事务。

(2)古罗马政治的内涵。公元前509年,古罗马人在废除王权之后,建立了共和国(Res Publica)。"共和国"意味着"人民的事业"。在古罗马,共和国被理解为是"人民的共同事务",它不是在某一个地域中的人的偶然聚合,而是一个有机的共同体。西塞罗指出,疆土、人民、权力统治并不足以构成共和国,共和国之所以是共和国,其首要的理由就是统治的正义性。因此,共和国的建立和维持就构成罗马政治的核心。

既然共和国的本质是人民的事业,王权统治在罗马人看来就是一种奴役。在结束王权而进入共和时代之后,罗马人用两名执政官取代国王,设立保民官,以确保人民的事业的正常存续与发展。为了维护人民的自由,罗马人充分实践了混合政体的理念,即在社会结构上实现了贵族与平民、富裕者与贫困者之间的和谐,在政体建制上确保元老院与公民大会和保民官之间的权力平衡。罗马共和国时期(公元前509至前27年)国势蒸蒸日上,统治范围迅速扩大,根本原因在于共和政体使不同阶层愿意以法律解决彼此间的分歧,党派私利服从于城邦公益。

(3)中世纪政治的内涵。西罗马帝国于公元476年走向灭亡。北方日耳曼人对原始自由的尊崇和部落法的继承,由领主和封臣所构成的等级体系及教会的兴起和发展,构成了中世纪欧洲重要的政治景观。政治的内涵也因西方社会的这一重大转型而发生了深刻的变化。

在古希腊和古罗马人那里,人生的意义就在于公共领域之内的政治活动之中,对人生意义的追求和对现实政治的参与是结合在一起的,或者说,只有通过对现实政治活动的参与,人生的意义才能得以实现。但是,蛮族入侵在扑灭城邦体制的过程中,所建立起来的却是他们在征战过程中所形成的赏赐和分封体制。流动的朝廷和不断的征战使他们在相当长的一段时间内才建立起了相对稳定的王国、公国和伯爵统治的封邑。经过蛮族的破坏之后,现实的政治已经不再是所有公民都平等参与的公共活动,而变成了国王与他的封臣间的活动。参加政治活动的国王和封臣们不同于基于共同的起源、共同的信仰并为实现正义而开展政治活动,以共同的利益作为联结他们的共同纽带的古希腊和古罗马人,国王与封臣们也不是基于对自由的追求而平等地参与政治生活,其解决问题的手段也不是对话和说服,暴力和征战常常伴随着他们的政治活动。与古典的政治相比,此时的现实政治已经蜕化成了一种利益政治,是家长与臣仆之间的统治与被统治关系,政治活动意味着私人领域的扩大化。托马斯·阿奎那将亚里士多德的"人是天生的政治动物",译成"人是天生的社会动物",正式宣布了政治的超越意义已经不存在①。政治成了只是在现世才有的生活。

与西罗马帝国的灭亡和蛮族的入侵相伴的是基督教的兴起和发展,并很快形成了一套包括信仰、情感、戒律和礼仪在内的复杂体系。与日常生活的暗淡无光相对的是,通过信仰而在人的内心中树立起神圣化的辉煌与壮丽。信徒们尽管在世俗生活中处于被统治状态之下,生活在等级体系之中,但是,在信仰领域则可以超越俗界,精神上达到自由和平等状态。正是在这种背景下,宗教信仰开始赋予人生以更高的意义追求。神圣与凡俗、上帝与凯撒、信仰与政治构成了西方中世纪政治生活中难以消弭的张力。

(4)现代政治的内涵。现代政治是一种以现代国家为中心的政治,而现代国家又是与现代私有制相适应的一种组织形式。正是由于现代工业和普遍竞争的出现,造就了大量的动产,使得所有制形式从传统的部落所有制,转变成了以个人占有为特征的现代的纯粹私有制。以这种纯粹的私有制为基础,逐步引出了现代市民社会的兴起与发展,从各方面侵蚀了传统政治的基础,并产生了以私人利益为基础而构成近现代国家的需要,从而形成了现代国家与社会的辩证关系。因此,在现代国家的形成过程中,正是由于私有制摆脱了共同体的形式,现代国家才获得和市民社会并列的并且在市民社会之外的独立存在②。政治的内涵中也就因此而被赋予了经济的含义。

现代国家的建立意味着现代公共领域是以私有制为基础而形成的,意味着经济生活对政治生活的驾驭和控制。交换原则也就从经济领域扩展到了政治领域,政治本身再也不具有独立的意义,而变成了社会的功能活动之一,政治本身要从经济生活中去寻求自己的合法性支持,现代政治的职能也成了维护经济生活的正常需求。所以,马克思才说,政治是建立在一定经济基础之上的上层建筑,国家是该时代的整个市民社会获得集中表现的形式。在这里,马克思一针见血地指出了共和制在资本主义社会中早已不是一种真正的共和制,而只能是现代资本主义政治的一个外壳。隐藏在这个外壳之下的,是赤裸裸的经济剥削。试图维护和打破这种经济剥削而展开的各阶级之间的权力斗

4

---

① 汉娜·阿伦特:《人的条件》,上海人民出版社1999年,第19页。
② 《马克思恩格斯全集》第三卷,北京:人民出版社2002年,第70页。

争,正是现代资本主义政治活动的本质。

现代政治的另一特性是以主权为核心的权力政治。"国家"一词,其本义是指统治者的职位或地位,其引申义为政权。在 15 世纪的意大利,随着城市共和国纷纷解体,一些精于谋略的权术家靠权术和谋略而建立起了僭主统治。政治运作的方式出现了权术化的趋势。马基雅维利的著作正是这一时期政治状况的反映:善作为政治价值的核心在新的时代下已经失去了意义,新时代的政治活动家们已经不再追求古典意义上的至善的生活,政治变成了围绕着权力的竞取而展开的谋略和阴谋活动。

近代早期的政治理论家们所面临的一大难题便是:自从宗教改革动摇了教会在现世之中的最高权威之后,人世间还有没有最高权力?如果有,这个最高权力该归谁?法国思想家让·布丹为此提出了主权概念,并将人间的最高权力赋予君主。在实践中,欧洲各国君主间所签订的《威斯特伐利亚条约》正式确立了各国君主在一国之内的现实政治中的最高权威,各国之间也按照自己的统治范围而第一次划定了边界。1789 年爆发的法国大革命对现代政治所产生的两个最重要的影响是:一方面作为最高权力的政权和作为民族共同体的国家开始结合,国家在政权的基础上开始具有民族利益共同体的意义;另一方面,君主主权开始被人民主权所替代。人民主权在国内成为最高主宰,在国际上成了本国人民集体利益的最高代表。

从此,政治便成了一定经济基础之上的上层建筑,成了围绕着获得、保持和夺取权力而展开的活动的总称。但是,随着全球化时代的到来,这种以民族国家的内外活动为核心的政治受到了多方面的挑战。政治的内涵可能会在一个新的时代发生新的变化。

2. 政治内涵在中国的变迁

(1)古代政治的内涵。中国古代的历史典籍中很早便有"政治"一词,如《尚书·毕命》中就有"道洽政治,泽润生民",《周礼·地官·遂人》中有"掌其政治禁令"之说。但是在更多的情况下是将"政"与"治"分开使用①的。概括起来说,"政"在中国古代主要有四种含义:一是一定朝代的制度与秩序,如"启以商政,疆以周索"、"启以夏政,而作禹刑"、"大乱宋国之政"等;二是施政的手段之一,如"礼乐刑政,其极一也"中,这里的"政"就主要是与"礼"、"乐"、"刑"相并列的一种统治和治理手段;三是统治者的修养和教化,如孔子所说的"政者正也,子帅以政,孰敢不正","政"在这里就主要是一种符合礼仪道德的修养和教化;四是君主和大臣们的政治管理活动,如《宋史·欧阳修

---

① 参见《中国大百科全书·政治学》,第 482 页。

传》载:"其在政府,与韩琦同心辅政","政"就主要是指朝廷或官员们的政务活动。"治"在中国古代则主要有两种含义:一是指一种与动荡相对的安定和谐的状态,如"天下交相爱则治,交相恶则乱";二是指统治、治理或管理活动,如"以正治国,以奇用兵"和"修身、齐家、治国、平天下"。

从以上古代文献中关于"政治"的记录中我们可以看到,中国古代是没有西方意义上的"政治"的,尤其是没有古希腊意义上的政治。略微能够体现出政治特征的"政"字在古代也有着不同于西方的含义,政治在很大程度上是一种君主和大臣们的统治和管理活动。但是这种管理活动又不是一种纯粹的管理活动,而是上承天命而行的抚民和安民活动。在这种政治活动中,替天行道的善政就是通过政治活动主体的"修齐治平"和"礼乐刑政"来达到"内圣外王"和天下和谐的至善境界;恶的政治也就是在统治和管理活动中对天道的偏离。

所以,相对于古希腊的政治而言,中国古代并没有明显的公共领域与私人领域之分,政治生活与日常生活之间并没有明显的界限,都是一种一以贯之的载道和行道活动,这就使得古代中国的政治相对于个人而言并不存在一个明显的边界,政治活动甚至可以抵达个人的内心世界。政治活动本身也没有一种不同于日常生活的评价标准,君臣之义与家族之义并没有本质的区别,都是在一种道德化的标准之下来衡量的。在道德化的标准之下,要求政治活动所体现的也主要是一种神授的自然秩序,因而也就缺乏人为的制度设计来规范权力的运作。尽管有些朝代奉行严刑峻法,对官员的贪污和考勤等制定了严密的纪律,但是对如何处理政治问题却一直没有一个相对独立的根本性外在规范,现实政治运作的规范在很大程度上是来自内在的道德规范。外在规范的缺乏其实是给当政者的政治活动留下了很大的自主活动空间,施政的范围也缺乏明晰的边界。这样看来,中国古代的政治也就在更大程度上是一种充满道德色彩的行政活动。

(2)现代政治的内涵。当英文中的 politics 一词经日本人的转述而传入中国之时,人们发现汉语之中并没有一个与之完全对应的词存在。孙中山先生认为,应该用"政治"一词来对译,并且认为:"政就是众人之事,治就是管理,管理众人之事,便是政治。"[①]他的这一解释在近代中国是一种很有影响的说法。他本人及以他为代表的近代早期革命党人终其一生所进行的工作,我们也可以说就是为了要在中国实现"管理众人之事"的政治,即在中国建立起现代共和制政体。孙中山先生对政治的这一界定及其所从事的活动,一方面

---

① 孙中山:《孙中山选集》(下),人民出版社1981年,第661页。

是继承了中国古代将政治看作是管理活动的传统,另一方面也接受了现代西方国家把政治功能视为实现大众利益的观点。

但是他的这一观点和他所从事的活动不久即为另外的观点和活动所替代,一方面,在孙中山本人去世之后,他所领导的革命活动本身开始从实现共和制度的理念蜕变为独裁和专制活动。而伴随着国民党的没落而兴起的中国共产党接受的是马克思列宁主义的政治观,即马克思、恩格斯的"一切阶级斗争都是政治斗争"和列宁的"政治是经济的最集中的表现"、"政治就是各阶级之间的斗争,政治就是反对世界资产阶级而争取解放无产阶级的关系"、"政治就是参与国家事务,给国家定方向,确定国家活动的形式、任务和内容"、"政治是一种科学,一种艺术"等观点。

中国共产党在马克思主义政治观的指导下,结合中国的国情,通过武装革命的道路取得了中国革命的胜利。但是在建国以后的相当长的一段时间内,我们曾把马克思揭示资产阶级国家本质的政治是各阶级间的斗争的说法,片面贯彻到了社会主义国家的政治生活之中,很长一段时间内在处理人民内部关系时犯了阶级斗争扩大化的错误,一度造成了政治的畸形发展。改革开放以来,邓小平立足于新的时代条件,在总结建国以来经验教训的基础上,提出了政治是社会主义现代化建设大局的思想,扭转了把政治单纯看做是阶级斗争的观念,使得当代中国的政治转到了现代化建设的大局上来,从而使得当代中国的政治成了对现代化建设的宏观把握与战略选择。

3. 当代社会科学研究中的政治内涵

由于政治本身是一种复杂的社会现象,政治除了在历史变迁中会发生内涵变化外,当代学者在不同的视角下对于当代政治的本质也有着不同的理解。由于政治生活在当代社会生活中的重要地位,研究政治问题的学者已经不仅仅限于政治学家,在当代社会科学的横断面下,不同的学科所理解的政治内涵也并不完全一致。

(1)经济学视角下的政治。经济学视角下的政治主要是一种功能化的政治观。在古典政治经济学者乃至于马克思那里,政治都是一定经济基础、一定生产关系基础之上的上层建筑,政治是一定时期内经济关系的集中表现。当代的世界体系论者和依附论者在一定程度上也继承了这一传统。在当代西方经济学中,经济学家一般都从个人主义的角度来观察政治,认为政治是市场缺陷的弥补者和市场秩序的维护者,政治活动本身也是理性的经济人为维护和实现自己的最大利益而展开的一系列计算和运筹过程,政治关系被等同为是一种交换关系。例如在公共选择理论家布坎南看来,个人在市场中的活动和在国家中的活动都是一种交换关系,市场和国家都是手段,都是通过提供某种直接有益于交易的另一方的产品或服务而促进自己的利益①。道格拉斯·诺斯也认为,国家的职能一是界定产权结构的竞争与合作的基本规则,这能够使统治者的租金最大化;二是降低交易费用以使社会的产出最大,从而增加税收。但是国家的第一个目的和第二个目的又有着内在矛盾,统治者的租金最大化与降低交易费用间存在着持久的张力。正是这一矛盾的存在才是经济增长与停滞的根源②。

(2)社会学视角下的政治。社会学者从社会的视角出发,一般将政治关系、政治组织看成是社会关系和社会组织演进到高级阶段的产物,或者从社会分工的角度将政治看做是社会高级器官及其活动,政治存在的意旨就在于维持社会的协调运转。社会学视角下的政治也是一种功能化的政治,政治成了社会的功能之一,但是与经济学视角下的政治相比,政治的功能就已经不再仅仅是针对经济领域,而是指向了整个社会。例如在斯宾塞看来,社会组织由三部分构成:即营养(生产)、分配与循环(商业、交通、银行)和调节(管理机构、统治机构和政府)。政治的功能就是在整个社会有机体中充当调节功能,使社会有机体能够协调运转。

(3)法学视角下的政治。法学视角下的政治是一种法律现象,政治成了立法、守法和执法的过程。有的法学家认为,作为现代政治核心所在的国家就是法律的产物,国家是为执行法律而设置的。有的法学家则认为国家本身也只不过是一个法人,是一个有独立人格和相应意志及行为能力的权利和义务主体。例如在纯粹法学派代表人物凯尔森看来,"国家只是作为一个法律现象,作为一个法人即一个社团来加以考虑","国家是由国内法律所创造的共同体","国家问题因而就是国内法律秩序问题"③。

(4)人类学视角下的政治。在当代人类学研究特别是文化人类学家的视角下,政治不再被看成是一种功能性和工具性的活动,而成了一种特定的仪式、信仰体系、符号和象征活动,是发现、阐述和表达意义的场所,政治具有自身的意义。例如在文化人类学者格尔兹看来:"人是悬挂在由他们自己编织的意义之网上的动物",文化就是他们所编织的这张网,"一个国家的政治反映着它的文化格式"。"文化具有表演性质",是一个习惯、技术、知识和才能的综合产物,从这个意义上讲,国家就是一个剧场,政治就是这个剧场中的表演

---

① 詹姆斯·M·布坎南、戈登·塔洛克:《同意的计算——立宪民主的逻辑基础》,中国社会科学出版社 2000 年,第 20 页。

② 道格拉斯·C·诺斯:《经济史中的结构与变迁》,上海三联书店、上海人民出版社 1997 年,第24—25 页。

③ 凯尔森:《法与国家的一般理论》,中国大百科全书出版社 1996 年,第 203 页。

活动。①

（5）政治科学视角下的政治。在当代政治科学研究中，政治首先是被当作一个科学研究的对象来对待的。至于到底什么才是政治科学所研究的对象，政治科学内部也同样有着一个流变过程，在不同的时期作为政治科学研究对象的政治也并不完全一样。

在美国，政治科学诞生之初，由于深受欧洲大陆的制度研究传统和德国国家法研究的影响，政治科学研究的主要对象被定位成是国家的制度问题。当时的政治科学家们深信，制度是支配和影响人类行为的基本因素，只要他们能够描述清楚一个国家中决定权力分配的制度或规则，就获得了关于政治机构如何运转的准确理解，就弄清了政治运作的总体规律。所以，当时所理解的政治就主要是以宪法、法律和正式机构为代表的政治制度。

行为主义被提出以来，强调研究方法的科学化运动力图去除政治研究中的价值因素，政治科学研究的对象直接指向了个体的政治行为。权力成了理解政治内涵的一个核心要素，权力在一定程度上被当作是经济活动中的货币一样来对待，成了政治活动中的通货。例如在早期行为主义者拉斯韦尔那里，政治行为就是人们围绕着权力的获得和保持而展开的活动，"政治学是对权势和权势人物的研究"②。罗伯特·达尔也把政治体系定义为，"是任何重大程度上涉及控制、影响力、权力或权威的人类关系的持续模式"③。权力概念在政治科学研究中的广泛运用，一方面表明了政治科学家寻求研究科学化了的政治，同时也说明政治生活本身已丧失独立性而进一步泛化并进入了社会生活的各个领域。因此，新制度主义政治学兴起以来，正试图扭转行为主义的这一倾向，将政治科学研究的对象重新定位为对各种政治制度的研究。

结合政治内涵本身的演变及当代政治科学研究对政治的理解，我们认为，可以从两个角度来理解当代政治的内涵。就狭义而言，当代的政治主要是国家的活动及其形式和关系。就广义而言，当代的政治是在一定的经济基础之上的社会公共权力的活动、形式及其关系。从时间上看，狭义的政治涉及国家的政治现象及其活动，广义的政治则包括了人类历史发展的各个阶段；从空间上看，狭义的政治涉及国家的政治现象及其活动，而广义的政治则包括与社会公共权力相关联的各种权力现象和社会政治关系、行为与活动。

---

① 克利福德·格尔兹：《文化的解释》，上海人民出版社1999年，第377页、381页、第5页。

② 哈罗德·D·拉斯韦尔：《政治学：谁得到什么？何时和如何得到》，商务印书馆1999年，第15页。

③ 罗伯特·A·达尔：《现代政治分析》，上海译文出版社1987年，第17—18页。

(二) 政治学的研究范围与内容

1. 政治学的研究范围

从一般意义上讲,政治学是一门研究政治现象的科学。随着政治内涵本身的不断变化和人们对政治内涵产生不同看法,人们对政治学的研究对象也有不同的见解。在当代政治科学研究中,比较有代表性的看法主要有下面几种。

(1) 政治学即国家学。国家学派的人认为政治本身就是一种国家活动,政治学研究的对象应该是国家或国家活动。如美国政治科学的创始人柏吉斯就认为,"政治即国家,政治活动即国家活动"。在中国的政治学教科书中,也有人提出,政治活动的核心是国家政权问题,政治学应抓住政治中最本质、最主要、最根本的问题,即国家政权问题作为主要研究对象;但是政治学研究的对象又不仅仅限于国家问题。

(2) 政治学的研究对象是公共权力及其权威性价值分配。前文已述,这一学派深受行为主义的影响,认为权力现象才是政治学的研究对象。政治学是一门研究权力现象的科学,即权力的形成与分配。除了前面提到的拉斯韦尔和达尔之外,有着广泛影响的是伊斯顿的提法:"政治学是研究人们如何为一个社会进行权威性价值分配的学问。"①当代中国的政治学者总的来说都接受了政治学是研究公共权力的说法,如"政治学就是研究以社会公共权力为核心的人类基本活动及其规律的科学"、"政治学是研究公共权力主体对社会资源的强制性分配及由此达成的相互关系的发生、发展规律的科学"。中国学者尽管对于什么是政治的问题一直没能达成共识,但是却大多不约而同地将政治学的研究对象瞄定在政治权力上。

(3) 政治学的研究对象是人类社会的政治关系及其发展规律。这一派观点在中国大陆和台湾地区的政治学界也有很大的影响。如有人认为,政治科学是研究人类在政治生活上的相互关系的科学,还有人提出,政治学是研究社会的政治关系及其历史发展的规律性的科学。

(4) 政治学的研究对象是公共事务。这一提法是接受了孙中山关于政治就是对众人之事的管理的说法,从而将政治学的研究对象确定为是公共事务管理。如高一涵认为:"所谓政治学,就是用科学的方法,研究出关于管理众人

① 戴维·伊斯顿:《政治体系》,商务印书馆 1993 年,第 123 页。

之事的原理原则,造成一种精密的有系统的理论,和能够实地应用的政策。"①

（5）政治学的研究对象是政府及其公共政策。《布莱克维尔政治学百科全书》对政治学所作的定义是:"政治科学作为一门学科,力图系统地描述、分析和解释政府机构和公共政治生活的运作,加之所有那些有助于确定合法权威所作出的具有约束力的根本方案或决策的社会活动和互动关系,以及那些展示有关这些机构、决策和根本论点的价值观、人性观和各种描述性理论。"《政治学分析词典》对政治学所做的定义是:"政治科学是关于政府和政治系统的研究,是研究公共政策的形成和实施的科学,而公共政策对一个社会来说是具有权威性的或有约束力的决定。"

（6）政治学的研究对象是一切政治现象。20世纪的马克思主义政治学家邓初民就认为:"以政治现象为研究对象,用科学的方法达到从混沌的政治现象中抽出因果关系法则的目的之学,便是政治学。"《中国大百科全书·政治学》"政治学"条目下的解释也是"一般而论,政治学是研究社会政治现象的一门学问"。

结合我们对政治内涵的理解,我们认为从狭义的角度看,国家的活动、形式、关系及其发展规律是政治学的研究对象;就广义而言,在一定的经济基础之上的社会公共权力的活动、形式和关系及其发展规律,是政治学的研究对象。

2. 政治学的内容结构

对政治的不同看法和对政治学的不同看法,使得学者们在对待政治学的内容分类上也有不同的观点。下面仅列举在当代有重要影响的几种主要分类框架。

在美国政治科学家格林斯坦和波尔斯比所主编的《政治学手册》中,政治学的研究内容被分成了八个部分(八卷)。第一卷为政治学的范围与理论,具体内容包括政治学的传统、专业、科学和事业,政治研究的逻辑,对立观点的综述,政治哲学经典的当代意义,政治研究的语言,阐明的问题,政治评价。第二卷为微观政治理论,具体包括个性与政治、政治社会化、政治录用、集团理论、组织理论与政治学。第三卷为宏观政治理论,具体包括政治发展、政府与政治反对、分权政治与集权政治、集体选择理论、革命与集体暴力、社会结构与政治。第四卷为非政府政治,具体包括政治参与、公共舆论与投票行为、利益集团、政党。第五卷为政府体制与过程,具体包括宪政、联邦主义、执行机构、立法机构、法院、官僚体制。第六卷为政策与政策制定,具体包括政策分析研究、

① 高一涵:《政治学纲要》,神州国光书社1932年,第1页。

情报与评价功能、制定经济政策、经济学家的作用、科学政策、福利政策、种族政策、比较城市政策与成就、外交政策、政策影响分析。第七卷为研究方略,具体包括政治研究的资源、图书馆材料和手稿、定量数据、政治学中的个案研究与理论、计量政治、描述的基础、实验与模拟、调查研究、形式理论、研究未来。第八卷为国际政治,具体包括国际关系理论、国际政治研究的前沿、世界政治体系、国家安全事务、国际相互依赖和一体化、国际法。[①]

《中国大百科全书》所确定的中国政治学研究的基本框架分成七个方面。第一是政治理论,包括马克思主义政治学说、中国和外国政治思想史、当代政治学理论和政治哲学、政治学的基本概念和范畴、社会的意识形态体系等。第二是中国政治,包括中国政治史、社会主义中国的政治结构、政治制度、政府体制、党的领导和建设、干部与人事、地方政府、民族问题、统一战线问题、人民与政治家问题、政治心理、政治参与、政治过程、政治文化、政治发展等。第三是比较政治,包括各国的政治制度的模式、政治形式,一些主要国家的政治制度史和现行行政体制、政党制度、政治过程、政治文化、精英人物,一些国家特别是第三世界国家的政治发展、政治稳定、政治变迁及其各种模型以及地区研究和国家研究等。第四是公共政策,包括公共政策理论、决策科学、都市政策、外交政策、军事政策的研究等。第五是公共行政,包括行政管理、市政学、行政法学、官员体制、比较行政、组织和管理分析、组织理论和行为、人事行政等。第六是国际政治,包括国际政治理论、国际关系、国际组织、国际政治格局、国际法、世界性和地区性冲突与战争研究、国际战略研究等。第七是政治学方法论,包括政治学研究的基本方法和具体方法,如调查研究、定量分析、经验设计、个案研究以及政治系统分析、结构功能分析、政治行为分析、政治沟通分析、政治精英分析、政治团体分析、政治决策分析等。[②]

根据我们对政治及政治学的理解,本书的框架分为五部分共十一个章节。第一部分为绪论,主要回答什么是政治和政治学,政治学的研究历史与方法;第二部分为政治主体,主要探讨在政治舞台上活动的国家、政府、政党和政治团体;第三部分为政治运作过程,即政治民主、政治管理、政治参与;第四部分为政治文化和政治发展,分别从心理层和动态角度来审视政治运作及其变迁;最后第五部分为国际政治,主要阐述国际政治的基本含义与特征、国际政治的活动规则和主体,以及全球化时代下国际政治的新特征等。

---

① 参见格林斯坦、波尔斯比编:《政治学手册精选》(上),商务印书馆1996年,第4—5页。
② 参见《中国大百科全书·政治学》,第1—2页。

二、政治学的研究方法

（一）马克思主义研究社会政治现象的方法论

中国政治学研究的指导性方法是马克思主义研究社会政治现象的方法论，即以辩证唯物主义和历史唯物主义的方法来观察和分析社会政治现象。它要求我们在观察和分析社会政治现象时，首先要树立唯物政治观，即政治学研究要揭示历史运动的基本动力和发展规律，要从社会发展的客观条件来认识社会政治现象，从社会政治不断发展的过程来认识社会政治现象，并以经验的观察来分析和认识政治现象的本质。同时，在分析和研究政治现象时还要树立政治辩证法，即要把社会政治生活看成是一个运动的过程；政治学研究要运用辩证法的基本规律和基本范畴来从社会政治现象中的普遍联系和发展中去发现政治活动的规律①。在政治学研究中，辩证唯物主义和历史唯物主义的方法论所包括的具体方法主要有下面两种。

1. 历史分析法

马克思主义的历史分析法认为，任何政治现象的发生都有一定的历史条件，研究政治现象时应该将特定的政治现象放到特定历史范围中和背景中去加以考察，找出特定政治现象产生和存在的客观必然性或历史原因，从历史的因果联系中去把握政治的本质及其发展规律，在历史条件发生变化的情况下，还要站在新的历史高度，以新的观念和角度对过去的政治现象进行重新认识。

2. 经济分析法

马克思主义认为，政治的产生和变迁都要受一定的社会物质生产方式的制约，各种政治现象和政治事件的发生，归根结蒂是由经济原因决定的。一方面是经济决定政治，一定的政治关系和政治生活总与一定的经济和经济关系联系在一起，并受后者制约。另一方面，政治又具有相对的独立性，对经济也有巨大的反作用。在进行政治分析时，就不能不去研究政治的基础，研究政治与经济的互动关系，从而揭示出政治现象与政治活动的根源。

---

① 王沪宁主编：《政治的逻辑——马克思主义政治学原理》，上海人民出版社 1994 年，第 33—43 页。

3. 阶级分析法

马克思主义认为,在一切有阶级的社会中,人们在生产关系中是划分为不同阶级的,阶级关系是最根本的社会关系,阶级和阶级斗争则是社会政治现象的实质内容。阶级社会中政治的实质就是阶级的政治。阶级分析法要求,在分析政治现象时,要注意政治现象背后的阶级利益、阶级基础和阶级关系,从而在纷繁复杂的政治现象背后找出其阶级实质。

(二)政治学研究的具体方法

作为一门学科的政治学,从其产生和发展的过程中也发展出了一套包括多种框架和技术的具体研究方法。在中国政治学研究中,我们要在马克思主义政治研究方法论的指导下,大力吸收和借鉴这些政治学学科的具体研究方法。

1. 传统政治哲学的研究方法

西方政治科学研究者一般都以价值—事实二分的方法,将政治学的研究方法分为传统政治哲学和现代政治科学两大类。但是这种分法并不一定有明显的时间界限,在现代政治科学诞生以前,政治学家中也不乏有人用科学的方法研究政治事实,而当代的政治学研究中也同样有不少学者仍然在采用政治哲学的方法来研究政治价值。有些政治学家还特别注意用价值与事实分析相结合的方法来研究政治问题。

传统政治哲学在研究政治问题时所使用的一种主要方法是从哲学思辨的角度,从形而上的角度探讨政治生活的目标、精神、真理等政治生活的最高准则。大多数政治哲学家进行研究的具体步骤是先从一个先验的自然原初状态中抽象出一个普遍化的人性,然后从人性出发来发展出一套符合人类至善生活的最高准则,最后在这个最高准则的指导下设计出一套相应的政治制度。因此,在传统的政治哲学研究中,民主、正义、平等、自由等政治价值和相应的政体设计一直是其研究重点。研究过程中所使用的主要方法也是先验设定与逻辑推演。

2. 现代政治科学的研究方法

(1)早期政治科学的研究方法。早期制度主义者由于深受传统政治哲学和欧洲大陆国家学的影响,主要关注的是自上而下的制度设计问题。他们相信,制度是影响人类行为的基本因素,一旦他们理解了在一套政治制度中决定权力分配和人类行为的那些法律和正式机构,就获得了对政治机构如何运转的理解。这一时期的政治科学家们所使用的主要方法是制度研究法和历史比较分析。

① 制度研究法。制度研究法以政治制度为研究对象,注重对立法、行政与司法等政治组织的正式机构的研究。宪法和法律等正式文件、议会的议事日程和议会消息的报道等是他们进行研究时所使用的主要研究资料。在研究过程中,他们主要进行的工作就是对这些资料的收集、整理与提炼,并着力从机构或制度出发来分析特定社会的政治价值,再从政治价值出发来设计与分析符合某种目的的政治制度或机构。

② 历史比较法。制度研究者在对某一国的政治制度及其规则进行研究时发现,只对某一国的规则进行汇总的做法往往很难作出带有普遍性的归纳,因而他们又将目光向外,转而重视历史比较分析,致力于研究国与国之间的制度比较和制度与制度之间的比较,并从各国制度的历史变迁中提炼出普遍化法则。当时政治科学研究中的名言就是"历史是过去的政治,政治是现在的历史"。当时的历史比较分析途径主要有两个分支:一是对欧洲和派生于欧洲的政治制度之间的比较研究;二是对美国地方政府和州政府的研究。

(2) 行为主义的研究方法。行为主义既反对传统政治哲学研究中抽象思辨和演绎的方法,也反对旧制度主义的静态描述和简单写实,认为应该将政治科学研究的对象锁定到实际存在的、可观察到的政治行为上。为了实现这一研究目的,行为主义非常重视对政治数据的收集和整理,并要求在进行价值去除的同时,在现象和数据允许的范围内尽可能地多掌握和运用数学,尤其是统计学的定量方法和现代计算机技术来得出明晰的结论,从而达到对政治行为的解释、预测和控制。在实际研究中,数学模型、模拟实验、直接探查、实地观察等是行为主义经常使用的研究技术。行为主义在注重研究技术和对对象的可控制的同时,也发展出了一定的理论形态,主要有:

① 政治系统论。政治系统论运用了系统论和控制论的一般原理,不注重使用国家这种模糊的概念,而以政治系统为自己的基本研究对象,从宏观角度对政治过程,特别是公共政策制定与执行中的价值分配进行研究。其在研究过程中首先确定的是系统与环境的边界,然后从系统与环境的互动过程中来具体分析政治系统的输入、输出和反馈过程。其主要代表人物有戴维·伊斯顿、莫顿·卡普兰等。

② 结构功能主义。结构功能主义是在政治系统论的基础上发展起来的,它集中研究政治系统所履行的功能及相应的结构,强调每一系统中的结构和功能的相互关系,并试图从微观的角色出发,通过结构与功能关系进而沟通宏观的政治系统。其典型代表人物有加布里埃尔·阿尔蒙得、鲍威尔等人。

③ 政治沟通理论。政治沟通理论根据控制论、信息论的基本原理而创立,它也以政治系统为研究对象,其特点是把政治系统的运行过程看成是信息

的变换和控制过程,集中研究政治系统中的决策活动及其信息沟通。其代表人物是卡尔·多伊奇。

④ 政治文化理论。政治文化理论主要研究影响人们政治行为的各种因素中的文化因素。行为主义研究政治文化并不是对其进行抽象研究,而是运用行为主义的实证调查的方式来调查特定政治体系中的文化因素,如政治认知、政治感情、政治态度和政治价值等。其代表人物是阿尔蒙得、悉尼·唯巴等人。

⑤ 政治发展理论。政治发展理论一方面继承了传统制度研究中的历史比较分析,一方面又结合了行为主义革命所带来的新研究方法,致力于运用动态比较的方式和实证调查的方式来考察由不发达的政治系统向发达政治系统的变迁。其代表人物主要有派伊、阿尔蒙得、亨廷顿等人。

⑥ 政治计量理论。政治计量学是典型的行为主义研究方法,主要运用数学模型和统计方法来对政治现象进行定量研究,并严格按照科学研究的从假设出发、结合数据进行证实的研究路径。这种研究方法集中体现了行为主义的精确性、纯科学、量化研究和价值去除的方法论原则。

此外,大体上可以纳入行为主义阵营的研究方法还有精英理论、政治心理学等。行为主义本身不但在政治学研究中作为一个流派存在,其基本的研究方法也发散到了政治科学研究的其他流派之中。

(3) 新制度主义政治学的研究方法。新制度主义是20世纪80年代以来在美国兴起的一个新的政治学流派。作为对制度主义的回归,新制度主义重新强调了传统政治科学研究的制度主义研究途径,但是并不致力于对制度进行静态描述,而是在制度的动态运动中去探求制度对政治活动所产生的重大影响,以及制度与行动和制度与文化的相互关系。在新制度主义看来,政治科学的任务,在于解释政治行动及其后果。而政治科学对于行动的解释又可以在三个层面上展开:在微观层面上,行为主义和理性选择理论试图通过个体行动者的心理动机或理性偏好来进行解释;在宏观层面上,文化理论和社会结构理论则试图通过行动者所处的宏观社会结构及其认同的社会规范来进行解释;在中观层面上,新制度主义要强调的是,个体的心理动机和偏好、宏观社会结构和规范,在现实之中都要经过特定制度的中介和加工之后,才能具体化为特定的行动。因此,新制度主义虽然只是提供了一种替代性的解释模式,但是,这种解释模式的独特性在于,它能够为政治科学提供一种体现出"适应性逻辑"的事实上的因果机制,而不仅仅是逻辑上或规范上的因果机制。具体而言,新制度主义所包含的两个核心假设是:政治制度创造着秩序和政治行动的可预期性的基本要素;能够被特定人群所理解的例行性的行为过程,一方面将制度结构转化为政治行动,另一方面又将行动汇集为制度性的稳定与变迁①。以这两个基本假设为基础,"新制度主义"的大旗下存在着各种各样的具体流派,目前在西方有着较大影响的新制度主义流派主要有三个。

① 理性选择制度主义。在20世纪60年代的政治科学研究中,与行为主义相伴行的还有理性选择理论,这一派理论主要坚持经济学中的理性经济人假设,认为个体在政治活动中寻求自身利益最大化是政治科学研究的核心,政治过程与经济过程相比同样是一个理性人为实现自身的最大利益而展开的交易过程。理性选择制度主义则认为理性选择理论把人看成是在真空中运动,这在现实中是不可能的,因为人的现实政治活动要受到制度的约束。因此,理性选择制度主义在坚持了"经济人"假设的同时,认为政治分析的核心应是在既定制度约束下的个人寻求自身利益最大化的过程,制度在个人的选择过程中起着重大约束和激励作用。

② 历史制度主义。历史制度主义则主要致力在社会历史发展过程中形成的制度研究来分析和解释制度对政治行为的重大影响,因而它侧重于分析既定社会的制度对其历史发展道路的影响。其基本观点是,在一定的历史发展中所形成的具有稳定性的制度是推动历史沿着某一条道路而不是其他道路前进的重要因素。由于政治制度的路径依赖性要大于经济制度,特定的制度能力和过去的政策对当前的政策选择有着重大影响,有时甚至起到决定性的作用。

③ 社会学制度主义。社会学制度主义扩展了制度的外延,将特定社会的文化结构也看成是既定社会的制度,因而认为个体政治行动的动力不是来自个体的偏好,而是既定社会制度的塑造。偏好本身也受到了制度的塑造,特定制度的采纳并不一定是因为它提高了某一组织的运作效率,而在更大程度上是因为它体现了既定文化下的合法性问题。因此,对合法性与社会适应性的研究成了社会学制度主义的两个重点。

(三)跨学科的研究方法

由于当代的政治现象已经不仅仅是政治学家在研究,鉴于当代社会科学发展的跨学科趋势,在跨学科的交叉与综合之下,也产生了不少对政治问题进

---

① R·A·W·罗德斯、莎拉·A·宾德、伯特·A·罗克曼编:《牛津政治制度手册》(英文版),牛津:牛津大学出版社,2006年,第4—5页。

行跨学科分析的多元方法。目前在政治研究方面有较大影响的跨学科方法主要有如下六种。

1. 政治社会学

政治社会学是政治学与社会学结合的产物,它形成于 19 世纪末 20 世纪初,帕雷托、莫斯卡和韦伯等人都是政治社会学研究的主要代表人物。20 世纪中期行为主义兴起以后,政治社会学获得了长足的发展。概括起来说,政治社会学主要研究的是政治与社会间的互动关系,即在一定的社会之中是如何产生政治权威的,产生出的政治权威又是如何影响和制约社会的。其主要研究的课题有:政治的社会根源、社会结构与政治、社会与政治变革、政治精英与政治体系和政治对社会的反作用等。

2. 生物政治学

生物政治学主要是用生物学的基本原理、方法和技术来研究政治行为和政治现象,其涉及的具体学科有生理学、医学、生物化学、神经解剖学甚至营养学和公共卫生学等。其主要研究的对象是人的生物属性与人的政治行为之间的相互关系。其基本观点是认为人的行为不仅具有理性的特点,而且还往往会受到各种生物因素的影响和牵制。人的遗传差异和生物本能等会对政治行为产生重大影响。

3. 政治地理学

政治地理学主要是从地理的角度来观察和分析政治现象。政治地理学也有着悠久的历史,在亚里士多德的《政治学》和孟德斯鸠的《论法的精神》等书中就早有体现。早期的政治地理学主要研究地理环境和气候因素条件对政治制度和人的政治行为的影响和决定作用。19 世纪以来,政治地理学转入研究地缘政治、地缘战略和行政区划等政治地理问题。

4. 政治人类学

作为文化人类学的一个分支,政治人类学主要是运用文化人类学的一些理论、方法和技术来研究政治制度和政治行为。与传统的政治学相比,政治人类学主要有两个特点:一是试图超越特殊的政治经验和理论,致力于建立起一种带有普遍性的政治行为科学,以寻求人类的各种政治行为在不同历史时期和地理环境下的共同性;二是主要致力于描述和分析与初级社会有关的政治制度。

5. 政治经济学

古典的政治经济学家主要致力从经济关系的角度来解释政治现象的产生和发展。这一传统不但在当代的政治分析中仍然为不少学者所继承,而且在国际政治研究中还为当代的国际体系论者和依附论者所继承,主要研究当代国际经济分工体系之下的政治关系。中心、外围、依附等是今天的政治经济学家们所使用的基本政治经济分析框架。与此同时,运用经济学的人性假设和分析技术研究政治问题的公共选择理论也被视为是今天的新的政治经济理论。

6. 政治心理学

政治心理学产生于 20 世纪初期的沃拉斯、弗洛伊德等人运用心理学方法解释政治现象的传统,但作为一门学科却正式产生于 20 世纪 30—40 年代,拉斯韦尔的《精神病理学与政治》、《权力与人格》等著作是这一时期的主要代表。政治心理学的主要研究范围有政治动机与政治、个性与政治、政治社会化、政治文化与政治行为等。在研究过程中,其所采用的主要方法是传记阅读、实地采访和观察、心理测试、心理实验与个案剖析等。

三、政治学研究的发展脉络

(一) 西方政治研究的历史变迁

将政治作为专门的学科加以研究,最早始于古典希腊时代。古希腊思想家亚里士多德在公元前 4 世纪写就《政治学》一书,为西方政治学的开山之作。这里的"政治学"即"城邦学",旨在研究城邦的政治组织形式、权力分配、目标模式等等。亚里士多德所建立的政治研究范式体系对后来西方政治学研究的发展产生了深远而持久的影响。西方政治学研究从亚里士多德开始,其发展大致经历了以下三个阶段。

1. 古典希腊、罗马时期

这一时期政治研究的核心内容是城邦政治,其代表人物是古希腊后期的柏拉图(前 427—前 347)、亚里士多德(前 384—前 322)以及罗马共和国时代的西塞罗(前 106—前 43)。柏拉图留下了三篇关于政治和法律的对话:《理想国》(即《国家篇》)、《政治家篇》、《法律篇》;亚里士多德则留下了《政治学》以及他在对希腊半岛一百五十多个形形色色城邦政制研究的基础上写成的《雅典政制》(现仅存残篇)。柏拉图的《理想国》被视为西方政治思想最初萌芽之代表作。在这部著作中,柏拉图设想了一个社会各等级各安其位、各守其序、各司其职的正义国家的理想,这一理想国不仅是他研究和衡量现实政体的尺度,也是他全部政治思想的最终归宿。在理想国中,作为智慧、理性化身的哲学家出于城邦的利益进行统治。而要实现"哲学王"的统治,要么通过使哲学家成为王,要么使王通过学习成为哲学家①。与柏拉图不同,亚里士多德则是第一个试图将政治问题与伦理问题加以区别的思想家。他认为伦理学研究的是个人的善,政治学研究的则是群体的善。在《政治学》一书中,亚里士多德一开篇就指出,作为最高而广义的政治社团的城邦,其最高目的就是旨在"完成某些善业"。亚里士多德从"人从本性上说是政治(城邦)的动物"这一基础命题出发,系统阐述了关于城邦的起源、性质、目的、任务和活动原则的观点,提出了关于公共权力、政体类型以及法治等方面的理论②。柏拉图和亚里士多德的著作为西方政治研究的传统奠定了基础,这一传统在将近 2 500 年之后仍然长盛不衰。他们曾提出的问题仍然被提出,建立的政治范畴仍然通用。他们所开创的思维模式(柏拉图的带有较多哲学思辨、怀疑论和"理想主义"色彩,而亚里士多德的则较为现实、科学和"敏感")仍然拥有许多追随者和拥护者。其中亚里士多德在相当程度上指示了后来西方政治学研究的基本方向③。

罗马共和国特殊的成长经历为生活于该体制下的思想家们提供了更加广阔的思维空间和思想资源,他们开始超越传统城邦政制研究的局限,将古典希腊传承下来的政治研究大大地向前推进了一步。在众多思想家行列中,西塞罗在这一方面做出了重要贡献。在其代表性的政治论著《论共和国》、《论法律》中,西塞罗已完全摒弃了城邦的概念,并首先对"国家"(Res Publica)作出界定,他指出,"国家乃是人民的事业,但人民不是人们某种随意聚合的集合体,而是许多人基于法的一致和利益的共同而结合起来的集合体。"在西塞罗眼里,国家已不再是希腊式的城邦,而是领土广阔、族群多元的共同体。西塞罗在古典希腊政体理论的基础上提出了自己的共和政体理论,认为最好的政体是由贵族制、君主制以及民主制"均衡地混合而成的",而罗马共和国正是这一理想政体形式的现实体现。另外,西塞罗还较为完整地提出分权理论和法治原则。虽然在西塞罗之前,已经有人曾论及过某种分权思想,但正是西塞罗第一次将分权思想上升到理论和理性层面。根据罗马共和国的政制实践,西塞罗不仅设计出一套权力制衡的运作模式,而且第一次从法律上规定了国家各权力结构的制衡关系,为共和国制定了一整套具有宪法性质的法律制度④。这成为后来资产阶级启蒙思想家的宝贵精神遗产,也是近代分权理论

---

① 参见柏拉图:《理想国》,商务印书馆 1986 年。
② 参见亚里士多德:《政治学》,商务印书馆 1965 年。
③ 格林斯坦、波尔斯比编:《政治学手册精选》(上卷),商务印书馆 1996 年,第 11 页。
④ 西塞罗:《论共和国·论法律》,中国政法大学出版社 1997 年,第 39—60 页。

的重要思想来源。

2.　中世纪时期(5—15世纪)

中世纪是基督教神学思想占统治地位的时代,正如恩格斯所指出的,"中世纪只知道一种意识形态,即宗教和神学"①。这就使该时期的政治研究也弥漫着浓厚的宗教神学色彩。以圣·奥古斯丁(354—430)的教父神学和托玛斯·阿奎那(1225—1274)的经院哲学为代表,《圣经》、上帝、教权成为政治研究的出发点和归宿,信仰领域的权威成为判断万物是非曲直的唯一标准。

在其代表作《上帝之城》一书中,圣·奥古斯丁辩称,自创世纪到末日审判,整个人类过去和将来也是由两个敌对的集团构成的,其中一个集团自私自爱,"按人的标准生活";另一个集团"按上帝的标准"生活。前者属于"尘世之城",将受到惩罚;而受到天佑的少数人构成"上帝之城",在末日审判来临之前,他们将穿上永生的外衣。

与教父哲学将《圣经》视为至上权威略有差别,13世纪经院哲学的代表人物托玛斯·阿奎那则力图将希腊哲学与基督教神学精义协调起来。他根据基督教的信仰重新阐释亚里士多德的政治哲学思想,同时用后者改造基督教神学传统,并将两者有机地结合起来。阿奎那认为,最好的政治制度并非如亚里士多德认为的那样是人或哲学指导的实践理性的产物,而是上帝王国的同义语 。阿奎那成为基督教世界承前启后的人物,他首次将亚里士多德的《政治学》和《伦理学》译成拉丁文,并详细评注了亚里士多德的几乎全部主要论文;他在理论上论证了信仰领域和理性领域、道德科学与政治科学界分的可能性,这为后来的宗教改革乃至政教分离提供了重要的思想资源。②

3.　近代时期(文艺复兴至19世纪末)

文艺复兴是西方政治学的重要转折点。政治学开始摆脱宗教神学和传统伦理道德观念的束缚,人们开始以理性和经验的眼光观察和解释政治现象,西方近代政治学开始形成。马基雅维里(1469—1527)被称为新时代的第一位政治思想家。在他那里,政治研究抛弃了传统文本中的道德和伦理诉求,而是从现实政治斗争经验和人性本身出发,探讨世俗政治领域内的权力关系模式。在《君主论》一书中,马基雅维里用直率的世俗语调讲话,指出,政治关系从根本上说是财产关系的反映,政治权力的争夺与巩固是政治生活领域内的最高目标,为此,任何手段无所不用其极。不难发现,马基雅维里是第一个使政治学与伦理学彻底分家并获得独立的学科地位的思想家,因此他也被视为近代

---

① 《马克思恩格斯选集》第四卷,人民出版社1972年,第231页。
② 参见《阿奎那政治著作选》,商务印书馆1997年。

资产阶级政治学的奠基人。与马基雅维里同时代的还有法国政治思想家让·布丹(1529/1530—1596),他在其代表作《共和六论》一书中,在总结人类社会历史经验的基础上,提出了著名的国家主权理论,认为主权是一个国家的本质属性,具有至上性和不可分割性,是国家稳固统一的前提。布丹的政治理论虽然并未完全从中世纪的政治思想传统中摆脱出来,但他的主权理论不仅推动了政治同一和近代民族国家的形成,而且为通过国际法而相互联系的现代主权国家组成的现代国家体系奠定了理论基础,成为17、18世纪理性主义政治学的先驱。

17、18世纪是西方近代政治学的繁荣阶段,与政治领域的近代资产阶级革命相对应,思想领域也发生了深刻的变革。荷兰的格劳秀斯和斯宾诺莎,英国的霍布斯和洛克,法国的伏尔泰、孟德斯鸠和卢梭,美国的杰弗逊、潘恩、汉密尔顿等等,他们所提出的各种主张,为近代资产阶级政治原则奠定了坚实的理论基础。天赋人权、社会契约、分权制衡等学说以及体现在其中的自然法、自然权利、主权、自由、民主、平等、幸福等观念,成为近代乃至现当代西方资产阶级政治学研究的主导框架。

4. 现代时期(19世纪末至今)

现代意义上的政治科学诞生于美国。1880年,在美国学者J·W·伯吉斯的积极倡导下,在哥伦比亚大学成立了"政治研究院",建立了完善的学科专业设置,并开始培养政治学专业博士生。六年后,第一种定期出版的政治学刊物《政治学季刊》在哥大政治学院创刊。此后,美国的约翰·霍普金斯大学、密歇根大学、哈佛大学、宾夕法尼亚大学、芝加哥大学、威斯康星等大学相继设立了政治学系,招收政治学专业的学生,开设专门的政治学课程。1889年,美国政治学和社会科学学院成立,1903年,美国政治学会成立,1906年美国政治学会开始出版《美国政治学评论》杂志。[1]

与传统政治学研究相比,现代政治科学表现出以下几方面的明显特征。

(1)建立了独立的政治学学科体系。在1880年以前,大学里的政治学专业还没有独立的教材,尚没有如现代政治学系、公共行政系这样专门的政治学教学组织,甚至没有独立且系统的政治学学位授予权,也没有独立的学术研究目标。大学政治学的教学目的是培养公民的道德品质,以及进行公共生活训练,即培养官员,因此,政治学曾一度被称为"公民文学"(civil literature)。

(2)科学主义方法的运用,使现代政治科学更加学术化。从19世纪末至一次大战前后,在美国兴起了"新政治科学运动",提倡科学主义的研究方法,主张在政治研究中采用社会学、心理学以及统计学的方法,以达到对现实政治

---

[1] 格林斯坦、波尔斯比编:《政治学手册精选》(上卷),1996年,第23—77页。

现象的更为客观、理性的分析,摒弃政治分析中带有明显价值判断以及意识形态偏向的做法,这为二战后迅速崛起的行为主义政治学奠定了方法论基础。行为主义政治学认为,传统政治学单纯强调法律制度的研究方法并不能帮助人们认识现实世界纷繁复杂的政治现象赖以发生的心理和文化因素。只有通过研究政治行为,才能真正触及政治现象发生的内在机理。行为主义政治学注重实证研究,将自然科学中的现象调查和数理统计等研究方法引入政治研究,希望以此认识政治现象的内在规律性。

（3）与政治学作为一门独立的学科相对应,政治学研究开始形成具有自身学科特性的语汇系统。如果说希腊城邦时期政治研究的语汇是哲学的,罗马时代的政治语汇是法律的,中古欧洲时代的政治研究语汇是宗教的,那么,在现代国家时代,政治研究的语汇则是科学的①。新的政治学语汇系统强调语汇本身的科学性和精确性,以及对现实政治现象的解释力。

（二）中国政治研究的历史演变

由于中国特定的历史文化积淀,"政治"一词在中国传统社会的语汇系统中有着不同于西方的内涵,这反映在国人对政治现象的研究和理解上也表现出与西方明显的差异。

1. 中国王朝国家的政治研究

中国自秦汉以降,中央集权的封建君主制绵延两千多年。在政治学说方面,它主要不是解决如何组织国家即建立何种政体的问题,而是叙述在君主统治下如何治理国家、如何治国平天下的道理,即所谓的"治国之道",如何处理君臣、君民即统治阶级内部以及统治阶级与被统治阶级之间的关系,以维护君主统治。基于此,中国古代所谓的政治,传统的解释就是"布政治事",所谓"在君为政,在民为事",也就是指一种事务,一种管理方式,一种需要遵守的等级规范。因此,严格说来,中国古代对"政治"的研究,主要是制定和解释礼乐、兵刑、职官、财赋等典章制度,同我们现在一般所讲的政治学研究有着相当的差异②。

2. 近现代中国的政治研究

从鸦片战争到五四运动时期,随着外国资本主义的入侵和封建制度的衰朽,中华民族陷入了空前的危机,中国社会开始沦为半封建、半殖民地社会,时

① 格林斯坦、波尔斯比编:《政治学手册精选》(上卷),1996 年,第 21 页。
② 参见《中国大百科全书·政治学》,中国大百科全书出版社 1992 年,正文前专文"政治学"。

代的危机促使许多先进的中国人士开始寻求救国之道。在这一时期,政治研究除了从传统中开掘革故鼎新的思想资源外,更多的人将眼光投向西学,试图从西方近代政治学说中寻找民族振兴的道路,一度出现了向西方学习的热潮。西方的政治制度和政治学说,就是在这一时期被介绍进来的。严复翻译了赫胥黎的《天演论》、斯宾塞的《群学肄言》、甄克斯的《社会通诠》、孟德斯鸠的《法意》等西方政治学说著作,对近代中国政治研究产生了重要影响。严复之后,还有很多人对政治学研究做出过重要贡献,如章炳麟、梁启超、孙中山等。梁启超结合自己参与中国政治变革的实践经验,对中国政治发展的未来走向提出了精辟的论断,认为世界上只有三种政体代表政体进化的方向,即君主专制政体、君主立宪政体和民主宪政政体。中国只能通过改良的途径建立君主立宪体制。他还以自己主办的《时务报》、《清议报》和《新民丛报》为阵地,介绍西方政治思想和政治理论。他的著作大部分被收入《饮冰室合集》,其中不少是政治学的,如政治学原理方面有《论立法权》、《论政府与人民之权限》等;政治思想史方面的有《泰西学术思想变迁之大势》;介绍西方著名政治学著作的有《亚里士多德之政治学说》、《法理学家孟德斯鸠之学说》等等。两次世界大战期间,中国政治学研究领域出现了明显的分化。西方政治学继续被大量引进,如张慰慈的《政治学大纲》,对西方政治学说作了较为系统的介绍。以商务印书馆组译的"汉译世界名著"为代表,学术界对西方政治学经典进行了系统的译介工作。抗日战争时期国内学者出版的政治学著作主要有陶希圣的《中国政治思想史》、曾资生的《中国政治制度史》、萧公权的《中国政治思想史》等,当时的政治学研究主要涉及政治思想史、政治制度史、中国行政、中国宪政等四个方面。1932 年 9 月,中国政治学会在南京成立,其成员主要由大学里的政治学教授组成。到 1942 年,该学会总共召开了三届年会。成员包括周鲠生、张奚若、杭立武、高一涵、王世杰、钱端升、刘师舜、张慰慈等。

3. 马克思主义政治学在中国的形成和发展

俄国十月革命后,马克思主义政治学的主要观点和方法随着中国革命的步伐也传播到中国,使中国的政治学研究发生了深刻的变革。陈独秀、李大钊率先在《新青年》杂志上介绍马克思主义政治观,如李大钊的《俄法革命之比较观》和《我的马克思主义观》,不仅区分了无产阶级和资产阶级两类性质截然不同的革命,而且对马克思主义政治观的基本原理作了介绍。1920 年《共产党宣言》汉译版问世,在当时中国的知识分子群体中产生了深远的影响,一些学者开始用马克思主义的观点讲授政治学:瞿秋白和张太雷在上海大学分别讲授《社会科学概论》和《政治学》,恽代英在中央军事政治学校和广州农民运动讲习所主讲《政治学概论》,他们均用马克思主义政治学的基本理论和方法分析社会政治现象。其后,邓初民分别在 1929 年和 1939 年先后出版了《政治科学大纲》和《新政治科学大纲》,以马克思主义世界观和方法论为指导,较全面、系统地阐述了政治学的性质、概念、研究方法,以及阶级、国家、政府、政党、革命等政治范畴的基本原理。王亚南的《中国官僚政治研究》以马克思主义理论和方法,对中国政治问题作了深入研究。而毛泽东的《中国社会各阶级分析》、《新民主主义论》、《论联合政府》、《论人民民主专政》等著作,将马克思主义政治学原理与中国社会和革命的实践相结合。马克思主义政治学在中国得到广泛传播,为新中国政治学的发展创造了条件。

1949 年以后,由于当时国内外环境的影响,受极"左"思潮的干扰,政治学研究在中国一度被大大地忽视了。1952 年,全国高校进行院系调整,取消了大学政治学系,政治学被视为"伪科学",教学和研究工作也基本上停止了。在此后近三十多年的时间里,中国政治学的发展几乎是一片空白。这一时期人们认识政治现象主要是通过从苏联教科书引进的一整套科学社会主义话语体系,具体表现为原始社会、奴隶社会、封建社会、资本主义社会、社会主义社会、共产主义社会的必然过渡理论等等。

1979 年 3 月,邓小平在一次重要讲话中谈到实现中国现代化所面临的思想理论工作任务时指出,"……政治学、法学、社会学以及世界政治的研究,我们过去多年忽视了,现在也需要赶快补课"①。这样,一度被视为"资产阶级的伪科学"而遭到取缔的政治学学科获得了重建的契机。

自此以后,中国政治学获得了迅速的发展。中国政治学坚持以马克思主义为指导,全面结合中国社会主义民主和法制建设实践,研究中国政治发展的一系列问题,为发展中国社会主义民主政治以及建设社会主义政治文明做出了积极贡献。

伴随着改革开放以来社会和政治的变迁,新时期中国政治学的发展经历了一个演变过程。大致有三个阶段。

第一个阶段是 20 世纪 80 年代恢复和发展了传统意义的马克思主义政治学。对"文化大革命"作了一定程度的批判性反思,对中国的政治体制改革作出过积极呼应。当时学界很团结,老中青三代学者都积极性很高。当时编写的一系列教材各有特色,侧重点各有不同,但在运用马克思主义理论观点来统领政治学方面是一致的。

第二个阶段是 20 世纪 90 年代。这一阶段中国政治学由于市场经济的推动而有了一个质的飞跃。在市场经济推动政治变迁的背景下,政治学有了广

①　"坚持四项基本原则",载《邓小平文选》第二卷,人民出版社 1994 年,第 158—184 页。

大的发展空间,特别是在当时新一轮的西学东渐的浪潮影响下,政治学进行了一次学术化、科学化的重建过程,尝试运用新的学术话语,解释和研究中国的政治发展。一时间,国家、政府、政党、现代化、全球化、公共领域、第三领域(部门)、政治发展和政治文化以及国家与社会、政府与市场等一系列政治学的基本概念和理论范式得到了广泛运用,在中国社会转型的特殊背景下,学界对政治学的内容进行了新的阐释和发挥。

第三个阶段是进入新世纪以来,中国政治学的本土意识在加强,学者们寻求在马克思主义指导下,在充分借鉴国外理论优秀成果的同时,进一步挖掘中国自己丰富的理论学术资源,来解释中国政治变迁和政治发展的过程和特点,从而形成自己的学术思想。近年来,新的翻译著作和学术著作层出不穷,特别是一批青年学者脱颖而出,活跃在学术界,使中国政治学充满生机和活力。

总的来说,以上三个阶段是一个与时俱进、不断探索和创新的过程。在改革开放走向深入、政治建设不断加强的背景下,中国政治学的发展有着广阔的前景。

思考题

1. 应当如何理解政治的内涵?
2. 政治学研究的对象包括哪些方面?
3. 简述政治学的研究方法。
4. 简述中西方政治研究的发展脉络。

第二章 国　　家

国家是政治学的核心范畴，是一切政治现象中最为根本的主题，也是我们理解政治现象的基点和切入口。根据马克思主义原理，我们可以把国家界定为：国家是指这样一种政治组织形式，其中，在社会经济上占统治地位的阶级为了维护和实现其根本利益，借助政治权力对整个社会进行统治和管理。所以，不能把国家单纯地理解为具体的政治机关，政治学意义上的国家，其内涵更为抽象和丰富。按照马克思对国家作为"虚幻共同体"的理解，它毋宁是指那种通过政治权力的运用，而将在社会经济中居于统治地位的阶级和被统治阶级统一纳入到既定的利益整合框架中去的共同体形式。

一、国家的本质

（一）国家的定义

尽管国家是一切政治现象所共有的，但是对于国家的理解各类研究则存在显著的差异。从词源学的角度来理解国家，可以揭示国家最本源的意义。英文 state 一词最初来源于古希腊城邦的概念 polis，意指通过构筑城墙而围起来的地方，对于生活在里面的人而言，该空间是共享的，所有人都会因此受到保护。由此，对国家最为原始的本质规定，乃在于其保护性和共享性，一旦国家丧失其保护功能，抑或公民无法共享权力，即偏离国家之本性，在古希腊人的观念中这被视为国家的堕落沦亡。古罗马帝国是一个扩张性的帝国,帝国的权威中心在于罗马本土的城邦,故古罗马帝国只保留古希腊城邦中"城"的观念,称其国家为 civitas。而通过殖民征服由权威中心扩张开去的广大地区,与城邦一道则笼统地称为帝国 imperium。中世纪的欧洲分崩离析,并无统一的中心权威,亦无牢固的国家观念,只有地域团体观念,称为 land、terre 或 terra。直至近代民族国家在欧洲兴起,国家认同得以确立,才重新恢复了国家的由古希腊城邦观念所奠定的"邦"的意义,首先是意大利政治思想家马基雅维里在著作中使用 statos 一词,该词由拉丁文 status 演化而来,英文则称 state,即今天之"国家"。

欧洲观念中的"国家"实际上仅指"国"而无"家"之含义,汉语以"国家"称"国",乃是中国国家的传统自发衍生的产物。从《尚书》"天子建国,诸侯立家"的说法来看,国家兴起之际,"国"与"家"是存在等差之分的。问题的关键在于,由于周礼强调"家国同构"的统治秩序,《尚书》对"家"的理解已经超越家庭和家政管理意义,上升为诸侯国的政治统治形式,这就为"国""家"并提奠定了基础。因此有"治而不忘乱,是以身安而国家可保也"(《周易》)、"国家之败,由官邪也"(《左传》)、"国家无礼则不宁"(《荀子》)、"国家将兴,必有祯祥;国家将亡,必有妖孽"(《中庸》)诸说法。值得注意的是,尽管中国古代典籍中有"国家"的说法,但并无真正的近代民族国家观念,而只有"天下"观念,权威的源泉和中心则称为"中国",遂有"中国蛮夷戎狄,皆有安居"、"屏诸四夷,不与同中国"的说法。中国乃是至晚清戊戌变法前后,才逐渐形成了民族国家观念,并在西学东渐的过程中以"国家"一词来附会西方学说中的 state。

从国家的词源学所进行的考察,凸显了国家作为政治共同体的意义。同时国家之为国家,其不可或缺的乃是公共权威中心的存在,否则国家仅有地缘意义,而无政治意义了。

西方政治学对国家的界定众说纷纭。概括起来,主要有以下几类。

1. 政治共同体说

以政治共同体的意义来界定国家,乃是从古希腊就已经奠定的政治观念。亚里士多德在其名著《政治学》中,把国家视为超越家庭、村坊的人类组织和团体,认为国家代表最高的、共同的善,人的价值是在国家共同体的政治生活中得以完成的。没有国家,人就是经济动物,而不是真正的人。亚里士多德的国家观对后来的思想家具有重要影响。西塞罗就认为,国家是由许多人基于法的一致及利益的共同性而结合起来的集合体。这种共同体观念近代以来受到自然法学说很大的冲击,一直到康德才重新指出:"国家是许多人依据法律组织起来的联合体。"黑格尔更为明确地指出了国家的共同体意义,认为国家是一种"绝对精神",国家除了联合没有别的目的。从政治共同体的角度来理解国家,是一种古典观念,它揭示了国家的本源意义,或者说展现了国家的理想形态,用以观照和判断国家的现实形态。

2. 市民社会说

把国家视为市民社会的一部分,即认为国家乃是基于个人利益的基础而建立的,人们正是基于某种共同的利益才不得不联合成国家,国家的终极目的也在于实现个人的根本利益。从个人利益来打量国家,乃是一种近代观念,它与国家的政治共同体说是截然对立的。这种观念的形成,乃在于城邦的衰落,导致政治共同体与个人相疏离。当时伊壁鸠鲁就提出了个人与城邦要订立契约的观念,这是近代自然法学说的雏形。近代自然法学说的代表人物英国学者霍布斯,假设了一个"一切人反对一切人"的自然状态,人们在这种无休止的斗争中为求自保,不得不通过订立契约的方式来寻求和平,而契约本身必须是强制性的才能对违约的人实施惩罚,这就是所谓"带剑的契约",即国家。霍布斯将国家这个庞然大物称为"利维坦"。英国学者洛克将霍布斯的自然法学说改造为主权在民学说,在其名著《政府论》中,洛克认为,国家是由自由的个人订立契约而形成的,目的是为了仲裁自由人之间的利益纠纷,因此国家主权在民,政府的权力是有限的,它以保护人民的自然权利为终极目的。市民社会说试图解释国家的自然属性,从自然人性来追溯国家的本性,奠定了近代国家的基本观念和原则,对后来的国家学说和政治实践都产生了巨大影响。

3. 统治机构说

在近代民族国家体制走向成熟之后,政治学已经不再探讨国家的本性问题,而注重对国家现象的描述,把国家视为具体的统治机构。狄骥指出:"国家是被统治者和统治者分化的一种社会。"巩普洛维奇则指出:"国家是藉强制力而组织及统治的社会。"拉斯基更为明确地指出:"国家是藉占有在法律上超越任何个人或作为社会一部分的团体的强制威权而统合的社会。"对国家的这种理解揭示了国家中所存在的公共权威现象,但是摒弃了国家的抽象意义之后,国家遂等同于政府了。

4. 国家要素说

更有西方学者只注重对国家的客观物质条件的描述,而试图不带任何价值判断地得出国家的纯粹外观。最早的努力见诸马克斯·韦伯,他指出:"国家是要求在一定领土内独占、合法地使用暴力的人类群体。"迦纳则认为:"国家是由许多人民所组成的社会,永久占有一定的领土;不受或几乎不受外来的控制;有一个为人民习惯服从的组织即政府。"豪尔指出,国家乃是"为政治目的而建立的永久社会,占有一定的土地;不受外来控制"。奥康奈尔则从国际法的角度将国家界定为:"作为国际法上的人,国家应具备下列资格:固定的人口、确定的领土、政府、与他国建立关系的能力。"

以上对国家的理解各有其侧重,但由于方法论上的缺陷,都未能充分揭示国家的本质。相比之下,马克思主义的国家观更为全面和科学。马克思主义对国家的经典定义来自恩格斯。恩格斯在其名著《家庭、私有制和国家的起源》中给国家下了完整的定义,"国家是表示:这个社会陷入了不可解决的自我矛盾,分裂为不可调和的对立面而又无力摆脱这些对立面。为了使这些对立面,这些经济利益互相冲突的阶级,不致在无谓的斗争中把自己和社会消灭,就需要有一种表面上驾于社会之上的力量,这种力量应当缓和冲突,把冲突保持在'秩序'的范围以内;这种从社会中产生但又自居于社会之上并且日益同社会脱离的力量,就是国家。"①恩格斯对国家的定义涵盖了国家的客观存在和政治意义两个方面。首先,恩格斯指出了国家作为暴力统治工具的一面,其功能在于保持秩序,缓和冲突,"这种有组织形式的暴力叫做国家"②。其次,恩格斯从国家的起源揭示了国家的本性,即其阶级本质。国家乃是从市民社会中产生的,它在本质上"照例是最强大的、在经济上占统治地位的阶级的国家"③。可见,马克思主义既强调对国家本性的探讨,以对现实国家进行价值判断和观照批判,又着重对现实国家的现象还原,对其形态作科学的描述,并将两个方面有机地加以结合。这样就为我们全面地理解国家提供了依据。据此,我们可以对国家作以下三个层次的理解。

第一,国家是由领土、人口、主权和政府所构成的。对于国家而言,这四大要素是缺一不可的,它们一道构成了国家的外观。任何国家都必须占有一定的领土,拥有一定数目的人口,同时必须以统一的主权为基础建立公共权力组织即政府。四大要素对于国家的意义并不完全一样,领土和人口只是国家的物质基础,而主权和政府则赋予国家生命。

第二,国家以社会公共权威为基础进行维持和运作。国家的公共权威具有公共性和强制性双重特征。从其公共性来看,国家是一种"虚幻的"共同体形式。马克思指出:"正是由于私人利益和公共利益之间的这种矛盾,公共利益才以国家的姿态而采取一种和实际利益(不论是单个的还是共同的)脱离的独立形式,也就是说采取一种虚幻的共同体的形式。"④可见,国家以政治共

---

① 《马克思恩格斯选集》第四卷,第166页。
② 《马克思恩格斯全集》第20卷,第681页。
③ 《马克思恩格斯选集》第四卷,第168页。
④ 《马克思恩格斯选集》第一卷,第38页。

同体的形式将特殊阶级的利益统一纳入到公共利益的范畴中去,国家在形式上总是代表公共利益,以公共利益的名义来运用权力,而其权力运用的效力也就相应地具有普遍性。从其强制性来看,国家是有组织的暴力机器。一方面,国家垄断了暴力的合法化使用,只有国家才能合法地运用暴力。另一方面,国家组建了军队、法庭、监狱等各种暴力机关,通过这些暴力机关的运作来贯彻国家意志。公共权威的公共性和强制性是辩证统一的,公共权威的强制性是由其公共性所合法化的,也就是说,国家之所以能够合法地运用暴力,乃是因为国家代表公共利益行事,另一方面,国家权威的公共性也是借助其强制性来保证和维持的。无论如何,由于公共权威的存在,公民不可能脱离国家,而只有在认同国家的公共权威的条件下才能取得公民身份。

第三,国家的终极目标是维护在社会经济上占统治地位的阶级的利益。国家的产生虽然是基于某种共同利益,并在形式上具有政治共同体的外观,但是国家所追求的,并不是打破而是维持既定的社会结构,也就是说,国家只不过是将统治阶级的社会经济权力合法化和持久化,从而巩固其统治地位。恩格斯指出:"国家是文明社会的概括,它在一切典型时期毫无例外地都是统治阶级的国家,并且在一切场合在本质上都是镇压被压迫被剥削阶级的机器。"[①]可见,国家归根结底是在社会经济结构中居于统治地位的阶级的国家,公共权力的运用的终极目标是维护统治阶级的特殊利益。正因为其具有公共性的普遍效力,借助国家公共权威来实现特殊阶级的利益才显得更为深刻和有效。这就是马克思主义所揭示的国家之阶级本质。

(二) 国家与社会

国家与社会的关系一直是政治学最为基本的问题之一,国家的本质往往是通过国家与社会的关系揭示出来的。但是古典政治和现代政治所呈现的国家与社会关系截然相反,也最易导致混淆。在欧洲古典政治生活中,国家与社会是判然有别的。古希腊城邦时期就严格区分了国家生活和社会生活,两者代表不同的德性等级,不能相提并论。在古希腊人的眼光中,国家生活追求的是共同的善,是神圣秩序的体现,因此从事政治是公民应尽的义务,不领取任何报酬,并借此实现其人之为人的价值。相反,社会生活被视为一种家政管理,其中人与衣食住行等日常必需打交道,满足自己生存的需要,活在社会生活必需性中的人与动物无异,无法体现出人之为人的尊严。故柏拉图称只有

---

① 《马克思恩格斯选集》第四卷,第 172 页。

社会生活而无国家生活的城邦为"猪的城邦"。他区分了金、银和铜铁三种德性,认为"铜铁当道,国破家亡",即是说,"铜铁质"追名逐利的社会生活本性将会导致国家生活的败坏。亚里士多德尽管承认经济生活和国家生活一样都是从事"善业",但是他认为两者的善的等级是不一样的,国家生活追求的是最高的善。毋庸置疑,在古典政治中,国家生活是以社会生活必需性的满足为条件的,但是在当时人的观念中,国家生活是来源于某种神启的神圣力量,而不是以必需性为据的,故国家生活乃是对社会生活的超越。

近代以来的情况相当复杂。欧洲市民社会的兴起,使得资产阶级观念向公共领域渗透,从而败坏了原始国家生活的精神,国家生活越来越依赖于社会生活的经济基础。由于王权的软弱,君主与市民阶级在税收上的讨价还价成为政治生活的中心,直至资产阶级革命建立以保护私人财产权为其根本目的的宪政国家,近代以来国家与社会同一化的过程最终完成。而近代自然法学说力倡以私人利益为据构建政治社会即国家,从而把国家等同于市民社会,则是这一政治实践在思想史上的反映。最为关键而又最易导致混淆的是,由于国家精神的败坏,人们逐渐把国家与政府混为一谈,而出于对以市民利益为驱动的政府权力的畏惧,则又形成政府与市场权力界分的观念。由于把国家等同于政府,很容易导致一种误解,认为国家与社会的界分是近代政治的特征。事实上,正是近代政治的发展使得国家与市民社会价值重合,国家被市民社会所决定。马克思主义对国家与市民社会、上层建筑与经济基础的认识,便是基于国家与市民社会价值同一化基础上的。至于政府与市场的权力界分,则是次一级的市民社会内部的价值分配问题。可以说,现代国家与社会在价值上是同一的,而在形式上又形成了二元对立的结构。

由于近代以来国家与市民社会在价值上的同一化,因此,国家丧失其政治共同体的本性,而由市民社会决定了国家的本质,经济基础遂与上层建筑内在地统一起来。在此条件下,由于市民社会是阶级利益的集中反映,国家的本质便特指国家的阶级本质。此乃马克思主义坚持以阶级分析方法理解国家和政治生活的根据所在。为此我们首先要了解阶级的含义。

马克思主义注重从经济基础的角度来理解社会政治现象,因此对社会阶级给予了巨大的关注,认为社会阶级的存在是理解社会现象的出发点。马克思主义对阶级的经典定义来自列宁。他指出:"所谓阶级,就是这样一些大的集团,这些集团在历史上一定社会生产体系中所处的地位不同,对生产资料的关系(这些关系大部分是在法律上明文规定了的)不同,在社会劳动组织中所起的作用不同,因而领得自己所支配的那份社会财富的方式和多寡也不同。所谓阶级,就是这样一些集团,由于他们在一定社会经济结构中所处的地位不同,其中一个集团能够占有另一个集团的劳动。"①在此,列宁着重强调了阶级的经济属性和社会属性,即阶级是一种经济现象,乃是基于其在社会经济结构中所处的地位不同而形成的,由于经济地位的对立和差异所导致的阶级利益冲突,便构成了市民社会的主要矛盾。

一些西方学者也持同样的观念,如马克斯·韦伯把阶级界定为"生存机会被市场状况所决定的人们所构成的团体",按照市场地位将阶级划分为买者和卖者,阶级冲突的焦点乃是夺取市场的控制权。马克斯·韦伯同时提出"地位群体"的概念。认为除了经济地位的划分之外,任何社会集团必须以身份、荣誉、价值观、生活方式作自我认同,即上升为"地位群体"才能成为阶级。达伦道夫则从社会权力分配的角度把阶级划分为统治者和被统治者,认为社会权力的分配与经济分配是相辅相成的。

据此,阶级利益的冲突是市民社会的根本特征,而市民社会的阶级冲突则决定了国家的阶级本质。这主要表现在以下三个方面。

第一,国家是社会阶级利益冲突不可调和的产物。从恩格斯对国家的定义可以了解到,国家是社会发展到一定阶段的产物,即在社会对立阶级之间的利益冲突已经无法通过社会经济结构内部的机能实现自我解决,为了维护既有的社会经济结构,使之不至于在冲突中被摧毁,便产生了国家这种介于对立阶级之间的力量,它以公共利益的名义行使一定的权力以图缓和阶级冲突,重新实现政治秩序。因此,国家是从市民社会的阶级冲突中产生的,尽管国家在形式上"自居于社会之上",并与社会相脱离,但是国家并不是来源于某种超验、神圣的存在,而是来源于市民社会,故其正当性也只能从市民社会阶级冲突的性质中来寻求。

第二,市民社会的性质决定了国家的性质。由于国家是从市民社会中产生的,故国家的本质也植根于市民社会。市民社会构成了国家的经济基础,国家的目标、维持和运作都受制于市民社会所提供的经济、社会和文化的客观条件。市民社会所形成的经济结构必然会通过经济基础对上层建筑的决定性作用反映到国家中来,从而使市民社会的性质决定了国家的性质。也就是说,在社会经济中居于统治地位的阶级,在涉及上层建筑的政治关系上也会处于支配地位,并借助国家的公共权威,一再地巩固既有经济结构和政治秩序的合理性和合法性,强化对受支配阶级的统治和压迫。国家遂成为在社会经济中居于统治地位的阶级的国家,所谓国家意志也只不过是统治阶级的意志的反映。

第三,国家的实质是阶级统治的工具。经济基础决定了上层建筑的性质,

① 《列宁选集》第四卷,第10页。

而上层建筑也反作用于经济基础,上层建筑可以巩固既有的社会经济结构,强化统治阶级的支配地位。正基于此,在社会经济中居于统治地位的阶级才对政治支配权产生极大的兴趣,并通过控制国家政权从政治上维持其统治支配地位。在此条件下,国家实质上成为统治阶级维持其阶级统治的工具。一方面,国家政权始终掌握在居于社会经济统治地位的阶级手中,他们利用经济优势,上升为政治上的支配者,控制了国家政权。另一方面,国家政权始终服务于经济上占统治地位的阶级的根本利益。统治阶级支配了国家政权,目的是用它来为本阶级的利益服务,国家政权的运用最终只能有利于统治阶级政治经济统治地位的巩固和强化。

从国家与社会的关系来看,国家具有双重性,一是国家的阶级性,即国家的本质植根于社会,从根本上服务于社会经济中居于统治地位的阶级的利益,二是国家的相对自主性,即国家在形式上作为社会公共利益的代表,相对于社会各阶级,具有一定的独立性和自主性,在社会事务的管理中并不纯然直接为某个阶级的特殊利益服务。马克思关于国家作为"虚幻共同体形式"的观点,指出了国家是在形式上代表"公共利益"而与"私人利益"脱离并获得独立的"虚幻共同体"。恩格斯在对国家的经典定义中则进一步指出国家是"从社会中产生但又自居于社会之上并日益同社会脱离的力量",它"驾于社会之上",目的在于"缓和冲突,把冲突保持在'秩序'的范围内"。因此,国家从形式上并不完全代表某个阶级的利益,它往往成为一个相对独立的利益主体。也就是说,一方面,国家就其阶级本质而言并不是自主的;另一方面,国家又是在一定程度上脱离并驾驭阶级社会的力量,在一定程度上要代表公共利益而非特殊阶级的利益,故又是相对自主的。但是国家的自主性只是相对的,从根本上说,由于国家对其公共权威的运用只不过是强化了既有的经济结构和政治秩序的统治,故国家的相对自主性从属于国家的阶级性。

国家以其相对自主性维持了作为政治共同体的外观,这主要表现在三个方面。第一,国家的法律对于全体公民普遍适用,无论是居于统治地位的阶级还是被统治阶级,违反国家的法律都要受到惩罚。第二,统治阶级并不直接掌握权力,而是通过公共权威机构的官僚进行政治统治。官僚并非社会经济中居于统治地位的阶级的成员,他们构成了相对独立的阶层。第三,政府职能作为国家政权的具体运作,具有两重性,一是直接服务于统治阶级利益的政治统治职能,二是从社会公共利益出发所履行的社会管理职能。社会管理职能的履行代表社会公共利益,以公共目标为依归,并不单纯服务于统治阶级的特殊利益。

国家的相对自主性从根本上取决于国家与社会的关系,故在不同的历史时期,随着国家与社会相互关系的调整,国家相对自主性的程度不一。具体而言,国家相对自主性主要取决于以下方面。第一,社会危机的程度。在社会危机深重的条件下,为了避免整体社会结构遭到根本破坏,国家必须从社会整体利益出发来解决社会矛盾,迫使统治阶级重新分配社会资源,以图缓和社会危机。第二,社会结构的转型。在社会转型时期,将会产生大量的剩余产品。而最可能获取这部分剩余产品的,乃是掌握公共权力的官僚机构成员和社会新兴的特殊利益阶层,两者结合的可能性也大大增加。在这种条件下,国家政权极有可能被用于发展这部分人的特殊利益上,从而使国家政权的运作偏离公共利益目标,国家相对自主性遂被弱化。第三,行政权力的自主性。在西方国家,政府权力结构中的立法权直接受大众控制,而行政权由行政官僚独立掌握。从立法权与行政权的关系来看,凡是立法权对行政权控制较弱之处,国家相对自主性就越强,反之亦然。但是问题也不能一概而论,因为行政官僚在一定条件下将转化为特殊利益阶层,如果行政权的独立性被运用于为行政官僚自身利益服务,则国家相对自主性也会遭受破坏。

(三) 国家权力

社会决定了国家的本质,而国家的具体运营则依赖于公共权力,可以说,对公共权力的掌握和运用,是国家最为显著的特征之一。在此,我们首先必须对权力加以认识。

从词源上考察,英语中 power 一词来自拉丁语 potestsa 或 potentia,引申自拉丁语动词 potere,意指能够做某事,所以权力往往是指贯彻某种意志以达成一定目标的能力。汉语中的"权"指的是公平、平衡之意,故有"谨权量,审法度,修废官,四方之政行焉。"(《论语》)、"权,然后知轻重。"(《孟子》)的说法,而并无能力之意。以权附会英语的 power,或许是在中国政治传统中尤为强调对权力的公平使用之故。

一些西方学者对权力作出了界定。马克斯·韦伯从社会学的角度指出,权力意味着在社会关系中哪怕是遇到反对也能贯彻自己意志的可能性。彼得·布劳将权力定义为"通过消极制裁进行控制"的能力,是"个人或群体将其意志强加于其他人的能力"。行为主义政治学的代表人物拉斯韦尔和卡普兰则认为,"权力是施加影响力的特例,这是借助制裁背离拟行政策的行为来影响他人的决策的过程。"中国学者在总结当代社会科学领域对权力的界定时指出,权力是"人际关系中的特定的影响力,是根据自己的目的去影响他人行为的能力"①。可见,权力是一种社会关系,意味着权力主体对他人实施控制和影响以贯彻自己的意志的能力。权力现象广泛地存在于社会之中,不仅有政治权力,也有经济权力、社会权力和文化权力,等等。从政治学的角度探讨的权力现象主要是指政治权力,也就是说,政治学意义上的权力主要涉及政治关系,是围绕国家政权所形成的支配和控制关系。

为了进一步明确对政治权力的理解,有必要对政治权力、政治权威和政治暴力三个概念加以区分。首先,政治权力不等同于政治权威。政治权力是具体的政治关系,政治权威则是政治权力的合法化,即对政治权力的正当性的认同。任何政治权力都必须合法化,即获得被控制者的认可,否则政治权力就不能持久地运用。政治权威是政治权力的源泉,所有政治权力都是通过政治权威来获得合法性的。政治权力之所以是法定的并具有持久性,乃在于赋予政治权力的国家法律本身具有广泛认同的政治权威。

其次,政治权力不等同于政治暴力。毋庸置疑,政治暴力是政治权力的基础和后盾,但不是政治权力本身。政治权力的效力依赖于政治权威,而政治暴力的效力则依赖于暴力工具。拥有暴力手段并不意味着拥有政治权力,因为政治权力本身要求持久性。单纯依赖政治暴力手段并不能建立一种持久的机制,故任何国家都不能单纯依赖于政治暴力手段来维系,相反,政治暴力往往是在政治权力的合法性得不到认同时才诉诸的最后手段。

从三者的关系我们可以进一步将政治权力的特性归结为下述方面。第一,政治权力具有公共性。政治权力经过政治权威的合法化,建立在普遍认同的基础上,一方面对社会整体具有普遍的约束力,另一方面,政治权力的运用也必须以公共目标为指向,方不至于摧毁自身的权威基础。第二,政治权力具有工具性。与政治权威自我确证的超验性质不同的是,政治权力本身并不是目的,而是服务于特定利益目标的具体手段。在社会经济中居于支配地位的阶级之所以要攫取政治权力,目的是借助它实现和维护自身的根本利益。第三,政治权力具有强制性。从一开始,政治权力就借助政治权威使自身合法化,在丧失政治权威的地方则借助暴力手段对意图反抗者构成威慑,从而强行贯彻政治权力主体的意志。第四,政治权力具有持久性。任何政治权力都必须是持久的,或者以建立持久机制为其目标。政治权力经过合法化之后,就形成了法定的、相对固定的政治关系,因此政治权威乃是政治权力持久性的保障。

---

① 《中国大百科全书·政治学》,中国大百科全书出版社1992年,第498页。

一般而言,政治权力的构成,必须具有以下基本要素: ① 政治主体。政治权力作为一种政治关系,必然涉及政治权力的施行者和受动者。两者都是政治主体,只是他们在政治权力行使的过程中所处的地位不同。政治权力的施行者居于支配地位,具有能动性,而政治权力的受动者居于相对消极的被支配地位。② 政治权力的目标。任何政治权力的具体运用都要达到一定的目标。政治权力的目标在于最大限度地夺取政治利益。政治利益并非实物,指的是一种政治支配地位和自主空间。③ 政治权力的实现方式。政治权力的实现并不是一个抽象的过程,而是借助于法律、政策和强制力等物质基础来实现的。

国家权力特指以国家政权为主体所发生的政治权力关系。对国家权力也不能一概而论,其是具有明显层次的。首先,在国家层次上所形成的权力关系,就是一般所称的国家主权。古典政治中的国家主权来源于神启力量,具有至高无上的神圣性;现代政治取消了国家主权的神圣性质,以主权在民取而代之,但仍然保留了国家主权自然正当的性质。国家主权是国家最高权力,具有绝对的、永久的性质,即具有至高无上、不受限制、不可分割的性质。布丹将主权定义为"超乎公民和臣民之上,不受法律限制的最高权力"。当代国外政治学者也指出,主权是"构成最高仲裁者属性的权力或权威,这种仲裁者对作出决策以及解决政治体系内的争端具有某种程度的最终权力,能够进行这种决策意味着对外部力量的独立性和对于内部团体享有最高权威或支配权"[1]。实际上,国家主权是一切国家权力的"最终权力",它具有终极性,成为一切国家权力的源泉。

其次,在国家机构层次所形成的权力关系,则是一般所指的治权即政府权力。国家主权是抽象的、无限的,政府权力则是具体的、有限的。政府权力是由国家主权所派生的,从属于国家主权。国家主权超乎国家法律之上,政府权力则是由法律所赋予的。政府权力出于对社会公共事务管理的需要而产生,一方面,政府权力并不是固定不变的,而是随政府职能的变化有所增减;另一方面,政府权力效能的提高,往往是以一定的职能分工为前提的,故政府权力存在分化的可能性和必要性。有关政府权力的种种特性,我们将在下一章中详细探讨。

合法性与有效性是国家权力最为重要的本质规定性。国家权力的合法性有时也称为国家权力的正当性,它并不仅仅指国家权力的产生和行使合乎法律规定,而是指国家权力必须得到公民的认同,也就是必须具备公共权威性

---

[1]　米勒、波格丹诺主编:《布莱克维尔政治学百科全书》,中国政法大学出版社 1992 年,第 726 页。

质。马克斯·韦伯划分了三种合法性的理想类型,分别是传统型、法理型和克里斯玛型(个人魅力型)。传统型合法性是指基于传统习惯而形成的权威认同;法理型合法性是指在认同普遍法律的基础上而形成的权威认同;克里斯玛型合法性是指由于掌权者所具有的个人魅力使人信服和依赖,从而产生的权威认同。按照美国政治学者戴维·伊斯顿的说法,国家权力的合法性具有三个层次,按照其重要性依次是共同体层次、典则层次和当局层次,也就是说,公民可能不认同当局但仍然认同共同体和典则,但不可能在不认同共同体的条件下仍然认同典则和当局。国家权力的合法性以国家权力的公共性为根本前提,一方面,国家权力必须建立在一个共同认可的基础上,而不管这种认可是基于神秘的抑或是世俗的力量。另一方面,国家权力必须代表公共利益,从社会整体利益出发行使权力,才能具备其合法性。反过来说,传统价值认同符号的失落、法律体系的不健全、当局执政能力和领导魅力的欠缺,以及偏离公共目标的权力滥用和腐败行为,都会导致国家权力合法性的丧失。

国家权力的有效性是就国家治理社会的水平而言的,即政府能否有效地对社会公共事务进行管理。国家治理社会的有效性主要取决于政府的权力运作资源是否充足。从静态来看,政府必须具备与其职能相适应的健全权力体系,包括机构和权力设置的合理、法律制度体系的健全,等等;从动态来看,政府必须具备其权力运作所需要的能力,其中最为重要的,乃是政府的财政能力和政策能力。只有在这种条件下,政府对社会公共事务的管理才是有效的。

在古典国家中,国家权力的合法性主要来自某种宗教、神话或习俗的神圣力量,是自上而下地获得的。但是随着现代国家的"祛魅"的世俗化行动,将神秘力量排除出世俗领域,国家权力的合法性就失去了神圣的基础,更多诉诸于世俗的意识形态。政府要获得民众的支持,更多地要自下而上地寻求,换言之,其合法性依赖于政府管理社会公共事务的有效性。美国学者利普塞特指出,有效性"主要是指持续不断的经济发展"[①]。一般而言,在传统力量根深蒂固的社会中,国家可以在严重缺乏治理水平的条件下仍然维持其合法性;相反,那些试图破坏传统的国家新政权,即便具有很强的有效性,其合法性也不是巩固的。而在传统力量式微的社会中,一旦政府在推动社会经济增长和维持社会稳定方面长期显得无能,就会面临统治的危机。

---

① 马丁·利普塞特:《政治人》,上海人民出版社1997年,第59页。

二、国家的历史形态

（一）国家的社会形态

国家并不是从来就有的，而是人类社会发展到一定历史阶段的产物。在人类原始社会并不存在完整意义的国家，国家是在原始社会晚期，随着私有制的产生和贫富分化，使社会分裂为对抗阶级之后应运而生的。国家的产生并不是人类文明的倒退，相反缔造了人类文明新的开端。随着人类文明的进步，在不同的历史长时段中，国家也呈现出不同的历史形态。在过去的政治学研究中，我们往往是根据社会形态来划分国家的历史形态，即根据社会经济结构性质将国家划分为奴隶制国家、封建制国家、资本主义国家和社会主义国家。由于国家的本质是由社会经济结构所决定的，以社会形态来界定国家的历史形态，具有一定的合理性，其不足之处在于，由于过分强调国家的阶级本质，而使国家形态本身被遮蔽。

奴隶制国家是人类历史上第一种国家的社会形态。据考古发现，公元前很早在中国黄河领域、南亚的印度河领域、西亚的两河领域、北非的埃及，都曾存在奴隶制国家。欧洲最早的奴隶制国家是大约公元前8世纪建立的希腊城邦国家。奴隶制国家的本质是奴隶主阶级专政，其目的在于维护奴隶主阶级在社会经济结构中对奴隶阶级和自由民阶层的支配地位。奴隶主无论是在社会经济结构中还是在政治结构中都占据了统治地位。奴隶被剥夺了公民资格，无法参与公共事务的管理。只有奴隶主和具有一定财产权的自由民才能获得从政的机会。奴隶主阶级利用所掌握的国家政权，镇压那些形成自我意识的奴隶的反抗，从而巩固奴隶主阶级对奴隶阶级的支配地位。奴隶制国家完全是建立在剥削大量奴隶劳动基础上的，正是基于奴隶的劳动，奴隶主阶级才能从体力劳动中摆脱出来，获得了从事政治活动的"闲暇"，并在其中发展自我。而奴隶则只能停留在私人领域的家政管理中，处于沉静无言的状态，不能进入公共领域充分地展现和表达自我，甚至丧失了自我认同。

封建制国家的本质是封建地主阶级专政。封建社会的经济结构中两大对立阶级是地主阶级和农奴或佃农阶级，同时也存在一定数量的自耕农。封建制国家的国家权力与土地所有权是合一的，土地的所有者同时就是领地上的统治者。君主将土地分封给诸侯，诸侯又把土地分赐给归属于自己的家臣，如此自上而下类推形成金字塔式的封建等级。不同的等级其土地占有数量不同,所分享的政治和经济特权以及所承担的义务也有所不同。在封建社会中,社会成员的等级身份是固定不变的,而这种分封制度也只达到最下层的地主,地主对于农奴和领地的农民则是以庄园法来统治的,后者基本上丧失了参与政治的可能。

官僚制国家是封建制国家向资本主义国家转变的过渡阶段。对于不同政治文明而言,这一过渡的历史时段长短不一。欧洲在近代早期所形成的绝对主义国家,就呈现官僚制国家的特征,中国自秦统一六国后形成的中央集权官僚制国家则绵延近两千年。有些学者认为,官僚制国家由于实行土地自由买卖制度或是保护自由商业活动的政策,其社会经济结构具有一定的开放性和流动性,阶级关系并不是绝对固定的,故无法形成大规模的阶级对立。在这种条件下,处于国家政权和民间社会之间的官僚阶层则成为主要的特权阶层。掌握政治权力的官僚阶层与民间的经济力量相结合,在政治上和经济上都占据了支配地位,享有某种特权地位。官民对立取代阶级对立成为社会的主要矛盾。

资本主义国家是现代国家形态。资本主义国家建立在封建制国家解体、绝对主义国家兴起的基础上。资产阶级借助开明君主专制制度向政权渗透,最初是为了维护自身权益,与土地贵族相抗衡。随着资本主义的发展,资产阶级逐渐与贵族力量结盟,共同压制无产阶级的反抗。与奴隶制和封建制国家相比,资本主义国家不再实行统治阶级直接掌权、直接出任政府最高官员的做法,而试图通过民主的方式寻求代理人,以间接的方式控制国家政权。一方面资本主义国家以宪政的方式保护私人财产权,维护资产阶级在经济上既有的支配地位。另一方面,资本主义国家通过资产阶级意识形态瓦解无产者的自我认同,使之无法上升为统治阶级。两种方式的结合不断强化了资本主义既有经济结构和政治秩序的合理性和合法性,资产阶级统治愈趋有机化。

社会主义国家是对资本主义国家的否定,是人类最后、也是最高的国家形态。社会主义国家的本质是无产阶级专政。社会主义国家在人类历史上第一次真正实现了多数人的统治。社会主义社会打破了既有的带有剥削性质的经济结构,代之以生产资料公有制,广大无产阶级群众掌握了经济权力,进而以人民民主的方式掌握了国家政权。社会主义国家的一切权力属于人民,人民是国家的主人,享有参与管理的广泛权利。

(二)古典国家形态

国家的历史形态除了依据国家的阶级本质,作社会形态意义上的划分外,还可以从国家形态本身来加以划分,这样有助于我们全面地了解国家的历史形态。从国家形态本身来看,近代民族国家的兴起是国家历史形态的分水岭,依此可把国家的历史形态划分为古典国家形态和现代国家形态。

人类早期国家主要来源于氏族公社。氏族公社尽管并不具备国家的种种特征,但是已经形成了公共管理权力的雏形。正是基于这种公共管理权力,氏族首领才具有垄断社会剩余产品的可能性,从而导致阶级的分化和国家的产生。从氏族公社向国家的过渡,由于过渡的基础和前提条件不同,可能导致早期国家形态根本性的差异。根据新近对古代欧洲和中国的考古学和人类学研究,这样一种过渡主要存在两种基本的模式,一是氏族模式,即早期国家直接从氏族社会中演化出来的模式;二是酋邦模式,即早期国家从氏族社会解体后出现的酋邦中演化而来的模式①。在氏族模式中,国家由氏族自愿组成的部落联盟而成,在很大程度上保留了氏族的"原始民主制"的传统,部落联盟各成员之间保持相互的平等和独立,真正意义上的集权首脑并不存在,涉及部落联盟整体利益的重大决策,都是在民主讨论的基础上,以集体表决的方式作出。由氏族模式所形成的国家,倾向于形成民主型的政治运作机制。从氏族模式过渡而成的早期国家形态主要是希腊的雅典城邦,它建立了民主共和制政体。值得指出的是,氏族模式在早期国家的演化中并不具有主导地位,更多的早期国家是在酋邦征服的基础上形成的。在酋邦模式中,氏族解体后出现了集权的酋邦首领,并且在军事征服的基础上形成了具有中央集权性质的权力。酋邦首领具有广泛的实权,以之为顶端构成了金字塔式的权力等级,出现了严格的社会分层现象。由酋邦模式发展而来的国家形态一般都具有专制特征。尽管各有其不同特色,但大多数早期国家形态都是采取了专制君主统治的方式。从早期国家形态发展而来的传统国家形态,按照其源流可以分为以下几种类型。

1. 城邦国家

大约公元前8世纪古希腊建立了城邦国家。对于何谓城邦,有诸种理解。基托认为,城邦起源于"卫城",是用高墙围绕起来保护自己土地的要塞,它在加固后成为王的住处,自然也就成为公众集会的场所和宗教中心。城邦乃是人的团体,也是共同生活的承载之处。

前已述及,在古希腊城邦中,国家与社会是二元分化的。作为私人领域的"家庭"是古希腊最小的生产单位,人们的物质生活需求主要是在家庭中得到满足的,但是家庭生活的意义也仅限于此。在家庭生活中所发生的只是人对

---

① 谢维扬:《中国早期国家》,浙江人民出版社1995年,第69页。

物的家政管理,这是一种暴力关系,而不是人与人之间所形成的权力关系,包括对奴隶的管制也是一样,奴隶并不被当作真正的人来看待。在古希腊人的眼光中,人与人之间就其价值和尊严而言是平等的,因此人是不能被他人管理的,而只能由城邦所共同信奉的神来管理。

在城邦中,具有一定财产权的男青年成年后就具备了公民资格,有权利走出"家庭",步入集市广场,也就是进入城邦公共领域,过一种政治生活了。古希腊城邦政治生活是敞开的,凡具备公民资格的人都可以参加。参与公共生活纯粹是一种义务,不领取任何报酬。在古希腊城邦的观念中,以工作换取报酬的人都是奴隶,故奴隶即便拥有财富也不能拥有作为公民权利的财产权。对于城邦公民来说,在生活的某个适当时候参与所有的城邦事务,是个体对城邦和对自己应尽的义务,因为这样他才能配得上"人"这个称号。政治生活不仅是一种义务,本身也是一种乐趣,而绝非负担。古希腊城邦政治的基础乃在于"闲暇",闲暇意味着从繁重的必需性负担中的摆脱,参与政治是享受"闲暇"所带来的乐趣。

古希腊政治生活主要体现于在集市广场聚会,公开讨论城邦公共事务。在公民集会中每个公民都有均等的发言机会。但是参与集会每每有数千人,而发言者主要是研习过讲演技艺的贵族。据考古学研究,古希腊城邦中的广场同时可能也是公共祭坛,而公民的广场集会同时也是祭祀城邦共同神的活动,而城邦公民也就是有资格参与祭祀城邦共同神的人,通过这种祭祀活动,公民确证了自身的公民身份,并且分享了神的眷顾。

在古希腊城邦中,由所有公民参与的公民集会是唯一的立法机构,一切政令和法律均出于此,它也控制了城邦的行政和司法。雅典的公民大会每年定期召开40次,会场设在广场、市场或剧场上。斯巴达公民大会每月召开一次,会场设在旷野,以吸引众人的注意。至于城邦公职的产生,一般有两种方法,一是直接选举,二是抓阄抽签。轮流执政是城邦公职分配的主要原则之一,这不仅是为了保证民主的实现,也因为担任公职本身对于古希腊人而言是一种政治义务。轮流执政的前提是公职履行本身要相对简单,所有公民都有能力承担,这也正好与古希腊人崇尚智慧而鄙弃技术专家的观念相适应,因为政治一旦专业化,就会排斥大众参与。故城邦事务都是由业余人士担任,当然也有例外,那就是军事防御,事关城邦整体利益,但需要具有专业才能的公民来担当此责。

城邦的政治活动主要依赖于说服,而不是暴力,因为暴力是私人领域的现象。公民集会的演讲、讨论,都是以说服的方式,古希腊人认为这是一种理性的力量。甚至行刑也尽量避免使用暴力,如苏格拉底被准许服毒自尽。但是这种权力运作方式也有其弊端,即,使得城邦公共生活有可能被少数蛊惑人心的政客所操纵,并且在受蛊惑的民众推波助澜下形成民主的多数暴政。

可见,古希腊人的价值实现是在城邦公共生活中完成的,只有通过参与政治生活,人才能体现出超越于动物性的人性。是故城邦国家的根本特征在于城邦与个人的紧密结合,公民个人不能脱离城邦而存在,因为只有认同城邦共同体,尊奉城邦共同的神,他才能成为一个真正的人。因此苏格拉底宁死也不愿意违背城邦的法律。对于古希腊人来说,最大的惩罚不是被处死,而是被剥夺公民身份,在雅典,对那些给民主政体构成威胁的人所施予的惩罚,就是"陶片放逐法",即通过抓阄的方式将其驱逐出城邦。

2. 权威国家

古罗马国家形态的中心观念是权威。权威观念是从古希腊城邦的共同体观念中发展而来的,即强调城邦的利益高于个人利益,个人的存在必须以认同一定的权威为前提。权威 auctor 一词从词源上说,指的是某件事物的开端或源泉,它为该事物提供了正当性。古罗马的权威观念主要是祖先崇拜,罗马的创建者罗穆勒斯是罗马人共同的祖先,而在罗马建国时所奠定的一切都成为后来者的样板或其合法性的源泉。在罗马的政治生活中,已经形成了一种根深蒂固的观念,创设一项制度,任免一位官员,批准一项法令,凡事都要追溯权威的根源,哪怕是先人的一本书,或是一句话。对于整个庞大的罗马帝国而言,罗马城是它的权威所在,不管帝国的疆域如何不断地扩展,新加入成员的成分是如何混杂,但是作为权威中心的罗马城始终是一成不变的。对于罗马城邦而言,权威储存在元老院中,因为元老院是最接近祖先的一个团体。是故元老院在罗马政体中具有举足轻重的地位,但是元老院所拥有的是权威和罗马公民对这种权威的尊重,而不是一般意义的政治权力,故他们的作用不在于直接发布命令,而在于赋予这些命令合法性。

权威国家的特征在于,其权威是亘古不变的,而其权力体制则永远是未定型的,处于不断成长之中,这一方面使得罗马社会充满了冲突,另一方面则为罗马国家的扩展提供了空间,而罗马国家的扩展都是在权威的指引下,出于解决冲突的需要而实现的。在与部族王的冲突中,罗马人最终驱逐了王,而以两名执政官取代了国王,共同执掌最高权力,他们都受到元老院权威的制约。罗马城邦同时又设置一名称为"教王"的宗教官员,保留了王权的退化形式。在罗马城邦中,平民可以获得一定的参政机会,但是这也导致了平民和执政官之间剧烈的冲突,以至于平民们集体出走,在一座山上结庐而居。为了解决这一矛盾,罗马人通过协商的方式增设了保民官的职位。这样,就形成了古罗马糅合君主制、贵族制和平民制的共和政体,同时也奠定了以制度化的方式和平解决冲突的政治传统。

权威国家的这一特征也体现在罗马帝国的国家结构上。罗马的权威国家在国家结构上没有定制,从而具有扩张的可能性。罗马以本土城邦为源,通过军事征服不断地扩张,最终从一座孤城发展为一个大帝国。为了保持罗马权威国家的这种扩展空间,帝国起初只是一个松散的体系,罗马的征服地仍然保持其体制和风俗,只要解除武装,缴纳税款,就让罗马人很心满意足了。这其中还有一个重要的原因,罗马人太留恋自己的城邦,他们共同的祖先和权威根源都在那儿,因此没有人愿意被调到城邦之外任职,以至于罗马人几乎不可能直接管理征服地。这种情况一直持续至公元前146年,那一年罗马在广大征服地建立了行省,并任命了罗马总督,为了让这些总督们心甘情愿地出任,便由元老院以一纸"行省特许状"赋予其广泛的强制权限,这些人的权力实际上失去了制约,而这就为后来罗马帝国的解体埋下了伏笔。

3. 封建国家

在罗马帝国统治的数百年间,来自各地的移民不断涌入,他们起初被罗马政体所接纳,后来又破坏和瓦解了罗马政体。他们在乡村建立了自己的领地,每块领地上都立了一个国王,国王周围是一批有权有势的贵族,这就为后来的封建制度奠定了基础。

与早期城邦国家形态相比,封建国家形态是那种将私人利益与公共利益紧密结合的国家形态,公共权力无论是其产生还是运用,都取决于私人利益的诉求。因此,封建时代的政治精神完全堕落了。在小国林立的状态下,政治只是围绕小型的、原始的和游动的朝廷而进行,这些小国的国王和贵族们除了争权夺利什么都不做,这使得欧洲长年处于战乱之中。一方面,国王为了争权夺利,想尽办法笼络人心,一般的做法就是将土地赏赐给效忠于自己的权势人物,而以缴纳税款和服军役为交换,这导致由人身托庇和土地财产赏赐发展而来的领主权不断扩大;另一方面,由于所有的精力都消耗在内争外战中,王权已经逐渐丧失了对其臣民的保护能力,或者说根本无暇顾及此事,不得不承认领主权的世袭权利以及领主在其所属领地的司法、征兵和征税权,使之寻求自保。在这种条件下,便形成了欧洲中世纪的封建制度。

封建国家形态的主要特征是从国王到大贵族,从小贵族到骑士,以服军役为主要条件,将土地连同其行政司法权,依据效忠仪式和双边契约的方式层层分封。封君有保护、帮助和尊重封臣的人身、家庭和财产的义务,同时具有对封臣的继承、监护、婚姻的干预权。封臣对封君要效忠和服从,按规定服兵役和缴纳"帮助金"。这就形成了欧洲中世纪以领主—附庸关系为主导的封建国家形态。领主—附庸关系是一种互惠的契约关系,尽管存在一定的不平等性质,但是附庸具有一定的自主性,一方面,领主若是没有尽到保护责任或侵犯附庸的权利,附庸在原则上可以拒绝履行义务直至解除封建关系;另一方面,由于存在"我的附庸的附庸不是我的附庸"的原则,附庸相对于隔一层的领主而言是独立的,加上附庸可以同时是几个领主的附庸,这种错综复杂的分封导致附庸在领主侵权时诉诸更强有力的领主的可能。这样,领主与附庸之间实际上形成了相互制约关系。这对于后来西方社会法治观念和契约观念的形成都具有重要的影响。

封建国家是一种松散的结构,而始终无法形成真正意义的中央集权。由于王权相争和宫廷生活的奢侈糜烂,王权的维系在财政和军事上都依赖于封臣的税收和赋役,而不得不赋予后者较大的自主权,并且只有利用封臣之间的斗争才能维持王权的稳定。王室法只能是部分有效,王权更多是采取颁布特许状的形式来管辖封地上的领主,而这种统治体制更多的是一种权威统治而非权力的运作了。

4. 专制国家

在欧洲之外所形成的前现代国家形态大多是专制国家,尤以中国为典型。中国的专制国家形态具有四大特征。第一是建立了中央集权制度。秦统一之后中国便取消了分封制度,代之以中央集权的地方制度,地方政权受中央政权统制,中央政府委派地方官员管辖地方事务,从而形成金字塔式国家权力结构。第二是确立了绝对君主的专制统治。国家权力归君主私人所有,并通过世袭制来维持。君主权力具有至高无上的绝对性,成为一切政治权力的权威源泉,国家的政令和法律均出于他。国家形态的权威结构是家国同构的,即国家权威来自血缘宗法关系,在意识形态上尤为强调祖先崇拜和传统礼制。第三是形成了严密而庞大的官僚机构。君主的绝对权力实质上是一种抽象主权,它不能单独发挥作用,故君主专制统治往往都依赖于官僚体系的运作,由后者执行和贯彻君主的意志,协助君主管理社会公共事务。据考古学研究,东方国家的官僚阶层可能是原生的,而非君权所派生的,理由是东方社会的集体农耕方式要求行政官僚的超经济强制力量来进行公共管理。第四是公共领域完全覆盖私人领域。由于君主是"家天下"的,"普天之下,莫非王土;率土之滨,莫非王臣",土地、人口等都归君主所有,个人只有一定的占有权和使用权,因此不存在严格意义的私人领域,国家权力覆盖了整个社会。

专制国家的君权尽管在形式上是绝对的,但是受到两个方面的制约。一是在意识形态上君主受制于国家的传统礼制,君主不能在破坏传统的条件下仍然维持其合法性。二是在权力运行上受制于行政官僚。随着官僚机构日趋成熟和有机化,官僚机构独立化的倾向越来越明显,尽管君主仍然掌握对官员个人的生杀予夺大权,但是在某种意义上君权已经无法完全驾驭整个官僚机构。由于官僚并不是来自王公贵族,而大多来自民间,在国家支配社会的状态下,代表民间力量的官僚阶层的崛起,乃是社会力量反过来影响国家权力的重要表现。

专制国家具备了现代国家的某些因素。首先,专制国家是依赖理性化的制度进行统治的。尽管专制国家形态仍然存在君权神授的观念,但是国家权力在很大程度上体现为官僚机构的理性化运作,君权的神圣色彩被淡化,而更多地被作为平衡和牵制官僚权力的工具来看待。其次,官僚阶层本身具有开放性和流动性。一方面官僚阶层的特权不是固有、世袭的,而是随官僚职位的进退有所兴废的;另一方面,官僚是通过科考、选举等方式从民间录用的,只要具备平民身份都可以通过考试求取功名,改变等级身份,晋身官僚阶层,这就为国家与社会的资源互动创造了条件。

（三）现代国家形态

欧洲从 14 至 16 世纪完成了从中世纪封建割据向统一的、具有民族意识的现代国家形态的转型。宗教改革后统一的基督教会不复存在,各国的政治制度都实现了世俗化,国家政权掌握在世俗君主和行政官僚手中,政教实现彻底分离,从而为建立统一主权的民族国家创造了条件。14 世纪后,欧洲各主要国家都朝内部统一、外部独立的主权国家方向发展,而在战乱和灾荒的打击下,欧洲封建主义体系基本解体,这导致两个结果,一是代表公共权威的政府的发展,政府作为公共权力的化身,代表公共利益进行专业化的社会管理,取代了封建时代的私人管理和业余性质的司法管理。二是社会力量的增长,随着贵族力量式微,市民、法律工作者、知识分子等社会成员地位上升。在这种条件下,公共利益与私人利益开始分立,私人领域与公共领域在分离的同时也走向了统一。一方面,市民阶层通过官僚机构和等级议会,直接或间接地影响公共政策,以谋求自身的经济利益。另一方面则是以国家认同为取向的民族主义的兴起。民族主义最初从种族认同中发展而来,尔后上升为对自身独特文化形态的认同。主权国家的前提是臣民们形成全新的国家认同,在这一过程中,民族主义起到了决定性的作用。民族主义主张每一种文化都应当独立自主,在国家层次则要求最终的国家主权。现代民族国家的民族认同在很大程度上已经从种族认同演变为一种国族认同。1648 年各国达成威斯特伐里亚公约,承认了各自所拥有的对外对内的最终主权,标志着欧洲现代民族国家最终成型。自此现代国家形态不断得到发展,从目前看来主要形成了下述三种基本类型。

1. 早发型资本主义国家形态

早发型资本主义国家从法律上确定了公共领域和私人领域的界分。随着市场经济的发展,资产阶级市民社会逐渐获得了完整的财产所有权和独立的经济活动权,形成由自由平等的契约关系所调节的自发秩序,即所谓私人领域。国家以宪法的形式规定和保护公民的基本权利,这些基本权利构成了对公共领域政治权力的勘定,即公共权力以不侵犯公民基本权利为限度,以保护公民合法权益不受侵犯为其目标,因此,早发型资本主义国家一般又称为宪政国家。

早发型资本主义国家从专制国家中发展而来,专制君主逐渐成为虚位君主,或通过革命的方式被取消,取而代之的是以人民主权为原则的现代代议民主制。代议制是指由公民选举出代表组成国家机关来履行国家权力,这样就以间接民主取代了古典政治中由公民直接履行国家权力的直接民主,代议制一方面以代议方式在人口众多的国家中保证人民民主的实现,建立了相应的政府公共责任机制;另一方面,代议制实质上是现代国家的民主政治与传统国家的贵族政治的平衡,试图将人民民主与精英统治相结合,避免直接民主的多数暴政。为此,早发型资本主义国家发展了普选制度、议会制度、行政官僚制度、司法制度等,在扩大政治参与的同时使这种参与制度化和程序化。

作为国家与社会最为重要的联系机制,现代政党制度在早发型资本主义国家走向成熟。政党最初是议会斗争和选举的工具,并最终发展为驾驭整个国家政权的政治力量,早发型资本主义国家的政府都掌握在某个政党或政党联盟手中。人们通过政党制度培育、选任政治领导人、整合社会利益进而操纵或影响政府政策,同时政党制度也是在现代社会中进行政治社会化的工具,人们通过加入政党实现政治参与,培养政治意识。

2. 社会主义国家形态

社会主义国家大多不是在早发型资本主义国家的基础上形成的,相反是从传统国家中直接发展而来的。与早发型资本主义国家形态截然不同的是,早发型资本主义国家形态是在封建制国家形态自我解体、市民阶层上升的条件下形成的,故形成了公共领域与私人领域的分立。社会主义国家形态则是在专制统治相当成熟的国家中通过革命的方式而建立的,社会力量并没有得到充分的发展,另一方面,社会主义国家建国后都面临变革既有社会经济结构的任务,这在很大程度上依赖于政权的作用,从而强化了国家和政府的权力。故革命后的社会主义国家基本上处于国家覆盖社会的状态。随着社会主义国家形态自我改革的推进,社会力量逐渐得到发展。在市场经济体制下,形成了以公有制为主体的混合多元的社会经济结构,政府垄断社会资源的格局逐渐转变为政府以宏观调控方式管理社会经济的格局,从而形成了全新的国家与社会关系。

人民民主是社会主义国家形态的核心。社会主义国家所强调的是基于社会资源分配均质化条件下的经济民主与政治民主相结合。社会主义国家在经济上实行生产资料公有制,社会资源归社会全体成员所有,而对社会资源的管理则由国家或政府代表人民来履行,相应地在政治上也以人民主权原则来组建国家机构,以政治民主来保证和促进经济民主。社会主义国家一切权力属于人民,在政治制度上以直接民主与间接民主相结合的方式保证人民参与管理国家事务的权利。社会主义国家均实行议行合一的共和政体,以民主代议机关作为国家最高权力机关。随着经济体制改革的深入,社会主义国家也相应地进行了政治体制改革,在转变政府职能的同时,也不断地完善和健全社会主义法律体系和政治制度,扩大公民参与和强化公民监督。

社会主义国家的政党制度一般都是一党制或一党领导的多党合作制,共产主义政党是社会主义国家的执政党。共产主义政党的执政地位是由共产主义政党代表最广大人民利益的性质所决定的,只有坚持共产主义政党的执政地位,才能确保人民民主的真正实现。

3. 后发型资本主义国家形态

后发型资本主义国家主要是指在二战后摆脱殖民地和政治依附地位的新兴独立国家。这些国家一方面还保留着本土浓厚的宗教和文化传统,另一方面则在政治和经济上都受到宗主国的深刻影响,在这一张力下,大多数后发型资本主义国家的民主政治处于不成熟状态。具体而言,后发型资本主义国家在政治体制上摹仿早发型资本主义国家,建立了代议民主制度的形式,但是由于经济落后、公民政治意识薄弱,以及传统文化的深刻影响,在实际的政治运作中则形成带有一定专制色彩的威权统治。这种错位导致的结果是,一方面,由于简单搬用西方国家的政治制度,而无法使之与本国的具体情况相结合,后发型资本主义国家的代议民主制度徒具形式,其民主功能则无法充分发挥;另一方面,对西方国家政治制度的摹仿往往导致了对传统的破坏,而这反过来也抽掉了代议民主制度的合法性基础,使得后发型资本主义国家的民主制度无法真正得到巩固。

国家与社会的资源互动在后发型资本主义国家也并不是制度化的,相反成为政治不稳定的根源。民主制度的建立导致民主参与的扩大,但是政治制度所能提供的参与空间有限,这样,公民政治参与的扩大不仅没有促进民主制度的发展,相反导致了社会动乱等非制度化的参与,对民主制度的维系构成威胁。另一方面,后发型资本主义国家都面临推动经济发展的任务,而在社会力量尚未成熟的条件下,经济建设主要是由政府来进行的,这就使得政府垄断了重要的社会资源,为政府官员与社会特殊利益集团的结合提供了条件,这样,社会与国家的资源互动就不是有机的,而使得国家自主性出现危机,政府腐败无能。因此,在后发型资本主义国家中,社会动乱、政权倒台甚至军人干政的政治现象时有发生,政治现代化的进程经常面临中断的危机。

三、国家政体与国家结构形式

(一)政体类型划分标准

国家政体是指国家的组织形式。国家相比政府更为抽象,但是国家政权本身则是具体的存在,由一定的实体所组成,这些实体分化组合的原则、方式和相互关系,就构成了一国的政体。政体并不等同于政府机构设置,而是在国家主权层次所展开的国家政权的宏观架构,它为政府机构设置奠定基本原则和合法性源泉。

国家产生以来,基于不同的历史传统和政治实践,各国在不同的历史时期其政体类型也呈现纷繁复杂的现象。就政体类型传统的划分标准来说,归纳起来主要有下述三种。

第一是依据执政者人数的多寡来进行划分。亚里士多德按照执政者的人数多寡将城邦划分为三种类型,一人统治的是君主政体,少数人统治的是贵族政体,多数人统治的是共和政体。西塞罗沿用这一标准将国家政体划分为三种类型,分别是一人掌握统治权的君主制、由少数被选举出来的人掌握统治权的贵族制和人民自己掌握统治权的民主制。执政人数的多寡虽然是一个相对简单的标准,但它决定了政体本身的性质,是故一直为人所沿用。但是由于近代以来各国大多都建立了宪政体制,按照人数多寡来划分已经无法体现各国宪政体制细微的差别,因此近代以来的学者更多是把执政人数多寡和其他标准结合起来。

第二是依据政体的价值取向来进行划分。最为典型的是亚里士多德和孟德斯鸠。亚里士多德在以上划分的基础上,又根据统治者是以公共利益还是个人利益为依归,相应地归纳出三种变态政体,即作为君主政体变态的僭主政体、作为贵族政体变态的寡头政体、作为共和政体变态的平民政体。孟德斯鸠按照执政人数多寡将政体分为共和政体、君主政体和专制政体,其中共和政体又包括民主政体和贵族政体,专制政体则是君主政体的变态。孟德斯鸠进一步从价值取向上来划分政体,认为共和政体需要的是道德,君主政体需要的是荣誉,而专制政体需要的是恐怖。

第三是依据执政者的产生、统治方式与任职期限来进行划分。法国学者布丹以掌握国家主权的人数多少,将政体分为君主政体、贵族政体和民主政体,并进一步按照君主行使权力的方式将君主政体分为王朝君主制、领主的君主制和暴君制三种形式:王朝君主制以神法和自然法为依据;在领主的君主制下,君主如同家长统治奴隶一样统治臣民;暴君制是一种违反神法和自然法的制度,君主任意宰割人民。洛克认为政体的形式取决于立法权的归属,在此认识基础上,他根据掌握立法权的人数多寡和产生方式,将政体划分为四种类型:社会的大多数人掌握立法权,并通过自己委任的官员执行法律的政体是纯粹的民主政体;立法权归少数经由选举产生的人或他们的继承人的政体是寡头政体;立法权归一人的政体为君主政体,其中又包括世袭君主制和选任君主制两种;如果立法权起初由大多数人交给一人或数人在其终身期内或一定限期内行使,然后收回立法权,重新交给他们所属意的人,组成新的政府形式,这种政体洛克称之为混合政体。

尽管经过近代学者的改造,传统的政体划分已经初步具备了多重复合标准,但是其结果无外乎突出民主政体与君主政体的对立,这固然显示了国家政体最为根本的差别,但是缺乏对民主政体本身的细致考察。随着现代国家政体的复杂化,当代政治学者在传统分类标准的基础上,根据国家最高权力执掌者的产生方式、任职期限以及国家与政府的结合程度等对国家政体提出了更为精细复杂的分类方法和标准。其中,以美国政治学者柏杰斯和亨廷顿的政体划分标准最具代表性。

柏杰斯提出了政体分类的四项标准:第一,以国家主权机关与政府机关有无区别为标准,将国家政体划分为直接民主制和间接民主制,前者是主权机关直接行使政府职权,后者的主权机关与政府机关分别组织,主权机关将政府职权委托一个或几个机关来行使。第二,以国家元首产生的方式为标准,将国家政体划分为世袭制和选任制。世袭制的国家元首由血统有关者世代继承;选任制的国家元首由定期选举产生,并不限于一姓的血统关系。第三,以立法机构与行政机构的权力关系为标准,将国家政体划分为内阁制和总统制。在内阁制政体中,行政机构由立法机构产生,对立法机构负责;在总统制政体中,行政机构与立法机构并无权源关系,是各自独立的。第四,以国家权力的集散为标准,将国家政体划分为集权制与分权制。在集权制政体下,国家事权统归于中央政府；在分权制政体下，国家事权分属于中央政府和地方政府。

亨廷顿则从政治发展的程度，根据政治参与和政治制度化两项标准对政体进行划分。他首先根据政治参与的程度由低到高将政体划分为传统型、过渡型和现代型三种；然后再根据制度化与政治参与之间比率的高低将政体分为公民型和执政官型。两种标准结合便产生六种政体类型：公民政体中有建制型、辉格型和参与型，与之对应，执政官型政体包括寡头型、激进型和群众型三种。

此外，还有西方政治学者按照统治的性质将国家政体划分为专制政体、共和政体和极权政体；根据统治方式将政体划分为动员的、神权的、官僚的和妥协的政体；根据政治现代化的程度将政体划分为英美式的、欧洲大陆式的、前工业化或半工业化式的，以及集权式的政体，等等。

（二）君主制政体与共和制政体

从上述政体划分标准已经不难看出，最普通的政体划分是将其归为君主制和共和制两大基本类型。君主制是指国家的最高权力掌握在世袭君主手里的政体；共和制则是指国家最高权力执掌者由选举产生，并规定相应的任职期限的政体。在古典政治中，君主制具有主导地位，而共和制则处于从属地位；随着近代民主的发展，共和制则取代君主制成为现代国家政体的主流。

古典君主制政体是近代以前的国家除少数例外所普遍采用的，其典型特征在于，第一，国家最高权力集中于君主一人手中，君主拥有超乎一切法律和制度之上的权威，君主个人的意志就是法律；第二，君主的权位是终身和世袭的；第三，君主任命组建军事官僚机构，作为其行使权力的辅助机关，对全国进行统辖。虽则君主制被普遍采用，但是基于国家形态的差异，君权无论在权能大小还是表现方式方面都是形式不一的。

古典共和制政体的典型代表是雅典城邦、古罗马共和国和意大利城市共和国的政体。它们的共同特点在于，第一，由全体公民参加的全民大会是国家最高权力机关，共和国的大小事务都由全民大会进行集体讨论并以各种方式投票表决。第二，掌握最高统制权的执政官员，在军事、行政和司法方面拥有很大的权力。为了避免执政官员独裁，执政官员都由全民大会选举产生，并有一定任期。执政官员都实行集体负责制，雅典设立十将军制，古罗马设两名执政官，而意大利城市共和国则由各区或行会选举的长老集体执政。

现代国家政体也可归为君主制与共和制两大类。君主制主要有二元君主制和议会君主制。在二元君主制下，君主与议会属相对独立的两大权力系统。

51

君主是国家政权的中心,其权力尽管受到宪法限制,但不受其他权力机构的制衡。国家宪法由君主钦定,君主不仅有权任命内阁,而且有权任命议会中的部分议员,其行政不受议会的约束,有权否决议会决议,甚至解散议会。二元君主制有别于古典的君主专制政体,因为君主的权力是由宪法规定的,受到宪法的限制,而具有现代国家形态的特征。这一政体一般出现在现代化起步较晚、专制传统较强的国家,如摩洛哥、约旦、沙特阿拉伯等国。

议会君主制又称君主立宪制。在开明专制条件下以和平方式较早进入资本主义社会的国家,其现代化进程在很大程度上借助了君主的整合力量,故保留了君主制的某些传统,形成了议会君主制。君主一般都成为虚位元首,宪法所规定的君主主权有名无实,君主权力实质上只具有象征意义。议会已经取代君主成为国家政权的中心,政府内阁由议会多数党或政党联盟产生,对议会负责,如果议会否决内阁的决议,或通过对内阁的不信任案,内阁必须集体辞职,或者提请君主解散议会,重新进行大选。英国是议会君主制的典型国家,其他国家如荷兰、比利时、卢森堡、瑞典、挪威、丹麦、加拿大、澳大利亚、新西兰、西班牙,以及日本、泰国、马来西亚等都实行议会君主制。除了存在一个虚位君主,议会君主制在某种意义上已经相当接近于共和制。

共和制政体主要分为议会共和制、总统共和制、半总统制和委员会共和制几种。在议会共和制中,议会是国家政权的中心,它由公民选举产生,享有立法权、组织和监督政府或内阁的权力。作为国家元首的总统由选举产生,但其权力仅限于任命议会中多数党领袖或多党政治联盟领袖担任政府总理,总统是国家的"虚位元首",在礼仪上代表国家,总统若有违宪行为,要受到议会的弹劾。内阁是国家最高行政机构,掌握一切行政大权,是各种内政、外交政策的制定者,内阁由议会产生,向议会负责,若内阁提案遭到议会拒绝或否决,内阁必须集体辞职或解散议会,重新组织大选。德国、意大利、以色列等是实行议会共和制的典型国家。

在总统共和制中,不存在独大的最高国家权力机构,而是立法、行政和司法三权鼎立。议会、总统和最高法院分别掌握国家立法权、行政权和司法权。议会和总统均由民选产生,互相不存在权源关系,最高法院是相对独立的司法机构,最高法院法官终身任职,带有贵族制的权威色彩。总统集国家元首与行政首脑于一身,除了某些重要任命须征得议会批准外,内阁成员由总统任免,对总统而不对议会负责。由于总统与议会权力是互不归属的,总统无权解散议会,议会也无权通过不信任案将总统解职,实施倒阁。但在总统有违宪行为时,议会可对总统提出弹劾案,并提交最高法院审理。美国是最早也是最典型的总统制国家。此外实行总统制的还有拉丁美洲、非洲以及亚洲的一些国家。

半总统制糅合了古典君主制与现代共和制的特点。总统权力几近独大，凌驾于立法、行政和司法之上，是三权的仲裁者。总统既是国家元首，又拥有任免总理、主持内阁会议、颁布法律、统帅武装部队等大权。总统由选民选举产生，对全民负责，而不对议会负责，总统有权解散议会，议会则无权弹劾总统。总统不是内阁成员，对内阁决议不负政治责任，议会对内阁的不信任案只能由总理负政治责任，而不能及于总统。法国和俄罗斯是实行半总统制的典型国家。

委员会共和制的主要特征是最高国家行政机关为委员会，委员会由议会选举产生，向议会负责；议会不能对委员会提出不信任案，委员会也无权解散议会；在委员会内部，各委员地位完全平等，国家元首（行政首长）由委员会成员轮流担任，任期一年，不得连任。各委员同时担任政府各部首长，主管所属部门的行政工作，一切政务均由委员会集体讨论决定。瑞士是实行这一政体的典型国家。

（三）民主政体、威权政体与极权政体

由于现代国家一般都建立了代议民主制，因此基于执政人数多寡标准的传统政体划分，已经逐渐失去了意义。仅仅把现代国家政体划分为君主制和共和制，并无法反映现代国家政体的细微差别。故当前的政治学研究倾向于将现代国家的政体，按照更为具体细分的标准大体划分为民主政体、威权政体、极权政体三种纯粹类型。作这一划分的主要标准大致可以概括为以下三个方面：① 国家与社会的关系。在民主政体中，国家与社会是二元分立的，公民的自由权利受到法律的保护，社会的自治水平高，经济和政治领域皆存在广泛的竞争；政府权力由宪法和法律规定，以不侵犯公民合法权益为限，政府职能的履行以为社会自主发展提供良好的环境和空间为目标。在极权政体中，呈现国家完全覆盖社会的一元化结构，政府行为不仅在经济活动层面，而且深入到思想文化层面，全面控制了社会。威权政体居中，既存在国家与社会一定程度的分离，同时国家也对社会进行深度的干预。② 政权的产生、组织和运作方式。民主政体的政府权力一般都受到宪法和法律的严格限定和制约，政府权力也是相互制衡的；极权政体的政府权力则不受任何制约，凌驾于一切法律之上；威权政体在形式上与民主政体相近，但是法律本身为政府权力提供了较大的自主空间，政府权力的相互制衡也相当微弱。③ 普通民众能够影响政府政策的范围和程度。在民主政体中，民众可以通过定期的和公开的选举以及其他利益表达机制影响政府人事和决策过程。在威权体制下民众的这种权

利相当有限,而在极权国家这种情况是不可能发生的。按照这些标准,以美、英、法等国为代表的早发型资本主义国家的政体可纳入民主政体范畴,多数第三世界国家和地区如巴西、墨西哥,以及南亚、中东和非洲的一些20世纪80年代进入工业化阶段的国家的政体可视为威权政体的代表,二战期间的德、意法西斯国家则可笼统地一起纳入极权政体的行列。

1. 民主政体

在古典政治中,民主政体往往与乌合之众、贱民和暴民统治联系在一起。而随着近代市民力量的上升,自由、平等和人权观念的深入人心,民主政体逐渐被视为是人民民主的具体体现,是对君权神授观念和专制统治的否定,继而成为现代国家政体的典范。一般而言,现代民主政体具有下述基本特征。

第一,宪法至上。现代民主政体的主权在民原则首先是由宪法来体现的,任何民主政体的建立都以制宪为前提。在现代民主政体中,宪法是权威的根源,是一切政府权力的合法性源泉,具有至高无上的地位,凡是与宪法相抵触的行动都可视为无效甚至要被追究法律责任和政治责任。公民的基本权利和政府权力的界限都是由宪法规定和保障的,政府只能在宪法所指明的行动范围界限内运用权力,而不能超越它。即便是议会的立法活动也不能超越宪法,因为宪法的权威地位是不能通过政府权力的运作来变更的,故实行民主政体的国家一般又称为宪政国家。

第二,建立代议民主制。现代民主政体与古典民主政体的区别在于,古典民主政体实行直接民主制,公民直接参与社会公共事务的管理,一切政治活动都是以集体方式来进行的。现代民主政体则是一种间接民主制。在现代民主政体中,议会被认为是民意最直接的代表机构,其权力来自人民的委托,而这种委托主要是通过自由、公正和定期的选举来实现的。所有的成年公民均有权利参加选举和竞选供职,选举必须是竞争性的,民众的参与渠道应当是多元的。与古典直接民主制的集体领导方式不同的是,代议民主制具有专门管理社会公共事务的行政官僚机构,行政官僚机构的权力就其权源而言也是受人民委托形成的,它由选民以直接或间接的方式选举产生。由于现代民主政体实行的是代议制的间接民主,存在政府权力独立运用以至于偏离公共利益的可能,故必须最大限度地避免政府权力的滥用。为此,西方资本主义代议民主制在政权组织上使政府权力相互制衡,"以权力制约权力",立法机构、行政机构和司法机构都在职权上和功能上实现分离和制约。

第三,政府权力的大众化控制。由于政府权力的来源在于人民,民众将权力委托给代议制政府之后,必须通过各种制度和机制实现其对政府权力的大众化控制。一般地,民众控制政府最主要的方式是选举。在选举日之外,民众对政府权力的日常性控制则取决于一系列公民参与制度的完善,包括以听证制度的形式参与政府决策、直接参与基层社区管理等。

第四,公民自治。在国家与社会分离的条件下,公民在国家控制之外自愿组织起来,通过经济领域、社会文化活动的交流互动而构成了社会自治系统。公民自治系统具有多元性、竞争性和开放性的特征,在此公民个人享有平等的权利和义务,自由和平等地决定自己的生活条件而不受来自他人和政府的干涉。公民自治系统在民主政体中受到法律的保护,它和政府之间是完全平等的法律主体,并不受政府统制。相反,公民自治系统对政府权力构成积极的制约力量,要求社会公共事务管理的公开性,以及引入公民陪审、选民反馈等新的民主机制。

2. 威权政体

威权政体特指二战后获得独立的新兴民族国家所形成的政体。这些国家都面临巨大的现代化压力,而在社会力量薄弱、社会结构严重脱序和失范的条件下,借助国家政权的力量推进国内经济建设并实现社会整合,便成为唯一的选择,从而催生了威权政体并使之不断强化。威权政体在形式上介于民主政体与极权政体之间,但与两者都存在本质的区别。有的学者笼统地把威权政体称为"半民主"政体,即威权政体具有民主政体的形式,但在实际的权力运作中则与民主政治大相径庭。故与民主政体相比,威权政体的特征主要体现于功能运作而非组织形式方面。

第一,有名无实的民主制度。威权政体摹仿民主政体所建立的民主制度,其实际功能是使威权统治合法化,而不是实现民众对政府权力的大众化控制。宪法和法律并未受到真正的尊重,政府可以根据需要对宪法和法律进行修改,或超越宪法和法律行使权力。

第二,少数人的威权统治。威权政体在大多数情况下,其政治体系的统治权掌握在领袖一人手中,偶尔也可能由少数统治者集团行使。与民主政体相比,威权政体的当权者往往拥有很大的权力,而且这些权力所受到的制约很少是实质性的。这些当权者往往都是通过革命或政变上台的,但都通过某种形式的选举来合法化。在政治领袖周围则形成了由技术官僚所组成的政府机构,统摄社会公共事务。在政府权力结构中,由技术官僚所掌握的行政权力具有主导地位,议会权力只具有合法化功能,而缺乏对行政权力有效的制约。

第三,参与社会经济发展的政府。与民主政体下国家与社会二元分立的格局不同,威权政体直接参与社会经济的发展,并且在制度上为这种介入提供了充足的空间。在社会力量缺乏良好发展的条件下,推动社会经济发展的任务主要是由威权政府来承担的,因此威权政府介入社会经济不仅是可能的,而且是必要的。威权政府通过制定经济发展战略计划和推行各种经济政策来推动社会经济的发展。由于政府权力缺乏实质性的制约,这些计划和政策一般情况下都可以有效地加以贯彻。但是,在威权政体下并没有形成国家完全覆盖社会的格局,相反,社会力量在经济发展的过程中得以逐渐生长。在威权政体中,尽管民众的政治权利常常遭到政府的压制,但政府常常允许甚至鼓励有限的民间经济活动,社会力量由此在国家权力的外围获得了一定的自治空间。

第四,微弱的大众化控制。威权政体缺乏有效的大众化控制机制,政府的权力往往是不受控制的。在大多数威权政体中,选举都被政党或少数人集团所操纵,并不具有大众化控制的意义。由于监督制度和公民参与制度的不完善,民众缺乏对政府权力的日常性监督。一方面这极易引发非制度化的政治参与带来政治不稳定,另一方面也为政府官员的腐败提供了可能。

威权政体尽管建立了民主政体的框架,但是政府权力结构远未达到有机化,政治制度的结构与功能呈现严重的错位。在政府权力缺乏实质性的制约的条件下,由于政府对社会经济的深度介入,政府职能将随着社会经济的发展而不受限制地扩张,进而又压制了社会力量的生长,同时也为官商结合的腐败行为提供了便利。这使得威权政体在社会经济发展到一定阶段时面临合法性的危机,而不得不向民主政体转型。

3. 极权政体

极权主义一词是由意大利法西斯主义者所发明的,用以修饰其独裁政体。不过,相比之下,德国纳粹政权更接近极权政体的原型。极权政体的产生具有两个前提条件。一是大众民主的发展。对极权"元首"集体性的狂热崇拜是决定极权"元首"上台执政的关键因素,如希特勒是通过民主选举而上台的,极权统治的推行也在很大程度上依赖于民众的顺从。二是现代科学技术的发展。极权政体借助现代监控技术和传媒技术对民众实施高度的意识形态监控和行为控制,而这在现代之前是不可能做到的,故极权政体是现代国家特有的产物。

冷战以来,极权主义的概念已经被滥用到难以想象的地步,更成为一些持西方中心观念的学者用以贬斥、攻击西方世界以外其他政治文化类型的概念工具。但是如前所述,极权政体不仅与民主政体同源,而且是现代国家特有的政体,故仍值得认真对待。极权政体具有以下特征:

第一,以极权"元首"为中心的环形政权组织结构。极权"元首"位于中心的空白地带,外围按照意识形态的狂热程度由里向外逐渐递减形成各种层次,从而构成一种虚幻的"现实",每个层次的人都从其外围那里感觉到极权运动是与真实的世界相符合的,这样就能始终保持对极权"元首"的狂热崇拜,故有学者称之为"洋葱式结构"。在极权当局内部缺乏严格的官僚等级制,而是根据个人与极权"元首"的精神距离来确定其权力等级的。

第二,意识形态的统治而非法律的统治。极权政体并不依赖法律而存在和运作,相反,极权统治的目的恰恰是要摧毁一切法律体系,极权"元首"凌驾于一切法律之上。极权政体的维系依赖于一个无所不包、渗透于个人生活方方面面的官方意识形态,个人的一切行动必须以这一官方意识形态所确定的目标为依归。借助现代传媒技术和监控技术,极权政府对个体实施了内在的心理强制,而逐渐使之丧失自我判断的能力,从而认同极权当局的统治。

第三,特务、警察系统的恐怖统治。与威权政体强化技术官僚统治所不同的是,极权政体所强化的是国家的暴力机器,它以一套秘密警察组织为后盾,对干部、官僚、军队和民众实施完全的技术监控,利用直接的强制手段或心理攻势确保民众对官方意识形态的绝对忠诚,如希特勒利用党卫军、墨索里尼利用黑衫党等等。这样,极权政府就消除了所有的私人生活,而使个人生活的一切都处于极权政府的严密监控之下。

极权政体是现代国家政体的极端形式,它打破了国家与社会、集体与个人、公共领域与私人领域的基本界限,实现了国家政权对社会的全面破坏和控制。但是极权政体缺乏持久性,因为所有的意识形态和合法性认同都系于极权"元首"身上,一旦极权"元首"生命终结,极权统治就会面临根本性的危机。

(四) 国家结构形式

国家结构形式是指统一国家的构成方式。一个国家采取什么样的结构形式,取决于该国的历史、地理、政治、经济、民族、宗教、文化等多种因素,是历史上各种政治力量彼此冲突、磨合的结果。正是基于这样复杂的因素,国家结构形式相比国家政体,其历史延续性更强。就当代国家结构形式而言,单一制和联邦制是最为基本的两种类型。

单一制是由若干行政区域或自治区域构成的单一主权国家的结构形式。中国、法国和日本等国家都实行单一制。单一制的主要特点在于:第一,国民具有单一的国籍身份;第二,只有单一的现行宪法和统一的法律体系;第三,具有统一的最高国家权力机关,立法、行政和司法体系高度统一,最高国家权力归中央政权机关掌握,地方政权机关接受中央政权机关的统一领导;第四,国家主权高度统一,由中央权力机关代表国家主权充任国际法主体,统一行使外交权,各行政单位或自治单位不具有独立的外交权,即使个别地区享有一定的自治权,但这种自治权被限制在统一的国家主权范围之内。

联邦制是由若干以行政区划为基础形成的相对独立的政治实体(共和国、州、邦)结合而成的国家结构形式。美国、德国、俄罗斯、瑞士、加拿大、印度等国都实行联邦制。联邦制的主要特点在于：第一，国民享有联邦和各成员单位的双重身份；第二，具有统一的宪法和基本法律，但在联邦宪法和基本法律的范围内，各联邦成员单位有自己的宪法和法律；第三，联邦设有最高立法、行政和司法机关，各成员单位还拥有自己独立的立法、行政和司法机关，两者并不存在隶属关系，其权限划分是由联邦宪法所规定的，联邦成员政府在各自的辖域内独立行使权力，联邦政府则负责联邦整体的政务；第四，国家主权由联邦政府与联邦成员政府分享，联邦政府对外代表国家主权，但各联邦成员政府也有一定的外交独立性，在联邦宪法允许的范围内，可以与其他外交主体签订某些协定，有些联邦制国家的成员政府还可以以独立身份加入某些国际组织。

思考题

1. 什么是国家？

2. 如何理解国家的阶级本质与国家相对自主性？

3. 国家相对自主性表现在哪些方面？决定国家相对自主性程度的因素是什么？

4. 政治权力、政治权威和政治暴力的联系与区别是什么？

5. 如何理解国家权力的合法性与有效性？

6. 国家的社会形态存在哪些历史类型？

7. 议会君主制、议会共和制和总统共和制各自的特点是什么？

8. 民主政体和威权政体这两种现代国家政体的联系与区别是什么？

9. 单一制与联邦制的区别表现在哪些方面？

第三章 政　　府

根据马克思主义基本原理,我们对政府的界定可以表述为:政府是统治阶级行使国家权力和进行阶级统治的工具,统治阶级通过政府的作用使自己的意志上升为国家意志,并借助政府机构加以执行和贯彻。为此,具有公共权力的机构和人员组成了政府,并承担政治统治和社会公共管理的功能。

一、狭义政府与广义政府

(一) 政府与国家

英文"政府"一词 government 的动词形式 govern 源于拉丁文 gubinere,原指驾驭、掌舵,后引申为指导、管理和统治之意,其名词形式则指进行管理和统治的实体组织形式,也就是我们今天所指的政府。近代之前欧洲并没有形成统一集中的政府权力,在宫廷软弱、王权分散的状况下,臣民依赖封建的领主—附庸关系寻求自保。绝对主义国家时期形成相对稳定的官僚治理机构之后,西方才有对政府的确切描述。法国学者让·布丹区分了政府与国家,英国学者洛克在《政府论》一书中把政府界定为受人民委托行使公共权力的"裁判者"。随着自由资本主义社会的发展,政府体制取代政府价值成为西方政府理论的核心,以约翰·密尔为代表,认为政府机构和体制的设计对于政府至关重要,但仍停留于对政府的静态理解。在当代政府体制已经基本成熟定型的条件下,美国政治学者则从政府过程而不是从政府体制的角度来界定政府,阿瑟·本特利在《政府过程》一书中,认为"政府由表现在政府中的群体和利益集团的活动构成"。这样,对政府的理解也就从静态走向了动态。

中国古代典籍中的"政府"乃指宰相办公的场所。《资治通鉴》载"李林甫领吏部尚书,日在政府",《宋史·欧阳修传》中有"其在政府,与韩琦同心辅政"一说。后"政府"一词外延扩大,乃统指行政官僚办公的场所和机构。中国早期政治学学者邓初民就将"政府"界定为"执行政治任务、运用国家权力的一种机构"。此时中国政治学界对"政府"的界定与西方逐渐接轨。

对于政府,在政治学上有广义和狭义两种理解。广义的政府泛指各类国家权力机构,即立法、行政和司法机构的总称。从这一意义理解,凡具有公共性的部门都可以称为政府,政府所对应的范畴是公民,政府权力来源于公民的同意或委托,对公民负责,并接受公民的监督。狭义的政府仅仅是指国家机构中执掌行政权力、履行行政职能的行政机构。对政府的狭义理解,是近代资本主义社会对国家权力进行限制和职能分工的产物,即把国家权力划分为立法、行政和司法三权,而把政府归结于行政权力。从这一意义理解,政府只是公共权力的一个组成部分,政府所对应的范畴除了公民,还包括立法和司法机构,要受到后者的制约或监督。从国家权力运作的历史经验和现实实践来看,仅仅囿于行政机构来界定政府存在一定的困难。在传统社会,国家权力往往是不作严格划分的,而在现代社会中三权的划分也"有名无实",纯粹行政意义上的政府并不存在,各国的行政机构都或多或少承担一定的立法和司法功能,或者与立法、司法机构形成权力相互渗透的关系。故纯粹从行政权力的角度来理解政府,不易形成对政府的全面认识。基于此,本教材所采取的是对政府的广义理解,即把政府界定为立法、行政和司法等国家机构的总称。

在政治学研究中,政府与国家是一对容易混淆的范畴,政府所做的一切被赋予了国家意义,国家本身的意义则变得隐晦。造成这种混淆的原因在于,近代以来国家的功能已经越来越依赖于政府的权力运作和职能履行,政府作为国家的具体化身,在很多方面已经实现了对国家的功能替代,故现实政治生活中,人们往往只见政府不见国家,而在理论上澄清两者的区别与联系则显得尤为必要。

政府之所以在现实政治中取代国家,乃是基于政府与国家之间内在的逻辑关系,这主要体现在三个方面。

首先,政府是国家最为重要的构成要素。前已述及,国家是由人口、土地、主权和政府等要素构成的。人口与土地固然都是国家存在的前提条件,但并非国家的本质特征。国家与氏族、部落、村坊等组织的根本区别不在于是否据有一定的土地,拥有一定数量的人口,而在于是否形成政府。国家之所以成为国家,乃在于政府机构之设立。另一方面,政府是国家的构成要素中最具能动性的。国家主权的行使、国家领土的维护、人民生活的维持和福利增长,都与政府具有直接或间接的关系,其效果取决于政府的作用。可以说,人口与土地构成了国家的躯体,政府则赋予国家生命。

其次,政府是国家的主权代表和具体形态。马克思主义认为,国家是阶级统治的工具,而政府就是这种统治工具的具体形式。恩格斯指出"国家的力量"由军队、官僚和法庭所构成①。列宁也指出:"国家机构首先指的是常备军、警察和官吏。"②在日常性的功能运作中,政府往往作为国家的具体化身而存在,代表国家行使公共权力。国家的对外主权由政府来代表,国家对内的最高主权也统一于政府身上。

最后,政府是实现国家目标最为基本的手段。政府作为国家主权的代表,其目的就在于承担国家政权的统治和管理功能。国家意志的形成和执行,如制定和执行法律、维持社会治安、保障公民福利、保卫国家安全等等,基本上都要通过政府来加以实现。而另一方面,政府强制权力的正当性取决于国家权力的公共性,政府机构的设立和功能定位也围绕对国家统治和管理功能的履行而形成。

尽管政府与国家存在如此千丝万缕的关系,它们毕竟不可混为一谈,相反存在根本性的区别。政府只是国家构成要素之一,而非国家的全部。国家是由土地、人口、政府和主权所构成的统一体,国家涵盖了政府,政府却不能涵盖国家,两者不能等量齐观。显然任何国家都不能没有政府,但是只要政府存在,政府权力在某些个人或社会集团手中的更迭并不意味着国家的灭亡。具体而言,两者的区别主要体现在三个方面。

首先,政府权力并不等同于国家主权。国家作为政治共同体,其主权是无限、统一而不可分的。而政府公共权力是有限的,并且通常要在权限或职能上进行界分。现代民主政府都要求在政府权力与公民权利之间作严格的法律勘定,政府权力以不侵犯公民合法权益为界。可以说,政府权力的自我分化乃是其运作的内在要求。另一方面,国家主权和政府权力对于国家的意义也是不一样的,如前所述,政府权力可以被推翻或置换而不导致国家的灭亡,但是,一旦国家主权丧失,国家就会不复存在。

其次,政府的功能并不能完全替代国家的功能。政府并不具有国家的政治共同体功能,即公民认同自己是某个国家的公民,接受由此而来的传统价

---

① 《马克思恩格斯选集》第二卷,第321页。
② 《列宁选集》第三卷,第307页。

值、道德观念和风俗习惯,从而团结在国家之中。相反,公民始终是在政府之外的,支持、监督或反对政府权力。

最后,国家的合法性层次高于政府。合法性是指对权力所具有的权威性的认可和接受。美国政治学者戴维·伊斯顿把合法性划分为国家、典则以及当局政府三个层次。公民对国家合法性的认同层次最高,对政府合法性的认同层次最低。现代社会的公民具有批评和反对政府及其政策这样的基本公民权利,但不能反对和脱离国家,否则就会丧失公民资格。另一方面,国家与政府的合法性来源也是不一样的。国家的合法性来源于神圣的、非选择性的传统,因此国家的合法性具有稳定性和持久性;政府的合法性则取决于政府对社会经济进行统治和管理的有效性,一旦出现管理失效,就容易导致政府合法性的丧失。

综上所述,政府和国家的内在联系和区别都是显著的。政府作为国家的具体化,具有公共性和权威性的特征,而由于政府与国家的本质区别,政府权力本身又不是绝对的,而是相对的、有限的。

(二)政府的特性

政府作为履行国家权力的机构,其目的、资源和功能都具有某种特殊性,与一般社会组织存在本质的区别。一般而言,政府具有下述一些特性。

1. 阶级性

政府是统治阶级实行阶级统治的工具,因此政府活动就其本质而言是为了维护统治阶级对整个社会的政治统治和社会管理。由于政府权力的范围覆盖整个社会,并依赖合法的强制力保证实施,它往往成为对立阶级争夺领导权的关键。在社会经济上占统治地位的阶级会以各种途径影响和掌握政府权力,借助政府权力推行有利于本阶级的公共政策,谋求自身利益的最大化,从而实现政治、经济和文化上对被统治阶级的独占优势。

2. 公共性

公共性是政府权力的内在要求,这主要体现在政府权力的性质和效果两个方面。首先,政府作为国家的具体化身,代表国家主权开展活动,因此任何政府权力都必须通过一定的程序和途径上升为对普遍的公共利益的诉求,以公共利益的名义来行使。其次,从政府权力的作用效果来看,政府权力对社会具有普遍的效力,政府的法律与政策对社会中所有成员都形成普遍的约束力。政府权力的公共性与政府权力的阶级性并不矛盾,政府之所以成为统治阶级的统治工具,乃在于其权力所具有的普遍效力,而政府权力的这种普遍效力,又是由政府权力本身的公共性来保证的,否则政府权力将丧失其合法性。所有政府权力都以公共性来界定自身,公共权力只能运用于与公共事务和公众福利有关的事情上,任何借助政府权力来谋求私人利益的行为,都被视为是对公共权力内在要求的偏离,也就是一般意义上所指称的腐败行为。

3. 权威性

任何政府都以强制性权力为其功能运作的基础,政府权力的产生、政府执行和贯彻国家意志,都以法律制度为依托,以暴力手段为后盾。这样,政府就具有凌驾于社会之上的普遍强制力和权威性。政府这种强制性权力并不是天然就具备的,而是公民以各种方式同意或授予的,因此,任何政府权力都必须具有权威性。也就是说,政府之所以具有合法的强制力来推行公共政策,乃是由于这种权力本身是公民委托和广泛认同的。正是在此意义上,政府对自身强制性权力的运用必须严格地规限在追求公共目标和普遍福利的范围内,否则政府就是在滥用权力。

4. 整体性

尽管现代政府都形成了严格的职能分工和权力划分,但是就政府机构各部分之间的关系而言,则构成了组织严密的有机整体。各政府机构按照一定的原则和程序结成有机联系的组织系统,共同运作,共同发生作用,以保证管理社会公共事务的有效性。政府机构的整体性主要表现在政府机构设置合理、部门职能协调、人员精干、政策稳定、工作高效、组织成本低廉等各个方面,这是衡量一国政府体制是否成熟的重要标志,也是所有政府自我完善的基本方向。

根据政府的特性及其表现程度,在政治学上对政府形成了一些基本的评价体系,其中最为人所知晓也最易招致误解的乃是下述两组体系。

首先是所谓“大政府”与“小政府”。国内学者总结了衡量政府“大”还是“小”的三组变量,分别是：① 政府职能项目的多寡;② 财政规模和机构、人员规模;③ 履行职能、调控社会的方式①。一般认为,政府职能项目多、政府规模大,以直接的、行政的方式管理社会事务的政府为“大政府”,反之则为“小政府”。随着政府职能的泛化和政府管理负担的增加,政府规模会与相应扩大,因此三组变量不是相互排斥而是互为因果的。政府的“大”与“小”并不是衡量政府管理水平的唯一标准,事实上,“大政府”与“小政府”各有其优缺点。大政府的优势在于具备充足而集中的资源,社会调控能力强,但是组织成本过高,工作效率较低;小政府的优势在于运作成本低、运转灵活而具有适应性,但

---

① 臧志军：《政府政治》,香港三联书店 1994 年,第 21—22 页。

是职能目标和管理范围都十分有限。二战以来,包括西方国家在内的各国政府都在朝"大政府"方向发展,这一事实表明,问题不在于政府规模的大小,而在于政府规模与其职能要求的统一。政府规模随着政府功能的增长而扩张,这是一种合理的变化,关键是如何在这一互动过程中,尽量控制政府的组织和运作成本使之不至于出现乘数增长的可能。

其次是"强政府"与"弱政府"。政府的强弱取决于政府的能力,而跟政府的大小没有必然联系。"大政府"往往因其规模大,对社会控制范围广泛,而使管理成本过高,效率低下,导致其对社会公共事务管理的质量下降,相反,"小政府"虽然职能有限,但在有限的职能范围内却充分发挥了自身的权能。故政府并不因其权力大而变得强,管得多的政府并不一定是管得好的政府。政府的强弱标准在于政府管理的质量,即能否把公共事务管好。一方面,强政府是有效的政府,它具备维持自身功能运作相应的体制和财政资源,保证政府公共政策的有效实施。另一方面,强政府是以公共利益为目标的自主政府,不会受制于社会中的特殊利益集团,而弱政府的行为往往被特殊利益所左右,政府权力运用于为特殊利益服务,从而为寻租腐败活动提供了可能性。

(三) 现代政府组织和运作的基本原则

现代政府在其权力组织和权力运作上,基于维护公民权利与市场自主的目标,形成了一定的基本原则,此乃区分现代民主政府与传统集权专制政府的基准,凡是其制度精神遵循这些原则的政府就可以被认为是具备了现代民主政府的基本形态。

1. 人民主权原则

人民主权原则是指国家主权"在民"而不是"在神"或"在君",国家主权属于人民,而不是专属于某个个人或社会集团。在传统国家,主权观念是"君权神授",君主受命于天,而非受命于民,故只对天道自然负责,不对人民负责。君主权力具有至高无上的神圣性和绝对性,普天之下都是他的臣民,因此政府的权力是独断的,并不受民众的监督和控制,只有"为民作主"之"民主",而无"人民主权"之"民主"。达致社会良好治理的可能性只能寄托于君主及其臣僚的德性修养上,即冀望他们能认识到天道自然取法于民众的普遍福利,顺天而行,恪守其权力之公共权威性。此谓德治。近代以来,随着市民社会的成长和"天赋人权"观念的深入人心,人民主权逐渐取代君权神授成为政府权力合法性的依据。根据人民主权原则,现代政府的公共权力来源于人民自下而上的授予,而非自上而下自行产生的,因此政府权力的合法性也取决于人民的同意或委托。人民主权观念抽掉了传统政府观念中的神圣基础,而使政府权力直接服务于民众的普遍利益。政府只是受人民委托来行使这些权力,权力就其归属而言乃是人民所有的,权力的行使必须服务于人民,而不能借助这些权力凌驾于人民之上。人民主权还意味着通过一定的规制最大限度地实现公民对政府权力的控制和监督,以确保政府权力与普遍的公共利益须臾不分离。值得注意的是,人民主权更多地是一种抽象的政府理念而非具体的组织体制,它的意义在于倡导了一种公共利益至上的政府管理精神,为现代民主制奠定了思想基础。

2. 有限政府原则

传统专制集权政府的特征是政府权力的绝对性,"普天之下,莫非王土;率土之滨,莫非王臣",政府对社会资源实现了完全的垄断,社会力量的生长受到压制。现代政府是以市民社会为基础而形成的,从一开始就不得不面对社会力量的制约,并且与市场分割和共同配置社会资源。因此现代政府不可能是专权的,相反,现代政府总是一个有限政府。有限政府表现在,政府权力以不侵犯公民合法权益为其基本限度。维护公民合法权益,既是政府存在的理由,也是政府权力运作的目标。政府不能以任何借口侵犯乃至剥夺公民的合法权益,而应该保护公民的合法权益。从这一点出发,政府不能直接干预公民的生活,政府必须尊重公民的生活自决权,不应强行代替公民选择。因此,有限政府的职能定位是为实现整体福利增长创造外部条件,即通过法律等社会调控手段创造和维持一个良好的社会环境,而不是直接去参与营利活动。

3. 分权原则

传统政府往往具有集权的特征,而且立法、行政与司法三权也融汇在一起,这与传统政府的社会管理职能相对简单化的状况是相适应的。分权则是现代政府的内在要求,这主要基于两个考虑,一是随着社会现代化进程的深化,政治和社会生活日益多元化和复杂化,政府公共管理本身相应地存在一个复杂化和专业化的趋势,而走向了功能分化,在权力的组织上实现一定程度的职能分工;二是出于对政府权力加以限制的目的。一些西方国家试图在政治制度设计上将政府权力分立,从而实现政府权力之间相互掣肘,从而达到以权力制约权力,防止政府权力被滥用的目的。基于社会管理职能专业意义上的分权对于所有现代政府而言是普遍的问题,故各国政府都不同程度地设立相对独立的立法、行政和司法机构,在各机构之间进行职能分工。但是职能分工并不能自然地达到制衡的作用,在很多国家的政府权力结构中,尽管存在三权的职能分工,但是权力之间并不具有制衡功能。基于制衡意义上的分权并不以职能分工为基础,而是以权源互不归属为基础的,立法机构和行政机构分别由公民投票选举产生,就权源而言是相互独立的,不存在孰高孰低的权力从属关系。一国政府是否采取三权制衡的权力结构,取决于该国的政治传统和制度设计以及具体国情,不能一概而论。

4. 法治原则

按照法治原则,政府的组成、政府权力的范围、政府权力的行使,必须依照法律规定,按法定程序进行;法律必须经过合理程序制定,必须公之于众;公民按法律享有权利,公民权利的被剥夺也必须依据法律;司法必须独立,法律面前人人平等。正是由于对政府权力作了种种规限,法治实质上意味着以外在于政府的法律力量对政府权力进行规范和制约,政府不能超越法律许可的范围行使权力,更不能以任何借口剥夺或侵犯公民的合法权益。从这一意义上,法治乃是针对政府权力行使而非针对公民而言的,法治并不能理解为一种强制性资源,是对政府权力的强化。相反,法治的基本条件是从法律上对公民权利加以规定和保护,以此构成了对政府权力限度最为根本的勘定。法治原则进一步规限了政府权力的目的和功能,乃是为了维护市场的自由和平等。市场经济是一种契约经济,市场主体的自由和平等是订立契约的基本前提,契约本身能否得到市场主体的遵守又是市场经济健康运行的基本条件。因此,契约必须上升为法律,并由政府借助公共权威强制执行才具有效力。另一方面,政府对市场的调控必须以不扭曲市场的运行规律为前提,也就是说,政府对契约的维护也必须以契约即法律为基础,故政府只有在法治的条件下对市场社会的调控才是有效的,否则政府在维持一种市场秩序的同时也压制了市场本身的成长。

二、政府权力结构

(一) 立法权、行政权与司法权

政府权力包括立法权、行政权和司法权三个部分。在现代政府中,基于职能分工或权力制衡的要求,三权之间一般都会形成相对独立的结构体系,包含不同的权力内容。

1. 立法权

立法权是国家最高权力,统治阶级的意志通过立法权的运用,上升为国家意志,对整个社会具有普遍的约束力和强制力。立法权的范围有广义和狭义两种理解。从狭义上说,立法权仅指制定和修改宪法,制定和修改刑事、民事和其他基本法律等政府权力;广义的立法权除了指制定和修改法律之外,还指由此延伸出去的对国家重大问题的决定权,包括选举国家元首,决定行政机构首脑,审查和批准国家预算和决算,决定战争与和平问题,罢免国家元首和行政首脑,监督财政,批准条约,批准对官吏的任命,监督政府的活动等等,可见,广义的立法权并不纯粹,在很多方面涉及了行政活动的内容。

一般而言,立法权由立法机构行使,其权力运作的基本方式是集体讨论和投票表决。立法权的特点是显著的。第一,立法权并非经常性权力,立法机构只能以定期召开会议的方式来开展立法活动,故立法权对于社会环境的变化反应总难免相对迟缓。第二,立法权具有审慎的特征。由于立法活动对国家具有重大的影响,不能草率为之,而要在充分讨论的基础上以民主投票的方式来决定。一项立法往往要经十分繁琐复杂的程序才能获得通过,如立法活动中的"三读"程序,目的都是为了维护立法的严肃性和权威性。因此立法权的行使往往重民主而轻效率。第三,立法权的基本原则是少数服从多数。在一人一票的条件下,立法权重投票的数量而非投票本身的质量。一般的法律草案都要在所有投票人中过半数甚至过三分之二投赞成票的情况下才能获得通过,成为正式的法律规范。少数要服从多数的决定,但其意见可以保留。第四,立法权的效力具有持久性和稳定性。一项立法一旦作出,便对社会具有相当持久的效力,不能轻易更动,法无常法就会导致社会动荡。立法权的稳定乃是社会稳定的重要标志。是故立法权虽然相对滞后,但立法之内容则必须具有前瞻性,着眼于长远之计,方能确保自身效力之持久性。

2. 行政权

行政权是对国家意志的执行权,并且特指国家行政机构对社会事务的管理权力。行政权一般包括根据宪法和法律制定行政法规和采取行政措施,发布行政命令,向立法机构提出议案,统一领导行政部门工作,编制和制定国民经济和社会发展计划,领导和管理经济、社会、教育、科学、文化、卫生和体育等工作,管理对外事务,同外国缔结条约和协定,维护国家安全,以及关于行政机构内部编制和人员的管理等等。

行政权一般是由行政机构行使,以自上而下的命令指挥方式加以贯彻实施,但是涉及重大问题的决定仍然可能受到来自立法机构和司法机构的掣肘。行政权的特征表现在,第一,行政权具有集权特征。与立法权坚持少数服从多数的民主原则不同,行政权强调权力履行的等级制特征,行政命令自上而下进行贯彻,下级必须服从上级,对上级负责。第二,行政权以效率作为首要目标。行政权所追求的是以最小的成本获取最大的收益,它不考虑政策本身是否民主、正确,只关心政策本身能否以最有效的方式得到贯彻。故一些西方国家以"价值中立"作为行政权的基本原则,强调对上级命令被动消极的执行,在这一过程中摈除一切人格化的力量和价值判断。第三,行政权具有经常性。行政权涉及的都是社会日常性的、具体的管理项目,因而行政权的履行也必须具有经常性,迅速及时地对社会变化作出有效的反应,乃是行政权的内在要求。第四,行政权是一种积极的权力。这里所指的是,就行政权与社会的关系而言,它是一种主动的权力,即行政权对社会的管理是相对积极的,并且存在主动扩张职能的可能。由于行政权的上述特征,它的权力作用往往成为政府与社会关系的直接体现,因而社会力量对行政权也就更为敏感,以规限和监督权力的方式来保证行政权的合理性和有效性。

3. 司法权

司法权是最古老的一种政府权力。早期人类社会并不存在专门的立法机构和立法活动,一直到近代人们还把议会视为司法机构而非立法机构。至于行政权乃是国家形成之后才确立的,在此之前只存在一般意义的管理活动而已。相反,早期人类社会的公共权力都体现为司法活动,即借助公共的强制力维持社会秩序,进行利益仲裁。政治共同体可以在无法律的条件下,由传统和习惯法来维持,却不能没有司法权力而存在。在此意义上,司法活动实质上是最为本源的政治活动。正因为司法权这种本源特征,它乃是立法权和行政权的渊源所在,相对于立法权与行政权而言,司法权具有独立性,这种独立性是历史地形成的,并非人为设计的结果。立法机构和行政机构在现代政治生活中的地位上升,司法机构的地位则在下降,其原因是深刻的:正是由于司法权超然独立的地位使之与日常政治生活相疏远,但也因此而使司法权保持了对立法权和行政权的监督和制约,政府权力具有内在的自我批判性。前已述及,立法权的基本原则是少数服从多数,但是对少数的合法权益的保护只有通过司法权来实现,如少数在法律通过之后向法院申请裁决。司法权对行政权的制约则通过控诉制度来实现。公民针对行政权的不当行使,可以依照法律程序向有关法院提出法律救济要求,以维护自身的合法权益。这样,司法权成为保障公民合法权益不受其他社会成员和政府侵犯、维持社会平等和正义的重要力量。

一般而言,司法权的内容包括根据法律接受诉讼,审理案件,开展司法调查,其目的在于保障公民的合法权益,以及惩罚犯罪。在一些西方国家,司法权还包括对宪法和法律的解释权,这样司法权也就具有立法的性质。司法权由各级法院履行,有的国家在法院系统之外另设检察院行使法律监督等司法权力。

　　司法权与其他政府权力相比,具有明显的特征。第一,司法权具有基层性。与行政权一样,司法权也是经常性的权力,同时司法权还具有基层性质,即在司法权的运用中,政府是直接面对公民的。实质上,政府的基层权力一般都带有司法性质,如行政权在基层运作时所出现的自由裁量就具有司法性质。第二,司法权的基本原则是"自然公正",指的是法官在审理案件时不得有所偏袒,必须给予控辩双方充分的申诉权利。"自然公正"原则的维护,需要以一系列机制为条件。其中最为重要的,一是司法程序的正当性,即审判必须严格遵循有关的法律程序;二是法律面前人人平等,不能存在任何歧视,尤其是必须强调"无罪推定"的原则,即被告未经法院判决的情况下应当被认为是无罪的。如果在司法中作"有罪推定",或不依正当的司法程序进行审判,都会妨碍司法公正。第三,司法权是一种消极权力。"不告不理"乃是司法活动的通则,即,未经正式起诉,法院不得擅自审理案件。司法权的消极性还表现在它是就事论事的,司法裁决的对象是具体的案件,而非具有普遍约束力的一般性决定。从这一意义上,与行政权的自我扩张倾向不同,司法权总是节制的①。司法权的这种节制性,乃是避免政府权力走向独断的重要保障。

　　综上所述,立法权、行政权与司法权各有其功能和特征,由特定的政府机构来履行,这种差异性决定了政府权力的基本结构。但是,前已述及,立法、行政与司法三权并不是纯粹的,而是相互渗透的,都不同程度地融汇了各自权力的内容和性质。这种权力的相互渗透也体现在各政府机构之间的权力交叉设置上,如一些行政机构拥有立法否决权、行政立法权以及部分司法权,一些国家的最高法院也通过法律解释权来作实质性的立法工作。政府权力在政府各机构之间的相互渗透,将对政府权力结构的变动构成影响。当前在许多西方国家,由于立法权重民主而轻效率,已经越来越无法适应瞬息万变、错综复杂的社会环境,而出现了行政权相对强化、立法权相对弱化的趋势。部分立法权正逐渐向行政机构转移,一方面是适应社会管理的专业化要求,立法者对于专业化的具体管理事项缺乏必要的知识,因此涉及专业管理方面的立法只有依赖于掌握专业知识的管理人员来制定,这部分立法权便转移到了职业官僚手中。另一方面是为了提高立法的效率,由于立法权的非经常性和审慎的特征,已经越来越不适应当前社会管理的要求,由行政机构立法是为了提高政府对社会变化的即时反应能力,保证政府权力的有效运作。这种变动对于政府权力结构具有根本性的意义。首先,由行政机构行使立法权必然会导致立法权性质的变化。其次,随着立法权向行政机构的转移,行政权日益凌驾于其他政

　① 胡伟:《司法政治》,香港三联书店1994年,第75页。

府权力之上,而基于行政权本身的集权特点,政府结构也逐渐走向集权,而呈现"行政集权民主制"的结构特征①。

(二) 政府权力的纵向结构

政府权力的纵向结构是指中央政府与地方政府的纵向权力划分。现代政府都必须对社会进行分级管理,从而形成中央政府与地方政府的权力划分。中央政府是指在全国范围内总揽国家政务的政府机关,在政府体系中居于核心和最高的地位。地方政府是按行政区划所建立的政府,只负责本行政区域内的公共事务管理。中央政府与地方政府的权力关系是历史地形成的,决定了政府总体的社会调控和资源配置方式。

政府权力纵向划分的法理原则主要有两种类型。第一种类型是保留权力的分权原则。这一原则认为,地方政府的权力是固有的,中央政府的权力是地方政府自下而上让予的,据此,在对中央政府与地方政府进行权力划分的时候,中央政府的权力采取列举的办法,即在宪法或法律中对其所应具有的权力加以明确规定,地方政府的权力则采取保留的方式,即除少数列举的条款外,没有列举的权力都由地方政府保留。这样,中央政府与地方政府的权力范围都得到明确的界定,双方只能在此范围内行使各自的职能。按照这一分权原则界定中央政府与地方政府权力的典型国家是美国,美国宪法第十条修正案明确规定:"凡宪法所未授予联邦或未禁止各州行使的权力,皆由各州或人民保留。"第二种类型是授予权力的集权原则。这一原则认为,中央政府权力是固有的,地方政府权力是由中央政府自上而下授予的,因此,地方政府的权力归属中央政府所有,中央政府具有最终决定权。按照这一原则,宪法和法律并不对中央政府与地方政府的权力进行明确的规定,所有权力都归中央政府保留。尽管在法律上对中央政府与地方政府的职权范围加以规定,但是由于所有权力归属中央政府,中央政府可以随时对授予地方政府的权力进行调整,中央政府与地方政府的权力关系是模糊的。

根据中央政府与地方政府的权力关系,可以把政府权力的纵向结构分为四种类型②。

1. 中央集权结构

这种权力结构的基本特征是国家的统治权集中于中央政府,强调中央政

---

① 曹沛霖、徐宗士主编:《比较政府体制》,复旦大学出版社1993年,第10页。

② 参见林尚立:《国内政府间关系》,浙江人民出版社1998年,第25—40页。

府的集权和权威,中央政府在整个社会调控中具有核心地位。地方政府权力由中央政府授予,两者之间是上下级关系,地方政府受中央政府领导和控制,必须严格服从中央政府的权威,故不存在严格意义上的权力划分,而只有对职能范围的界定。中央政府可以根据需要,收回或扩大授予地方政府的权力,以求在维护中央政府权威和发挥地方政府积极性之间取得平衡。一般认为,中央集权结构有利于维护中央政府权威和社会稳定,以对社会资源进行统一的配置和利用。对于一个超大规模的社会而言,这一点尤为重要。由于社会规模大,必然会出现地区发展的不平衡,借助中央集权,可以从大局出发对社会资源进行相对集中的配置利用。但是中央集权结构的缺陷也是显而易见的,即容易压抑地方政府的自主性和积极性。中国和法国是中央集权结构的典型国家。

2. 地方分权结构

地方分权结构的核心是地方自治。中央政府权力是由地方政府让予的,由此而产生的中央政府职能也被视为一种对地方政府职能的辅助。中央政府与地方政府权限由宪法明确规定,军事、外交等事关全国大局的政务,由中央政府统一执掌。地方政府拥有较大的自治权,中央政府一般不能直接干预地方政府权力,而是采取立法监督、行政监督、财政监督等方式进行间接的指导和调控。地方分权结构保证了地方政府权力的自主性,一方面提高了地方政府发展地方事业的积极性,另一方面,地方政府在根据本地方的实际情况推行有利于其社会发展的政策上,具有更为充足的自主权力支持。但是在地方分权结构下,地方政府的离心倾向较重,中央政府缺乏整合权威,对于统一市场的形成和社会稳定,都会构成潜在的威胁。英国是地方分权结构的典型。

3. 均权结构

均权结构是在对中央集权和地方分权两种权力结构类型优势进行综合的基础上形成的,目的是在中央集权结构的条件下,通过分权实现地方政府的权力自主,从而实现中央与地方权力的平衡,寻求地方自治的合理性。在均权结构中,以坚持中央集权为前提,地方政府权力由中央政府授予,但是在中央政府与地方政府之间进行了明确的职能划分,并在法律上赋予相应的权力。授权的制度化和法律化,是均权结构和集权结构最根本的差别所在。这样,中央政府与地方政府的权限就相对固定,中央政府对地方政府权力的调整再不是随意性的权力运作,而必须依法进行。另一方面,尽管中央政府与地方政府是上下级关系,但是在行为方式上,由于中央政府与地方政府的权限都有明确的划分,中央政府对地方政府的领导也遵循分权原则,尽量避免在职能层次直接干预地方政府事务,而更多地通过法律调控和人事控制等间接途径来实现对地方政府的领导。中央政府权力与地方政府权力之间是一种均衡关系而不是单一的命令关系。均权结构既保证了中央政府权威,同时又最大限度地发挥了地方政府的积极性。

4. 联邦结构

在联邦结构中,中央政府与地方政府是相互独立的权力体系,两者互不构成权源关系,而是由宪法规定其权力。中央政府与地方政府之间形成协调和合作关系,而不是领导与被领导的关系,而且这种协调合作关系也是以承认各自在法律上的独立为前提的。在这种情况下,中央政府就其职能目标而言是全国性的,但是就其职能范围而言又不是全国性的,因为中央政府无权干涉作为联邦成员的地方政府独立的权力范围。不干预原则是联邦结构最为显著的特征。联邦结构是一种开放的权力结构,可以包容各式各样的权力系统,在构建大规模社会的同时也能够充分保证民主的发展,杜绝专制集权的可能。美国是典型的联邦结构。

政府纵向权力关系在实际运作中是十分错综复杂的,有可能出现集权结构下权威涣散,或分权结构下中央政府干预过多的反常格局,因此政府纵向权力结构对于中央政府与地方政府的权力关系而言并不是绝对的。这样,从最大限度发挥政府权力效能的角度,必须贯彻权力动态平衡的基本原则,即中央政府与地方政府根据职能要求形成均衡的权力分布,并且在法律和制度上加以规范化,避免畸轻畸重的现象,从而使中央政府与地方政府都能在其权力范围内充分发挥积极性。

(三)政府权力的横向结构

政府权力的横向结构是指立法权、行政权与司法权之间的关系。传统社会的政府体制中,三权基本上是融汇一体的。近代以来,或是出于权力制衡的考虑,或是基于职能分工的需要,一些资产阶级学者先后提出三权(立法权、行政权与司法权)、四权(立法权、行政权、司法权与弹劾权)乃至五权(立法权、行政权、司法权、监察权和考试权)划分的分权学说,并且在现代国家的政府体制中付诸实践。

前已述及,立法、行政与司法三权的划分是现代政府的基本组织原则,对于不同国家的政府而言,三权划分的实质和目的是迥异的。职能分工是三权划分的客观需要,而分立制衡则是主观设计的结果,受制于具体的历史传统和社会背景,对于不同国家的政府而言,则未必全然适合。基于此,政府横向权力结构也呈现出不同的特征。从三权之间的权力关系,可以把现代政府权力的横向结构归结为三种不同类型。

1. 集权型

集权型又称家长式的三权分立制。这一权力结构特征体现于半总统制国家中。在这种结构中,国家元首的权力凌驾于各政府机构之上,成为立法、行政与司法三权的"仲裁人"和"保证人",三权分立制衡的功能主要取决于国家元首的权力。如议会对内阁的不信任案能否导致内阁重组,最终取决于国家元首的同意。

法国政府和俄罗斯政府是集权型横向权力结构的典型。法国宪法赋予总统很大的权力,总统在行政上拥有不受议会制约的广泛任命权,统摄一切内政外务;在立法上总统拥有法律审批权,议会通过的法律要送交总统签署颁布,宪法赋予总统一项重要的立法权是提交公民投票权,总统可以绕过议会,将法案提交全民公决;在司法上总统作为司法独立的保证人,担任最高司法会议主席,行使司法行政权,并运用宪法委员会行使宪法审查权。总统的权力与三权之间并不是平衡的。总统有权以任何理由解散国民议会,不需任何副署。由于总统不是内阁成员,对内阁决议不负政治责任,责任由总理和有关的部长承担。故法国政府结构中只有总统对三权的制约,三权对总统的制约则有名无实。当然,由于议会与总统分别选举产生,如果议会多数党与总统不属于同一党派,在总统需要寻求议会支持的条件下,会出现总理与总统的权力制衡。

俄罗斯的总统是三权分立的中心。国家杜马的选举由总统确定,总统有权按照宪法规定的情况和程序解散国家杜马;总统经国家杜马同意任命政府总理,其他内阁成员任命则不受议会制约;最高法院、宪法法院、仲裁法院法官以及最高检察长都由总统提名。总统统领一切政务,具有联邦法律的签署颁布权和提交全民公决权。议会对总统的制约是微弱的,议会无权中止总统的命令和指示,议会对内阁的不信任案只能由总理负政治责任,而不能及于总统,除非查实总统有犯罪行为,否则议会不能以任何政治理由弹劾总统。

2. 分权制衡型

这一权力结构特征主要体现于总统制国家。在分权制衡型结构中,立法、行政和司法三权分别由议会、总统和法院承担,这些权力机构之间的地位是平等的,各自由选民选举产生,对选民负责。在分权制衡型结构中,各权力机构之间的权力是交错设置的,即存在一部分共有权力,同时又具有相互监督和相互否决的权力,从而达到相互制约的目的。议会对总统提名的内阁成员具有同意权,总统具有立法否决权,法院则有违宪审查权。另一方面,三权之间又尽量保持独立性,避免一种权力凌驾于其他权力之上。议会不能对总统实施倒阁权,总统也不能解散议会,法院则独立行使司法权。

美国政府是分权制衡型权力结构的典型。总统身兼国家元首和行政首脑,拥有广泛的权力,领导联邦层次的一切行政事务,内阁成员由总统任命,对总统负责。总统还是三军总司令,掌握最高军事指挥权。对于议会通过的法案,总统具有签署权和否决权,从而构成对议会的制约。总统对司法权的制约则体现在总统经参议院同意任命联邦法官的权力上。国会是联邦立法机关,由参议院和众议院组成,国会除了行使立法权,对于联邦财政和税收、货币制度、对外宣战等重大问题具有决定权。国会对总统权力的制约体现在,总统与外国缔结条约及任命高级官员须经参议院同意,众议院则有权提出财政案和弹劾案,总统则无权解散国会。联邦法院对总统和国会的制约则主要体现在联邦法官的违宪审查权上和独立检察官制度上,前者指联邦最高法院有权对国会或总统的法律法令是否违宪展开调查,判定违宪则宣布无效,后者则是指独立检察官有权就总统及其内阁成员的违法犯罪行为立案侦查,并提起公诉的制度。因此,美国政府中并不存在最高权力机关,三权之间是独立、对等的关系,借助权力在国会、总统和法院之间的交错设置,为权力制衡提供了制度基础。

3. 议行合一型

这一权力结构主要体现在议会内阁制国家。在议行合一的权力结构中,三权之间的地位并不是平等的,也并非相互独立,而是以议会为中心融汇在一起。议会是最高权力机构,内阁与法院都由议会产生,对议会负责。如果议会拒绝或否决内阁提案,就是表示对政府的不信任,内阁必须辞职或提请国家元首解散议会,重新进行议会选举。

英国政府和德国政府是议行合一结构型的典型。英国政府是在君主立宪政体下的议行合一结构。英国政府体制被称为"议会之母","光荣革命"以来一直奉行"议会至上"原则,议会乃是英国政府权力结构的中心。英王虽是国家元首,在法律上和形式上享有最高统治权力,但是英王是一位"虚君",只具有象征意义,法律赋予英王的权力都由议会和内阁行使。议会分上院和下院,上院是英国最高上诉法院,掌握司法权,体现了立法权与司法权的合一。下院拥有立法权和监督权。下院多数党领袖出任首相,执掌最高行政权,对议会负责,受议会监督。如果下院通过对内阁的不信任案,内阁应集体辞职,或提请英王解散议会,提前举行大选。可见,在英国政府体制中,一切权力都出自议会,但是内阁从议会产生后,就具有相对的独立性,首相掌握行政实权,在某种程度上也足以与议会相颉颃。

德国政府是在议会共和制政体下的议行合一型结构。联邦议会是国家最高权力机关,一切权力皆出于议会。联邦议会由联邦议会和联邦参议院组成,联邦议会拥有立法权和广泛的任命权,包括对总统的选举,对总理及其内阁高级官员、联邦宪法法院和高等法院法官的任命等。联邦总统作为国家元首,由联邦议会选举产生。总统不拥有实权,不能单独行使权力,故只有象征意义。联邦议会选举产生联邦总理,一般都由多数党领袖担任。联邦总理拥有行政实权,负责组阁并掌管联邦行政事务,对议会负责,如果议会通过对内阁的不信任案,总理必须辞职或提请总统解散议会,提前举行大选。由于德国、意大利等奉行议会共和制政体的国家一般都实行多党制,往往会出现没有一党能够在议会中占绝对多数,而形成多党联盟执政,故联盟分裂导致内阁倒台的可能性比英国更大。

三、政府职能

(一) 政府职能的两重性

政府代表国家对社会所施加的统治和管理,是通过一定的职能来实现的。政府职能指的是政府在社会中所承担的职责和功能,它反映了政府的实质和活动的内容。政府职能的目的是将统治阶级意志具体化,代表统治阶级实行政治统治和社会管理。政府职能围绕国家的目标而形成,一般而言,涵盖了以下主要方面: ① 维持统治秩序和社会秩序;② 调整社会关系和实行社会监督;③ 对社会经济生活进行控制或施加影响;④ 管理公共服务事业,发展社会福利;⑤ 发展与他国的政治、经济和文化关系;⑥ 维护国家主权,保卫国家领土完整,防止外来威胁、干涉和侵犯。

政府职能具有两重性,即从政府职能的属性角度划分为政治统治职能和社会管理职能。政治统治职能的直接目标是维护统治阶级的特殊利益,借助政府政治统治职能的履行,统治阶级对被统治阶级实施压迫和制裁,因此,政治统治职能又被称为政府的阶级职能。政治统治职能主要表现为运用军队、警察和法庭等暴力手段镇压被统治阶级的反抗或制裁破坏统治阶级利益的敌对分子。政府的政治统治职能是由政府的阶级性所决定的。按照马克思主义观点,国家是阶级统治的工具,政府作为国家的化身,也就是阶级统治的具体化,以执行阶级统治、维护统治阶级的根本利益为其基本职能。

社会管理职能的直接目标是维护社会稳定和推动社会发展,政府对社会管理职能的履行具有公共性质,并不仅仅针对统治阶级的特殊利益,而是出于社会整体利益的需要,因此,社会管理职能又称为政府的公共职能。社会管理职能可以划分为对外和对内职能两个部分,对外职能是指保卫国家安全和发展对外关系;对内职能主要是指维持国内社会秩序、发展社会经济和公共服务事业、提高国民福利等。在对外职能和对内职能的履行上,政府都是作为国家主权的代表,以维护社会整体利益为其根本出发点,故具有公共性质。政府的社会管理职能是由政府的公共性所决定的。在第二章已经述及,马克思主义认为国家除了具有阶级性,还具有相对自主性,作为"自居于社会之上并且日益同社会相脱离的力量"而存在,维持一个"虚幻的共同体形式",也就是说,国家之所以成为国家,必须在形式上具有公共性,而这种对公共性的诉求在很大程度上也决定了国家权力的具体运营。换言之,国家的相对自主性决定了政府职能运作的公共性,政府必须以公共目标作为其指向对社会公共事务进行管理,否则政府将丧失其统治的合法性。

政治统治职能与社会管理职能既存在根本的区别,又有重要的联系。政府统治职能体现了政府的阶级本质,即政府是统治阶级进行阶级统治的工具,政府社会管理职能体现的是政府的公共性质,政府除了是统治阶级的政府,它又作为国家相对自主性的体现,在形式上代表公共利益进行社会管理。

政府统治职能与社会管理职能的联系主要表现在:第一,政治统治职能的实施必须以社会管理职能的履行为必要条件。一方面,社会管理职能的履行为政治统治职能提供了大量的物质基础;另一方面,社会管理职能的有效运营为政治统治职能提供了合法性基础,政府只有在社会管理方面卓有成效,才能够巩固其政治统治。第二,社会管理职能的履行需要政治统治职能的保障。政府只有实现其政治统治,才具备进行社会管理的资格。政治统治职能的履行,创造了一个相对稳定的社会秩序,从而为社会管理的有效性提供了一个良好的环境。第三,政治统治职能与社会管理职能在一定条件下是可以相互转化的。政治统治职能的目标往往要借助社会管理职能的手段来达成,而现代政府政治统治的合法性也越来越依赖于社会管理的有效性。另一方面,社会管理职能在根本目标上始终具有政治性,即维护政治统治的合法性。在现代社会,社会管理变得越来越复杂,而政治统治职能与社会管理职能相互渗透的程度也越来越高。

政府政治统治职能与社会管理职能的关系,主要取决于两个因素。一是社会系统的一体化和有机化程度。在社会结构松散、制度不完善的条件下,社会力量之间的利益平衡无法实现,社会处于高度异质的状态,政府政治统治职能就会占优势,而社会管理职能也被纳入政治统治的框架之中。这主要体现在革命后社会的政治形态中。革命阶级通过革命夺取政权后,必须面对重建社会的任务,由于各方面的制度还不成熟,社会整合程度差,依靠政府政治统治职能实现社会稳定和集中分配资源就显得尤为重要,从而导致政府政治统治职能的强化,使一切政府行为都具有阶级统治的形式。当社会走出革命后状态,社会整体结构趋于完善,也形成了相对成熟的社会制度,社会整合程度较高,社会阶级之间的对抗将趋于缓和,而更注重从社会整体发展中寻求利益的均衡。在这种条件下,政府的政治统治职能将逐渐向社会管理职能转化,对社会公共事务的管理将成为政府职能的核心。二是国家相对自主性的程度。国家相对自主性程度越低,国家受社会力量制约的可能性就越大。社会阶级的特殊利益与政府的关系紧密,深刻地影响了政府政策的目标和执行。在这种情况下,政府职能的运用往往会服务于社会阶级的特殊利益。政府对社会的管理越是偏离公共目标而带有了为特殊阶级服务的阶级性,就越容易丧失其合法性,政府就越要通过强化政治统治职能来寻求保护,从而使政府对社会的管理或多或少都带有了政治统治色彩。相反,在国家相对自主性程度高的情况下,政府更多地从社会整体利益出发,自主地制定和推行公共政策,从整体社会的发展和稳定中获取合法性支持,这就在很大程度上淡化了政府职能的阶级性质。

　　当前西方各国政府职能最为显著的发展趋势是政治统治的色彩淡化,以及社会管理职能的泛化和深化。由于战后社会经济的发展和福利国家的兴起,阶级矛盾已经相对趋于缓和,社会一体化和有机化的程度越来越深,西方国家的政府一般很少直接诉诸政治统治职能来维护自身的统治,而是将政治统治逐渐归并于社会管理职能之中,依赖社会管理职能的有效履行来维护政治统治的合法性。社会管理职能逐渐占据了优势,政治统治职能则退出政府日常管理,而只用来应对重大的突发性事件。在这样的条件下,政府的社会管理职能走向了泛化和深化。政府职能泛化的直接原因在于战后政府对市场干预的加深。

(二) 政府职能转型

　　政府职能转型主要是指政府社会管理职能的转型,而不涉及政府政治统治职能和社会管理职能的内部调整。从根本上说,政府职能转型乃是基于政府权力的有限性,即政府权力不可能是绝对的、无限的,体现在职能的履行上,政府不能实现对社会资源的完全垄断,而必须与市场共同承担社会资源配置的功能。政府职能转型并不是指政府职能一般性的变化或调整,而是特指政府与市场同为社会资源配置机制其相互关系的转变。政府职能转型实际上存

77

在主观和客观两个方面的因素,从主观上看,政府职能转型取决于政府对自身功能的定位,并以此为依据主动进行职能的调整;从客观上看,乃是基于市场力量的成长而具备了自发配置资源的能力,政府在某些领域的传统功能相应地变得低效率甚至无效率,从而构成了从这些领域退出的压力。另一种情况是,随着市场缺陷的暴露,社会对政府提出功能替代的要求,从而导致政府职能的泛化。只有在两种因素共同作用的条件下,政府职能转型才能以渐进、稳妥的方式进行。

从西方国家历史发展经验来看,政府职能定位经历了以下三个阶段:第一是"守夜人"的小政府阶段。在自由资本主义时期,政府的职能定位是一个"守夜人"政府,政府不必干预经济活动,不断增进国民财富的最佳办法是给予市场以完全的自由,政府对市场所作的任何干预都被视为不合理的。这一阶段西方国家政府的功能领域十分有限,主要包括保卫国家不受侵犯、保护社会成员的财产和人身安全以及提供一些公共事业和公共设施。市场则成为社会资源配置的主导机制,但市场对社会资源过度的垄断自有其致命的缺陷。随着自由资本主义的发展,出现了资本的集中和生产的垄断,均质和平衡的市场格局被打破,仅仅靠市场机制来实现充分就业和优化经济资源配置成为不可能,这就是所谓的"市场失败"。这就对政府职能重新定位提出了要求。

第二是积极干预的大政府阶段。二战前后罗斯福新政和凯恩斯主义大行其道,认为市场缺陷只有通过政府行为加以弥补。"市场失败"的根源在于私人产品的排他性质,从而导致宏观经济失控,政府的动机与行为是与社会公共利益相一致的,政府行为的目标是社会福利函数的最大化,因此,当市场失灵的时候,政府实行干预不仅是必要的,而且总是合理的。在这一阶段,政府运用扩张性的财政政策和货币政策及一系列规制提供必要的制度,对宏观经济进行比较全面的管理,同时通过政府行为直接提供物品和服务以改善人民的福利。政府对市场的积极干预,导致政府职能的扩张和机构的膨胀,而政府对市场过多的干预也导致了社会资源配置的低效率,形成了"滞胀"危机。这就是所谓"政府失败",政府作为社会资源配置主导机制并由此带来的政府职能的无限扩张,也被证明是不合理的。

第三是政府与市场合作阶段。基于"政府失败",20世纪80年代英国和美国的政府职能发生重大调整:一是政府职能的范围收缩,通过规制缓和、机构精简和私有化等举措使市场机制大大增强;二是政府职能的目标转换,从"经济高增长"和"充分就业"转向适度增长与控制通货膨胀。但政府职能的这种转变并没有使资本主义经济彻底摆脱"滞胀"危机。90年代,西方国家出现新一轮的经济衰退。经历了"市场失败"和"政府失败",90年代以来以美国克林顿政府为代表,开始了政府与市场合作的"第三条道路"尝试,努力在自由放任与政府干预之间寻求平衡。也就是说,不再片面地强调市场独占或政府独占,而是强调两者之间的合作,在强调市场主导的基础上适当加强政府对经济的干预,政府的职能定位于为市场创造各种基础条件,通过有效的公共政策支持市场的运转。

从经济运作的规律和西方国家政府职能转型的历史经验来看,社会资源的合理配置只能以市场机制为主,政府干预不能取代市场机制,政府不能取代市场。一般而言,政府职能的定位在于对市场机制缺陷的弥补,也就是说,只有在单靠市场机制无法解决的社会资源配置问题上,才存在政府权力干预的必要,否则政府对市场的干预就是不合理的。据此,政府职能可勘定为两个基本方面:第一是提供制度和规则以保护市场,维持市场的有效运转,包括以立法的方式界定产权,维护市场秩序、保护经济契约的效力等;第二是弥补市场的不足,进行纠正性的干预,包括提供公共物品、制约无效率的垄断等。

在社会主义市场经济条件下,市场机制将取代政府成为配置社会资源的主要机制,相应地,政府职能本身就面临着转变的问题。政府职能转变,从某种意义上说就是政府管理社会经济文化的具体方式上的转变。政府要逐步由直接管理为主转变为间接管理为主,由指挥微观经济活动为主转变为宏观调控活动为主,由行政命令手段为主转变为经济手段和法律手段为主,辅以行政手段,形成"国家调节市场,市场引导企业"的社会经济运行机制。通过进一步明晰政企之间的产权关系,政府将逐步退出社会经济的微观管理领域,形成国家与社会之间合理的权力界定。

在社会主义市场经济条件下,政府职能本身要形成新的定位,这主要包括:第一,为社会经济和社会健康、稳定、持续发展提供有效的公共政策;第二,通过财政、金融、货币等宏观经济调控手段调节市场,引导社会经济发展;第三,通过经济立法执法等法律手段规范市场主体的行为,维护市场秩序;第四,扩大政府社会控制和社会服务功能,维持社会秩序,提供社会福利;第四,优化政府本身的管理,实现政府行政的法制化和高效化。

值得注意的是,政府职能转变表面上是政府退出社会经济的微观管理领域,但是事实上政府职能转变并不简单等同于政府职能缩减。一方面,在市场体制尚未发育成熟的条件下,政府从市场的退出是一个渐进的过程。政府不仅仍要承担必要的管理职能,同时由于中国市场经济体制的不成熟,政府又必须承担起培育市场的艰巨任务。为此政府在转变职能的同时,必须提高其政策能力,通过制定公共政策的途径来培植市场。另一方面,政府微观管理的职能取消,但是其宏观调控和社会管理职能必须强化,在计划体制下形成的原有的管理方式以及管理水平远远不能适应市场经济体制的要求,必须按照市场经济的要求加强政府的宏观管理。

四、政府机构设置

(一)立法机构

立法机构是行使国家立法权,有权制定、修改和废止法律的政府机构。西方国家的立法机构称为议会、国会或议院等;中国的立法机构是人民代表大会。在三权分立体制下,立法机构与其他政府机构的地位是平行的,而在"议行合一"体制下,立法机构是国家最高权力机构,也是政府三权系统的中心。与行政、司法机构不同,立法机构完全是近代政治的产物。在君主专制政体下,虽存在立法权而无民主的立法机构实体,立法权为君主个人所垄断。近代政治以人民主权取代了君主主权,而由民主选举产生的立法机构,就成为人民主权原则的直接体现,人民的意志正是通过立法机构来加以表达和上升为国家意志的。

立法机构的组织形式一般可分为一院制和两院制。一院制是指只设立单一的民选立法机构,可称为国民议会、人民议会等。一院制的理论基础是人民主权不可分割的学说,认为人民的共同意志只能由单一的立法机关来体现。

两院制则设立上议院(称为贵族院、参议院等)和下议院两个并立的立法机构,共同行使立法权。两院制的理论基础是以权力制约权力的学说,认为通过两个立法机关分享立法权,可以最大限度地实现民主,防止专制。就两院的权力关系而言,主要有三种模式。第一是英国模式,形为两院制实为一院制。下院权力远远大于上院,立法权主要集中在下院,上院并无实际的立法权。内阁只对下院负责,而与上院不存在权力从属关系。第二是美国模式,参众两院权力大致平衡。两院权力平行的前提条件在于两院均由民主选举产生,故在权源上是平等的。两院之间实行一定的权力分工,参议院主要负责任命行政官员和签订国际条约,众议院则主要负责对财政法案的审议,但是任何法案均须经两院通过。第三是德国模式,这是行政权与立法权相统一的两院制。联邦议院由普选产生,而联邦参议院则由各州产生,故联邦参议院更多地侧重州的利益。联邦参议院的立法先经联邦政府再由联邦议院审议通过。

一院制与两院制各有其利弊。一院制有利于立法权的统一和政治的稳定,避免立法机构内部相互扯皮、推诿,导致立法活动效率低下的现象,但是一院制的形式也容易导致立法机构权力的独大,出现所谓的"议会专制"。两院制中的下院通常代表平民大众的利益,而上院则由"社会精英"组成,具有一定的贵族院性质,两院的权力关系实际上因袭了西方国家中平民与贵族力量平衡的政治传统。实行两院制的主要目的在于一方面限制议会权力,防止多数暴政,另一方面则是为了提高权力效能,防止草率立法。同时,两院选举的时间通常都是错开的,这样就有利于政策的延续性和稳定性。但是两院制的缺陷也是显而易见的,即立法机构内部冲突、立法效率低下等。一国采取一院制或两院制,主要取决于该国民主政治发展的历史经验和现实条件。一般而言,新兴的发展中国家采取一院制,而主要西方国家则大多采取两院制。

　　立法机构的成员一般由民主选举产生,有一定的任期,其权源是自下而上的,体现人民主权的原则。尽管在少数国家还存在立法机构成员的世袭制、任命制和当然担任制,但也只是作为民主选举的辅助形式而出现。故立法机构的成员一般来自民间各政党、界别的人士,而非专职官僚。立法机构并没有建立科层式的等级结构,成员之间在权力行使上完全是平等的。立法机构的这种结构特征已经越来越无法适应现代社会管理专业化的需要,常设机构和专门机构的增长成为立法机构设置的新特点,其中最为显著的就是专门委员会的设立。由于行政机构对公共事务的管理越来越专门化,而立法机构的成员大多来自民间,无法了解行政机构的意图、政策和行动。在立法机构中设立专门委员会,其最初目的乃是借此提高立法机构对行政机构的监控能力。但是这并没有从根本上改变立法机构跟不上行政机构权力运作频率的现状,相反其所导致的一个重要后果,就是委员会驾驭了立法过程甚至结果,立法机构的运作已经越来越依赖委员会的专业化功能,逐渐呈现专家化和行政化的趋向。

　　立法机构作为国家权力机关,其功能主要在于两个方面,一是立法功能,即将人民意志上升为国家意志,形成具有普遍约束力的法律规范,以达到"民治"的目的;二是监督功能,即以各种形式的监督对其他政府机构的权力加以制约,由于立法机构是国家权力机关,其权源自下而上来源于人民,是人民主权的直接体现,因此由立法机构对行政权力实施监督,是人民对政府权力进行大众化控制的需要。为此,宪法所赋予立法机构的职权主要包括:① 立法权。即制定和修改宪法,制定、修改和废止法律的权力。基于立法权的种种特点,立法机构对立法权的行使也必须遵循民主原则和严格的法律程序。一般而言,法律的制定都必须经过创议、审议、表决通过和公布的程序,以充分体现立法过程的民主性和公开性。② 决定权。即决定国家重大内外事务的权力。决定权乃是从立法权中衍生出来的。由立法机构所作出的决定,虽不是一般意义上的法律,但对于社会仍然具有普遍的约束力。③ 任免权。即对政府主要官员进行任命和罢免。④ 监督权。即对行政机构的政策、活动和行政机构成员的行为实施监督。立法机构对行政机构的监督方式主要有财政监督即审议行政机构提出的财政预决算、赋税、公债等财政法案,质询,通过不信任案以及弹劾等。

综观目前西方立法机构的发展,可以说存在两极对立的趋势,一是立法机构在其结构上不断完善,即制度和机构的设置愈趋完整和严密,这表明了立法机构的发展。二是立法机构在功能上则不断弱化,一方面,立法机构的立法功能在弱化,主要表现在相当一部分立法权向行政机构转移,行政机构对立法活动的介入程度越来越深,也就是说,行政官僚的意志在立法活动中已经逐渐凌驾于人民的意志之上;另一方面,立法机构的监督功能也在弱化,这主要表现在,行政活动愈趋专门化,而立法机构的成员往往不掌握相关的社会管理专业知识,无从理解行政活动的意图,从而在具体行政活动的众多方面逐渐丧失了监督能力,这表明了立法机构的衰落。

(二)行政机构

行政机构是行使国家行政权力的机构。行政机构执行立法机构制定的法律和决定,管理国家内政、外交、军事等方面的行政事务。在总统制国家,行政机构的地位与其他政府机构是平行的,行政首长由普选产生,直接对选民负责。在内阁制国家,行政机构从属于立法机构,行政首长由立法机构产生,对立法机构负责并受其监督。

近代以来,行政机构形成了一种设科分层的金字塔式结构。从纵向上,行政机构存在严格的层级关系,各层级之间是领导与从属的关系,贯彻统一指挥的原则,下级必须严格执行上级下达的命令。从横向上,行政机构在同一层级中,根据所履行的行政职能不同而划分为不同的部门,这种划分存在多种标准,如行政区划、事权、管理对象及运作程序等。行政机构的纵向层级与横向职能划分之间存在一定的比例关系,层级越往下,职能划分越多,行政部门的数目就越多,从而呈现出金字塔式结构。

一般而言,行政机构主要有三种形式:① 职能机构。职能机构是负责落实行政机构各项具体职能,进行行政管理的机构。职能机构按照政府对国内外重要事务进行宏观管理的职能需要而设立,如外交部、财政部等,是最为重要的行政机构。② 办公机构。办公机构是协助行政首长工作,负责处理日常事务、协调行政机构内部各部门运作的机构。办公机构在很多国家的行政机构中,除了履行其上述功能外,还具有牵制职能机构权力的作用。③ 直属机构。政府除了由职能机构承担宏观管理,还需要设置一些专门的部门对某项特定的公共事务进行具体的管理,这些部门统称为直属机构,作为政府履行行政职能的辅助机构。

行政机构的职权概括起来,主要包括以下方面: ① 执行宪法和法律,参与国家立法;② 决定并实施国家内外政策,任免政府官员;③ 组织和管理国家公共事务;④ 编制并向立法机构提出预算,调节和干预社会经济。通过这些职权的履行,行政机构实现其执行和贯彻国家意志、对社会公共事务进行管理的功能。事实上,出于公共管理本身的需要,行政机构对于立法机构而言具有相对的独立性,这就决定了行政机构在其功能上并不是完全被动受制于立法机构的,相反,行政机构的功能已经超越了单纯的执行,逐步向立法权渗透从而具有立法功能。

许多西方学者认为,行政机构具有一种不断扩张的趋势,表现为两个方面,一是行政职能范围的扩大,二是行政机构的膨胀和人员编制的不断增加。行政机构扩张的原因主要有两个。第一是基于社会管理复杂化的需求。随着现代社会的发展,政府对社会进行干预的必要性不断增加,政府公共行政越来越趋于精致化和技术化,行政职能在扩大的同时也相应带来了机构和人员的膨胀。第二是基于行政机构自身利益的自主性。行政机构在发展的过程中都会相应地形成自身的官僚利益集团,在行使行政权力的过程中,官僚利益集团存在将行政权力扩大化以谋求自身利益最大化的倾向,从而导致行政权力及其机构的扩张。

行政机构的扩张趋势是近年来各国行政机构改革所要集中解决的问题。如前所述,行政机构的扩张乃是基于社会管理的复杂化和政府职能的扩张,而在公共事务管理相对简单的条件下,行政机构扩张的压力并不显著。但是在当代的公共行政管理中,一方面要求行政机构功能的完善和职能的扩张,另一方面这种扩张又必然导致行政工作效率的下降和行政支出的增长,给行政机构的有效运作构成巨大障碍。故当前大多数国家都面临公共行政改革的压力。从各国机构改革的经验来看,主要的改革方向有两条。第一,在机构设置上构建"电子政府",即对传统的行政机构权力组织架构进行彻底变革,将直线—职能的科层结构变革为扁平化结构,取消中间等级,而以职能中心的形式实现组织内部的分权,这些职能中心借助电子互联网来进行信息沟通和交流,并联成一体。这样,政府机构设置将呈现出一些新特点,如政府中心决策部门将相应变小,建立代理机构按照电子流程向公民和企业提供服务,等等。同时,公民与政府之间通过计算机网络形成互动的作用机制,公民可以通过点击政府网页介入公共行政运作过程,一方面提高了行政工作的透明度和民主性,另一方面政府公共服务所要求的普遍、平等的国民待遇得到贯彻。第二,在行政职能的履行上实现从"统治"到"治理"的转型。即政府提供公共服务的职能向私人企业下放。也就是说,行政机构仍然保留传统的权力组织形式,但是在一些职能履行方面则通过招标和承包合同等方式引入私人企业的市场竞争方式,由私人企业来承担这部分职能。这样,行政机构减轻了工作负担,而由于市场竞争的引入,公共事业和服务也提高了效率。

(三)司法机构

司法机构是行使审判权和检察权的政府机构,是政府权力系统三个中心之一。无论是在议行合一还是三权分立的权力结构中,司法机构都是相对独立于其他政府机构的,权力互不从属。司法机构独立行使司法权力,不受任何政府机构、社会团体和个人的干涉。

司法机构通常包括审判机关和检察机关。审判机关主要是指法院系统。纵向上,法院系统按照权力等级不同形成了初审法院、上诉法院和终审法院的层级。初审法院是最基层的法院,受理轻微的民事和刑事案件;上诉法院受理初审法院的上诉案件和重大的民事、刑事案件。终审法院又称最高法院,是法院的最高上诉级,由它作出终审判决。法院的等级制与行政机构的等级制并不一样,各级法院之间只存在审级关系,上级法院可以通过受理当事人不服判决的上诉来纠正下级法院的判决。基于司法权"不告不理"的通则,只有在当事人提出上诉之后,上级法院才能受理,而不能直接对下级法院的司法权进行干预。故上下级法院的司法权是相对独立的。

结合法院系统的横向结构特征,可以把法院系统划分为直线式法院系统和复合式法院系统。直线式法院系统并不对法院司法管辖权作横向的职能分工,如日本的法院系统就仅仅按照审级划分为最高法院、高等法院、地方法院和家庭法院、简易法院四级,构成了直线式结构。复合式法院系统建立在法院司法权限的横向分工基础上。如英国的法院系统由民事法院和刑事法院构成,法国的法院系统由普通法院和行政法院构成,美国则存在联邦法院和州法院两个系统。普通法院审理一般的民事和刑事案件,适用民法和刑法。之所以称为普通法院,乃是因为处理的是普通公民之间的冲突。特殊法院一般是指行政法院,审理政府机构及其工作人员与公民之间的争讼,适用行政法。之所以称为特殊法院,乃是因为争议是在执行公务的过程中发生,政府必须承担相应的法律责任,这类案件应作出单独裁决。至于民事法院与刑事法院之区分则更为明确,分别处理民事案件与刑事案件。横向分工与纵向等级相结合使得法院系统呈现出金字塔结构,其权力交错复合,功能多有重叠之可能。复合式法院系统的特点是各法院分工明确,适用法律也不同,但是由于复合式的特点,各法院之间司法管辖权的冲突总是难以避免。

法院的主要职权一般包括:① 解释宪法或法律。由于任何法律条文的表述都采取抽象语言,而尽量避免过于具体化,以适应一般性的情况。随着社会的发展会出现许多新的情况,不同案件的具体情况也有其特殊性,因此法院在法律实施过程中对于适用法律条文的解释,就显得尤为重要。法院对宪法和法律的解释实质上是一种立法行为,解释法律的结果创设了新的判例,对于后来的司法审判活动就具有约束力。② 受理诉讼案件,进行司法审判。法院对诉讼案件的受理又可以分为两类,一是民事和刑事案件诉讼,涉及普通公民之间的法律争议;二是行政诉讼,涉及政府机构和公民之间的法律争议。在以判例法为主的国家如英国,司法审判本身也具有立法性质,法院适用法律的结果构成了判例法,具有法律效力。在大陆法系国家,判例虽不具有法律效力,但也为后来的司法审判提供参照。③ 处理非诉讼事务,如财产登记、公证结婚等。

检察机关是监督法律执行、行使法律监督权的机构,大陆法系国家并不专门设置检察机关,而是将检察机关归入法院系统,如法国;或附属于司法行政部门,如德国。英美法系国家则设立独立的检察机关。各国的检察系统一般与法院系统平行设置,对应于各级法院设置各级检察机关。但是检察系统的权力等级关系不同于法院系统,而更类似于行政权力等级,强调上下级检察机关之间的命令服从关系。检察机关的主要职权是参与刑事案件的侦察并提出公诉,追究被告人的刑事责任。检察机关的存在,一定意义上弥补了司法权"不告不理"所带来的局限性,而使司法权带有了某种积极性质,检察机关可以主动地提出公诉,促请法院受理案件。这样,检察机关就构成了对法院司法审判权的制约。一方面,在检察机关没有侦察和提出公诉之前,法院无权受理案件;法院对于案件的审判结果,也在很大程度上取决于检察机关的侦察工作。另一方面,检察机关通过介入法院内部管理和人事考核对法官的工作进行监督。

由司法机构的结构和职权,相应地形成了司法机构的下述功能。第一是司法审判功能,即受理民事和刑事诉讼案件,惩治犯罪和维持社会秩序,这是所有司法机构都具有的普遍功能,毋须赘言。第二是立法功能,司法机构对宪法和法律的解释,以及在司法审判中创制判例,都是一种立法行为。司法机构对宪法和法律解释和具体适用的结果,不仅是在具体情境下赋予法律新的意义,而且有可能由此创设出新的法律规范。司法机构的立法功能容易导致与立法机构权力的冲突。第三是权力制约功能。作为政府权力系统的中心之一,对立法机构和行政机构的权力进行制约是司法机构的重要功能,而这主要体现在司法机构的司法审查权和行政裁判权上。司法审查权又称违宪审查权,是指法院通过司法程序对立法机构和行政机构制定的法律法令或政府官员的行为是否违宪进行审查和裁决的权力,如果政府机构或政府官员的法律法令或行为与宪法条文相抵触则宣告无效,甚至要追究法律或政治责任。司法审查权由普通法院或专门的宪法法院履行,一般都是以审理具体案件的方式来进行违宪审查。诚然,司法审查权在某种意义上也具有立法功能,法院通过判决一项立法违宪而"拒绝执行"或宣布无效,此已经成为立法活动的一个部分了。行政裁判权是法院受理行政诉讼案件并作出裁决的权力。行政裁判权所针对的是行政机构及其工作人员行政行为违法、失职、越权或其他过失所引起的诉讼,本质是防止公民合法权益受到行政权力的侵害,或对损失进行补救。行政裁判权由普通法院或专门的行政法院履行。通过行政裁判权的运用,法院对行政机构及其工作人员滥用权力的行为进行纠正和监督,维护了公民的合法权益。

思考题

1. 什么是政府? 政府与国家的区别是什么?
2. 政府的特性是什么?
3. 现代政府的组织和运作的基本原则包括哪些方面?
4. 政府权力的纵向结构和横向结构主要是指哪些内容?
5. 如何理解政府职能的两重性及其发展趋势?
6. 在市场经济条件下政府职能应如何定位?
7. 政府立法、行政和司法机构的主要职权是什么?
8. 行政机构改革的必要性及其途径是什么?

第四章 政　　党

政党是现代政治的一个基本构成要素和重要活动主体,政党制度是一国政治制度的重要组成部分,政党政治是现代民主政治的主要表现形式。政党的演变、政党制度的类型和政党政治的运作机制是当代政治学研究重点之一。甚至可以说,如果不了解政党和政党政治,就不可能理解当代政治制度的实质。因此,本章将从讨论政党的内涵开始,介绍政党的产生与演变历史、政党的类型、政党制度、政党的政治功能和政党政治的运作机制等,以期对现代政党的各个方面能有一个大致的概述。

一、现代政党的基本特征

（一）政党的内涵与特征

派系在政治生活中的出现已经是一种古老的历史现象。但是,古代的政治生活中却只有因私利而结成的狭隘帮派组织,真正意义上的政党是现代政治生活中才有的。英文中的"政党"（party）一词,源于拉丁文的 pars 或 partire, 原来的意思是划分或分割。最先进入英语的词汇形式是 part,意指部分或社会的一部分。直到 17 世纪时,由 part 演化而出的 party 才开始表达政治意义,意指某种政治组织①。但是这时的"政党"（party）还经常与派系一词

---

① 乔万尼·萨托利:《政党与政党制度:一种分析框架》,剑桥大学出版社 1976 年英文版,第3—4 页。

混用。自从博林布鲁克(Bolingbroke)比较明确地区分了政党与派系之后,最早明确地给现代政党下定义的是埃得蒙·柏克(Edmund Burke)。在柏克看来,所谓政党,"就是大家基于一致同意的某些特殊原则,并通过共同奋斗来促进国家利益而团结起来的人民团体"①。柏克的定义在西方世界的政治学中影响极其深远,因为他第一次明确地从规范意义上提出,以某种特殊原则而结成的人民团体,正是现代政治生活中才有的一道独有景观。

但是,正如此前的休谟已清楚地看到的那样,政党很少是纯而不杂的②。所以,柏克的定义只能说是一个规范意义上的定义,反映的是早期理论家们的理想主义的热情。以利益、情感、民族、种族等为纽带而结成的政党在现代政治生活中比比皆是,阶级性政党甚至是一段时间内人们之间联结起来的主要纽带,并且同一个政党也往往是各种因素的混杂。因此,政治思想家们从不同的实证角度为政党提出了各种各样的定义:有人认为政党只是一个选举的工具,有人认为政党是一种权力组织,有人认为政党是人们谋求公职的工具;此外还有人认为政党是人民借以控制政府的团体,是利益表达和利益聚合的渠道等③。

马克思主义从辩证唯物主义和历史唯物主义的角度出发,从阶级性的角度揭示了政党的本质特征。马克思和恩格斯早在《共产党宣言》中就明确指出了政党是在阶级基础上形成的。列宁的著作不但从各个具体方面反映了现代政党的基本特征,而且还直接指出了现代政党的本质,即"在通常情况下,在多数场合,至少在现代的文明国家内,阶级是由政党来领导的"④。"各阶级政治斗争的最完整、最完全和最明显的表现就是各政党的斗争"⑤。毛泽东也在他的著作中提出了"党是阶级的组织"⑥。

从马克思主义关于政党的这两个方面的有关论述中,我们可以看出,所谓政党,就是特定阶级或阶层利益的集中代表,是由特定阶级的骨干分子在共同政治纲领的指引下,为谋取和巩固政权而在政治活动中采取共同行动的政治组织。

从马克思主义的这一政党定义中,我们也可以看出现代政治所具有的几个基本特征:① 政党具有鲜明的阶级性。政党是围绕着共同的阶级利益,在

---

① 同上书,第9页。
② 休谟:《休谟政治论文选》,商务印书馆1993年,第39页。
③ 参见王浦劬主编:《政治学基础》,北京大学出版社1995年,第264页。
④ 《列宁全集》第39卷,人民出版社1986年,第21页。
⑤ 《列宁全集》第12卷,人民出版社1987年,第127页。
⑥ 《毛泽东选集》第五卷,人民出版社1975年,第335页。

一定的阶级基础上产生的政治组织,是阶级斗争发展到一定阶段的产物。政党之间的斗争是各阶级和阶层利益斗争的集中表现。② 政党有一整套争取或实行阶级统治的政治纲领。政党的政治纲领所表达的是政党谋取和巩固国家政权的途径和方法,以及谋取政权之后所要达到的目标,它集中反映了某个阶级或阶层的根本利益,体现政党的基本性质。③ 政党由特定阶级或阶层的骨干分子所组成。政党一般都有一定的群众基础,由相当数量的党员所组成,并在政治活动中采取共同的行动。群众、党员的共同行动的采取一般都是由政党中最有影响、最有经验和最有权威的领导集团来领导。④ 政党有特定的组织和纪律。为了在政治活动中采取共同的行动,政党一般都会有一套以层级结构为特征的组织体系来动员和组织本党的党员和群众参与政治生活,与此相应,政党在政治活动中也具有与组织相配套的纪律来约束成员的行动。但是组织和纪律的严密程度会因国家和政党的不同而不同。

(二) 现代政党的产生与发展

1. 资产阶级政党的产生与发展

现代政党最初诞生于英国。早在 1640 年英国爆发资产阶级革命时,议会内部围绕着赞成君主制还是共和制就形成了"宫廷党"和"民权党"两大派系。两大派系的对立直接导致了内战的爆发。内战结束以后,两党仍然在议会中为拥抱王权政府还是民权政府而争论不休。1679 年,以沙夫茨伯里为首的民权党和以丹比为首的宫廷党再次围绕着要不要废除詹姆士二世的继承权而展开了激烈争论。在关于王位继承权的长期争论中,支持前者的人在议会内部被反对派骂做是"辉格"(Whig,意为强盗,是苏格兰人骂人的话),支持后者的人则被骂做是"托利"(Torry,意为歹徒,是爱尔兰人骂人的话)。两派的对骂过程在使双方的观点明朗的同时,也伴随着一个两派的妥协过程。在 1688 年的"光荣革命"及其后来所通过的一系列宪法性文件中,两党在关于英国的政体形式方面基本达成了一致,都同意在英国实行君主立宪制,从而结束了刀光剑影的争斗并形成了轮流执政的惯例。但是"托利党在赞成实行自由政体的同时却更爱君主制;而辉格党则在赞成君主制的同时更爱英国政体中的自由成分①。1833 年,托利党被正式命名为保守党,辉格党被正式命名为自由党。两党轮流执政的体制在"光荣革命"后于 1866 年固定下来,一直延续到工党取代自由党而与保守党轮流执政。

---

① 休谟:《休谟政治论文选》,第 51 页。

　　美国政府内部形成的不同政治派别则是在围绕着 1787 年宪法批准问题而展开的争斗过程中形成的。在讨论和批准 1787 年宪法时,政府内部形成了联邦党和反联邦党两个派别。以汉密尔顿为首的联邦党人主张建立起一个强有力的联邦政府,因而主张批准联邦宪法;而以杰斐逊为首的反联邦党人则反对给联邦政府以太多的权力,主张在宪法中应该加上保障人民权利的条款之后再批准宪法,因此他们自称为是民主共和党。联邦党人则讥称其为"反联邦党人"。此后的联邦宪法虽然得到批准,但是政府内部围绕着有关政府体制的争论仍未完全消除,两派在一系列政策问题上的争论持久不绝。从 1800 年民主共和党人杰斐逊当选为总统开始直到 1828 年,美国的政权一直把持在民主共和党人手中。从 1828 年到 1852 年,民主共和党内部又分成了民主党和共和党两派并轮流执政,但是占主导地位的仍然是民主党。南北战争以后,美国开始出现民主党和共和党轮流执政的局面。

　　法国现代政党最初也源于在大革命过程中因赞成君主制还是共和制而产生的各种派别。1789 年法国爆发大革命后,与王室有着密切联系的斐扬党人主张实行君主制;吉伦特派和山岳党人则主张废除君主制。到拿破仑执政时,法国政坛内部又分为保皇派、温和派和激进派。到1848 年第二共和国建立以后,国会中基本上形成了保皇党、共和党和社会党三大党。从此,法国政坛基本上保持了左、中、右三派为基本的政党格局。

　　从以上关于早期政党的产生历史中我们可以看出,早期政党在其产生初期往往都围绕着某些重大的政治原则,由政府内部的各种政治派别分化组合而成的①。早期政党一般都是在议会和政府的舞台上活动的体制内政党。他们往往以某些杰出人物为核心,围绕着某些重大的政策分歧而在议会或政府内部展开争论并形成了稳定的派系,进而轮流上台执政而成为不同的政党。正如布赖斯所指出的那样,"政党的起源是很不同的,有因宗教的教制的分别而发生的;有因种族关系而起的;也有因和王朝的关系而起的……但是在最近的时候,特别是在实行代议政治的国家中,政党的起源大概都因一种政治主义或实际问题而使国民分成了两派。"②最初的政党的功能也主要是执掌政权并监督政府的动作,与普通大众并没有什么持久的联系。真正的现代政党的产生要等到下一个阶段。

　　早期政党的活动只局限于议会和政府内部,并没有将触角伸到社会的各个层面,而使各个阶层的大众都卷入到政党活动中来。早期政党最早产生于

---

① 　参见施雪华:《政党政治》,香港三联书店 1993 年,第 11 页。
② 　詹姆斯·布赖斯:《现代民治政体》(上),吉林人民出版社 2001 年,第 113 页。

英国,现代大众性政党则最早出现在美国。导致现代大众性政党出现的直接原因则是现代选举制度的确立。

英、美、法各国在建立现代政体之初虽然都规定了选举产生领导人的基本原则,但是初期的选举一般都有严格的财产资格限制,因而选举的范围非常有限。但是美国的有些州对财产资格的限制并不高。1787 年宪法规定总统由各州州议会委派的选举人团间接选举产生,国会众议员则由各州人民直接选举产生。1789 年的第一届国会议员选举时,美国的投票人数就达到 12 万人,约占全国白人男子的二分之一到四分之三①。到 19 世纪初时,废除财产资格限制成了各州选举改革的主要内容。到 1828 年时,全部 24 个州已有 12 个实行了"白种男子普选权"。民主党在 1848 年成立了全国委员会,共和党也于 1856 年建立起了全国各级组织。到 1860 年时各州基本上都废除了财产资格的限制。南北战争后,1868 年通过的第 14 条宪法修正案赋予了黑人与白人同样的选举权。选举权的不断扩大对政党所产生的重要影响就是,各党派要在轮流执政的格局中取胜,就不能光在议会中斗争,而要走向社会,在社会中获得更多公民的支持才能上台执政。这样,政党之间的斗争就从狭小的政府内部扩大到了整个社会。获得选票的压力促使原来在议会内活动的派别性政党开始走向社会而建立起赢得选举的全国性组织。因此,美国的两党间在 1796 年总统选举时就已开始展开争夺总统职位的斗争。随着选举的进一步放开,两党的争夺范围也就扩大到了争取大众的支持。诚如政治社会学家奥罗姆所言:"直到 19 世纪 20 年代和30 年代,现代政党才充分具备了它的外部标志——强有力的组织和公众卷入。"②

英国虽然是最早产生早期政党的国家,但是直到 1832 年通过《选举改革法》时才扩大了普选权。此时享有选举权的也仅限于土地所有者和中产阶级。到 1867 年再次修改选举法时,城市工人才获得选举权。所以英国的政党直到 19 世纪 60、70 年代时才真正走出议会的门槛而全面迈向社会,并在这一时期建立起了全国性的政党组织,从而也就实现了从早期派别性政党向现代大众性政党的转型。法国则由于在大革命之后屡经共和与复辟的折腾,直到 19 世纪 70 年代的第三共和国时才真正确立起普选和大众卷入政党的制度。

英、美、法等早发资本主义国家的政党一般都是在资产阶级夺取政权之后,在资产阶级内部因为某些原则和政策的分歧而产生出的现代政党。相对

---

① 曹沛霖主编:《西方政治制度》,高等教育出版社 2000 年,第 139 页。
② 安东尼·奥罗姆:《政治社会学导论——对政治实体的社会剖析》,浙江人民出版社 1989 年,第 277 页。

于早发资本主义国家而言,德、日、意等后发资本主义国家的政党产生模式则是资产阶级先在旧体制内建立起政党,然后再利用政党作为政治斗争的工具,从而建立起资产阶级的国家政权。但是,由于上述后发的资本主义国家及其政党相继都走上了法西斯专政的政党模式并成了第二次世界大战的战败国,所以这些国家真正的现代政党可以说是直到第二次世界大战以后才真正建立起来。这些国家的政党产生与发展的另一个特点是,大体上都经历了一个从旧体制内的多党林立到法西斯一党专政,再到战后的多党林立的格局。

早在德国处于分裂割据时期,普鲁士在1861年时就出现了进步党,主张实现德国的统一。1865年,德国南部的资产阶级民主派也组建了人民党。1869年出现了德国社会民主工党①。德国实现统一之后,又出现了教派性质的中央党,1876年在原保守党的基础上组建了全国性的政党——德意志保守党;进步党也于1884年改称自由思想党。此时的德国已经有十多个政党参加议会选举。资产阶级建立魏玛共和国之后,由于普选制和比例代表制的实行,议会内部的政党曾多达30多个。希特勒上台之后不久,即宣布除纳粹党外禁止其他一切政党的存在。第二次世界大战之后,德国出现了纷纷建立政党的热潮,其中较有活力的政党就有20多个。各党的代表组成的"协商会议"草拟制定了"基本法",确立了德国政党活动的基本原则。1967年通过的"政党法"则明确将各政党的活动限制在宪法和法律的范围之内。

意大利由于经济、政治的发展相对落后,其现代政党的产生比多数欧洲国家都要晚得多,直到19世纪末资本主义大发展时,才出现现代政党。1892年成立的工人党被认为是意大利最早产生的现代政党。1897年出现了代表中、小资产阶级利益的共和党。1914年11月,被社会党开除党籍的墨索里尼创建了"自主革命行动法西斯",并于1919年3月建立了全国性的"意大利战斗法西斯"②。该党于1921年改名为"国家法西斯党"后,于1926年取缔了其他政党的存在,使意大利进入法西斯党一党专政时期。随着法西斯党在1943年的垮台,意大利又陆续出现了多个政党,当年7月产生的天主教民主党成为多党格局下的大党。

日本现代政党的产生则源于明治维新所带来的政治力量的分化。明治维新中的直接失利者是在旧体制下享有一定特权的士族。随着明治维新的不断推进,士族内部的一支在知识分子的影响下转而形成了争取民主、自由和平等

① 梁琴、钟德涛:《中外政治制度比较》,商务印书馆2000年,第43页。
② 施雪华:《政党政治》,三联书店(香港)有限公司1993年,第20页。

为目标的自由民权运动。1874 年,自由民权运动成立了日本最初的政党——爱国社①。此后,日本的政坛上相继出现了立志社、自助社等类似团体。这些团体于 1875 年在大阪集会,组建了第一个全国性的政党——爱国社。1880年,爱国社第四次代表大会中成立了"国会开设期同盟",取代了原有的爱国社。1881 年又在国会开设期同盟的基础上成立了以板垣退助为首的自由党。1882 年,日本又形成了以大隈重信为首、代表工商业资本家利益的立宪改进党。虽然日本近代的政党时分时合,政党名称也变幻莫测,但是战前在日本影响较大的也就是上述两党。1945 年日本战败后,曾经出现了自由党、进步党、协同党、民主党、社会党等多党林立的局面。到 1955 年时,日本又出现了左派政党大联合和右派政党大联合的局面。此后的日本在"五五"体制下基本上是自民党一党独大的格局,政党间的斗争主要表现为自民党内部的派系斗争,直到 20 世纪 90 年代再次进入多党竞争的格局。

2. 无产阶级政党的产生与发展

工业革命的深入发展造就了现代资产阶级和无产阶级的产生和对立。随着资本主义制度在各发达国家的确立,资产阶级与无产阶级的矛盾也在不断加深。1836 年,英国宪章运动中出现了第一个工人政治团体——伦敦工人协会。自此之后,在各国的工人运动不断深入开展过程中都产生了各种工人政治团体。1847 年 6 月,在马克思和恩格斯的领导下,各国工人组织在伦敦建立了第一个无产阶级的国际共产主义组织——共产主义者同盟②。该年 11 月召开的第二次代表大会一致通过了由马克思和恩格斯制定的科学共产主义原则。1850 年夏,共产主义者同盟发生内部分裂。1852 年 11 月,同盟根据马克思的建议而宣告解散。1864 年秋,马克思又创立了第一国际——国际工人协会来领导各国工人的经济斗争和政治斗争,并同各种反马克思主义展开了斗争,巩固了各国工人的国际团结。1872 年海牙会议后,国际工人协会停止活动。1876 年正式宣布解散。

马克思和恩格斯在领导国际性工人运动的同时,也于 1847 年在布鲁塞尔创立过德意志工人协会,但是该协会在 1848 年后即停止活动。1866 年,德国工人运动的领袖倍倍尔和李卜克内西在德国创立了萨克森人民党,并于 1869年与德意志工人协会等组织中的民主派代表合并建立了德国社会民主工党。1875 年,该党又同全德国工人联合会合并为德国社会主义工人党。1890 年,该党改称为德国社会民主党,从而转向了社会民主主义。

---

① 林尚立:《政党政治与现代化——日本的历史与现实》,上海人民出版社 1998 年,第 17 页。
② 《马克思恩格斯选集》第一卷,第 731 页。

1879 年,法国工人党在法国成立。1882 年,该党内部分裂为马克思主义派和可能派,后者另行组建了法国社会主义工人协会。1901 年,法国工人党与革命社会党等联合组成了法兰西社会党。1905 年 4 月,上述各党中的社会党派别合并组成了法国社会党。

自此之后,欧美各资本主义国家内部一般都出现过工人党或共产党,并在第二次世界大战后有所复兴。但是这些政党要么在其发展过程中转向了社会民主主义,要么则被各国的政治体制吸纳为体制内的政党,即在认同现行制度的基础上放弃了暴力革命和无产阶级专政。有的国家的共产党,如法国和意大利共产党,在第二次世界大战后也曾经一度与其他政党联合组阁而上台执政。但是都没有能够成为西方国家的主导性政党。

20 世纪初,资本主义国家内部无产阶级政党的兴起产生了世界性的影响,从而在世界政党史上出现了一种新型的无产阶级政党。与资本主义国家内部政党的兴起状况相比,在由传统专制社会向现代社会转型的部分落后国家中,首先出现了一大批以民族振兴为目标而带有资产阶级改良性质的政党。但是由于这些国家的资本主义发展尚不够充分,资产阶级政党的力量非常软弱。在社会矛盾的进一步激化和政治力量的分化改组过程中产生了落后国家的无产阶级政党,并很快取代了资产阶级政党而使这些国家走上了推翻旧制度的革命道路。由于历史和现实当中的各种原因,这些国家的革命性政党在建国以后大都实行了共产党一党执政或以共产党(执政党)为核心的多党合作制度。

1898 年 3 月,俄国社会民主工党第一次代表大会在明斯克召开。在 1903 年 7 月召开的第二次代表大会上,社会民主工党内部分化为布尔什维克和孟什维克两派。列宁领导下的布尔什维克党正式产生。1904 年,列宁在《退一步,进两步》中系统阐述了该党的组织原则——民主集中制。在布尔什维克党的建立和发展过程中,列宁根据俄国的实际情况提出了布尔什维克党在俄国革命中的先锋队性质和靠先锋队的灌输来提高无产阶级意识的政党发展道路。1917 年 10 月,布尔什维克以武装起义的方式取得俄国革命的胜利,并建立起了世界上第一个社会主义国家和共产党一党执政的政党制度。俄国布尔什维克党从 1925 年开始改名为全苏联共产党(联共布),1952 年又改称为苏联共产党(苏共)。第二次世界大战结束以后,在苏联所控制的东欧国家也纷纷建立起了共产党或工人党,并先后确立起了共产党或工人党一党执政的政党制度。

由于旧中国根本就没有现代意义上的民主条件和民主形式,因此中国早期政党的产生大都带有秘密会社的特征。早在 19 世纪 90 年代的戊戌变法期间,就曾经出现过强学会、保国会等政治性团体。孙中山于 1894 年在美国檀香山组建的兴中会是中国近代第一个资产阶级革命团体。1905 年,孙中山将兴中会、华兴会、光复会和科学补习所等组织联合起来,在日本东京秘密建立了中国同盟会,从而建立了近代中国第一个资产阶级政党。1910 年,康有为将他的"帝国宪政会"改组为"帝国统一党",并以政党的名义在清政府登记注册,成为中国近代的第一个合法政党①。辛亥革命之后,在新成立的议会活动的政党曾多达 30 多个。俄国十月革命之后,孙中山于 1912 年对国民党进行了重新改组。在俄国革命的影响下,孙中山又于 1919 年参照布尔什维克的建党原则将 1914 年改组为中华革命党的原国民党改为中国国民党。俄国革命对中国所带来的更大影响是马克思主义开始和中国工人运动相结合。一批先进的知识分子于 1921 年 7 月成立了中国共产党。自 1927 年国共两党分裂之后,中国共产党也确立了党对军队的绝对领导。中国共产党按照农村包围城市和武装夺取政权的道路发展战略取得了中国革命的胜利,确立了在中华人民共和国的执政党地位。由于在内战时期的中国共产党已经与各民主党派确立了一定的合作关系,在新的政党制度下,中国共产党与各民主党派一道形成了共产党领导下的多党合作体制。

在俄国革命影响下建立起革命政党并进而发展成为执政党的国家还有古巴、朝鲜和越南等。20 世纪 80 年代末 90 年代初,社会主义国家及其政党制度出现了新的变化:苏东国家共产党或工人党都先后被颠覆,有的被解散,有的则转变为社会党或社会民主党,还有一些国家的共产党经过重建而在新的体制下成为多党格局之下的一党;中国和越南等国则在共产党的领导下纷纷走上了市场化改革道路。

大部分亚非拉国家的现代政党都是在民族独立运动中诞生的。拉美国家早在 18 世纪末、19 世纪初就已出现了政党。但是当时的政党还主要是寡头性政党,真正的群众性政党直到 20 世纪三四十年代才出现。在民族运动中产生的政党一般都是独立过程中的领导党,在独立以后也大都实行了一党制。如在埃及、新加坡、莫桑比克、安哥拉等国。也有一些国家的政党是在独立之后对原有的政治团体或政党进行改组或在国家政权的作用下组建的新的政党,如在赤道几内亚、印度尼西亚等。还有一些国家是在经过军人独裁之后,由军人政权组建或在军人政权垮台之后才出现政党的,如在扎伊尔、索马里和泰国等。

发展中国家在建国之初,大多数国家都实行一党制,有些国家甚至还将"全民党"的理论付诸实践,建立起了"党国合一"的政治体制。如纳塞尔 1957 年在埃及组建"民族联盟"时就宣布:联盟就是整个国家,联盟吸收成员的方

----

① 梁琴、钟德涛:《中外政党制度比较》,商务印书馆 2000 年,第 51 页。

针是来者不拒①。经过几十年的发展之后,发展中国家的政党制度呈现出了多元化的趋势,实行两党制、主从政党制和多党制的国家也已经为数不少。但这些新兴民族独立国家的共同特点是政党的制度化程度严重不够,政党本身受魅力型领袖的影响较重;政党与政权的诸多关系尚未完全理顺;政党与军队、教会和各部族的关系也错综复杂。因此,发展中国家的政党制度从整体上来说还不是十分稳定,有不少国家都仍然在个人独裁、军人政变和政党政治的交错中缓慢发展。

对于现代社会为什么会产生出政党,西方政治学界主要有三种流行的解释理论:制度论认为,政党的出现是近代议会和选举制度改革的结果;历史局势论认为,政党的产生是因为在新旧制度的交替过程中以及在民族战争中,围绕着正统性、领土主权和完整性以及参政问题发生争论,在争论的过程中产生了多样性的政党;发展论认为,政党出现是社会现代化的结果,正是由于政治经济和科学技术的发展,使中央与地方、个人与政府等方面的关系加强了,其结果就导致了政党的出现②。此外,拉帕隆巴拉也提出了一种危机论,即在社会要形成国家时会发生三次大的危机:新政治秩序合法性危机、新秩序整合危机和新秩序下的大众参与危机。第一危机是现代政党形成的直接原因,现代政党是解决这些危机的唯一手段③。

在马克思主义的政党理论看来,政党起源于阶级和阶级斗争,是阶级斗争发展到一定阶段的产物。其深刻的根源,则是隐藏在阶级斗争背后的经济发展。正是现代资本主义经济的产生和发展,才带来了新兴资产阶级与旧的封建阶级、资产阶级与无产阶级和资产阶级内部的各种矛盾。这些矛盾在旧体制下不可调和,从而才产生了政党这种新的政治组织形式来组织和领导政治斗争。资本主义生产方式将个人引出家庭之后,才需要由一种新的政治组织来履行新的利益表达、政治动员和政治社会化方式并支持起现代民主体制。同时,正是工业革命和现代科学技术的发展带来了交通、通讯和印刷技术的发展,才为现代政党的出现创造了必要的物质条件。

在政党的产生方式上,法国政治社会学家迪韦尔热归纳了现代政党的两种产生方式:内生党和外生党。内生党即从体制内产生的政党,是议会内部的议员在政治活动中逐渐联合起来而形成的政党;外生党即从体制外产生的政党,是在代议机关之外的政治力量对统治集团发起挑战并要求在代议机关中

---

① 畅征、陈峰君主编:《第三世界的变革》,中国人民大学出版社 1997 年,第 247 页。
② 王沪宁主编:《政治的逻辑——马克思主义政治学原理》,上海人民出版社 1994 年,第 343 页。
③ 转引自初尊贤主编:《政治学原理》,中国政法大学出版社 1997 年,第 124 页。

取得自己席位的政党。关于政党产生之后的发展规律,政治学家亨廷顿提出了一个所谓四阶段模式①: ① 宗派阶段。这一时期通常发生在由传统转向现代的过渡时期,个人和集团的政治行为虽然已经和传统决裂,但是还没有发展出现代化的政治组织。少数政治精英在个人野心的支配下以一种短暂联合的方式在相互之间展开权术之争。如果此时有议会存在,往往就会在议会内部出现某些权力与职位宗派集团;如果此时还没有议会,主宰局势的雏形政党就往往会变成革命密谋集团。② 两极化阶段。当政治行动冲破议会、政治参与扩大或新的社会势力出现时,议会中竞争着的两派就会和社会势力间通过有组织的联系而形成为政党,进而形成为两极化的格局。两极化不但是议会内政党的发展趋势,它也是革命性政党的追求目标,即一旦革命把革命的矛头指向现存制度,一国内部的政治力量就可能会分为革命与反革命两派。③ 扩展阶段。在这一阶段中,政党领袖往往顺应政治参与扩大的趋势,通过号召和组织活动而将群众更加紧密地团结到了自己周围,从而实现自己控制政权的目标。在革命模式或民族主义模式中,致力于摧毁现存秩序或驱逐帝国主义的政党,也会通过尽力把号召力推向广大群众,以争取民众的支持来实现自己的目标。④ 制度化阶段。在议会内部发展出来的政党此时一般都会出现制度化的两党制。如果还有外力介入,则更可能形成多党制。反对现存制度的革命党或民族主义政党也迟早会建立起一党或以一党为主的政党制度。

(三) 现代政党的基本类型

在当代世界的 2 000 多个政党中,从不同的划分标准出发会划分出各种各样的政党类型。目前学术界有较大影响的几种划分方式是:

从政党的阶级属性出发,根据政党的党纲和实际行动而将政党分为资产阶级的政党和无产阶级的政党。也有学者按照这一标准进一步将政党细分为资产阶级政党、无产阶级政党和小资产阶级的政党三类。在马克思主义看来,这是划分政党类型时所应使用的一种根本性标准。

依据政党是否被一国的法律所认可,可以将其划分为合法的政党或"非法"的政党。合法的政党认同现行制度,并被该国的法律所认可,能够以合法的形式公开举行活动,如英国的保守党和工党,美国的民主党和共和党;"非法"的政党则不认同现行制度,因而不被现行法律所认可,只能秘密开展活动,往往以推翻现行制度为目标,如有些资本主义国家曾经出现过的共产党。在

① 塞缪尔·P·亨廷顿:《变化社会中的政治秩序》,三联书店 1989 年,第 381—388 页。

有些国家,还存在着一种所谓半合法的政党,即这些政党虽然没有得到国家法律的认可,但是国家又默许他们展开一些半公开的有限政党活动。

根据政党在一国政治生活中所起的作用大小,又可将合法的政党细分为体制内政党和体制外政党。体制内政党是指那些在一个国家的政治运作中长期起主导作用或有重要影响的一个或多个政党,如德国的基督教民主联盟、日本的自民党;体制外政党则指虽然可以合法存在,但是在政党竞争和政治生活中只起非常小的作用,实际上被排除在政党竞争和政府体制之外的政党,如英国的苏格兰民族党、美国的进步党等。如果按照这个标准再作进一步的划分,还可将体制内政党细分为执政党、在野党和参政党。

也有些学者根据政党的组织和活动范围来划分政党的类型。如根据政党的组织主体的差别,可以把政党分为精英党、干部党和群众党;根据政党在一国内部的活动范围,可以把政党分为全国性政党、地区性政党和国际性政党。

在政党类型划分中,意识形态是人们使用得最多的一种划分标准。传统的做法是根据意识形态倾向的不同,将各类政党分为左、中、右三派,即保守型政党、改良型政党和激进型政党。也有人按照这个标准并结合其他相关因素,将其进一步细分为共产主义政党、民主社会主义政党、保守主义政党、民族主义政党、法西斯主义政党、生态主义政党和地区主义政党①。

自从马克思和恩格斯在 1847 年组织了第一个共产主义政党——共产主义者同盟以来,在一个多世纪中,共产主义政党从一种国际性政党演化为一国内部的政党,并且出现了共产主义政党的不同模式。到 1986 年时,其党员规模曾经发展到 15 个国家的 9 000 万党员。苏东巨变之后,前苏东国家的共产党大都被解散或放弃了原有的信仰;发达资本主义国家内部的共产党则正在当代资本主义的新形势下探讨新的改革道路和改革策略;以中国共产党为代表的社会主义国家的共产党在坚持原有信仰的基础上迈向了建立社会主义市场经济体制的道路。

第二国际解散之后,持改良主张的成员大多在各国内部建立起了奉行中间路线的社会民主党,并有过单独或联合执政的经历。1951 年 6 月,19 个国家的社会党或社会民主党在德国法兰克福召开第八次代表大会,建立了新的民主社会主义政党国际组织——社会党国际,党员数目发展到 1 600 多万。在战后的相当长一段时间内,社会党国际的力量得到迅猛发展,已经成为资本主义国家的一支强大力量,20 世纪 70 年代以来,其影响已经越出欧洲而在亚非和大洋洲都产生了很大的影响。苏东巨变之后,社会党的力量在东欧也已

---

① 郭定平:《政党与政府》,浙江人民出版社 1998 年,第 9 页。

经有了相当程度的影响。在 1996 年召开的第二十次代表大会上,已经有 58 个正式成员党、6 个观察成员党、3 个兄弟组织、7 个联系组织参加会议。

　　保守主义的政党曾经是资本主义国家的主要政治力量。第二次世界大战之后,这类政党在多数国家都失去了对政权的垄断地位,目前的影响也主要局限在发达资本主义国家。保守主义的政党在国际上也组成了 3 个大的组织:国际民主联盟、自由党国际组织和基督教民主联盟,约有 90 多个政党参加。

　　民族主义政党大多产生于发展中国家的民族独立运动之中。这些政党在立国之后虽然都主张发展民族经济,巩固民族独立,弘扬民族文化传统和建立新的国际政治经济秩序等,但是在产生时间和组织规模上差异很大。大多数民族主义政党在建国后都以一党制或主从政党制的面貌出现,但是到目前为止还没有出现大的国际性政党组织。

　　法西斯主义政党主要是指第二次世界大战期间在意大利、德国和日本等国出现的独裁性政党。这类政党在国内上台之后一律取消了其他政党的存在,并剥夺了人民的各种自由权利而实行专制统治,实行种族清洗;对外则发动疯狂的侵略战争。这些政党虽然在第二次世界大战后都被强行解散,但是目前在西方各国中也仍然存在带有法西斯主义倾向的政党。

　　生态主义政党大多从发达国家内部的生态保护运动中发展而来。目前比较有影响的是 1980 年在联邦德国成立的绿党,其基本主张是实现生态平衡、社会公正和基层民主等。在 1984 年成立欧洲绿党组织时,有 9 个国家的 10 个政党参加会议。

　　地区主义政党是在一些国家中以地区或少数民族为基础而形成的,以发展地区的经济、社会、文化事业为目标的政党。这类政党大多在一国内部活动,并且基本上都是一些小党,往往没有上台执政的机会,而只能在一定程度上影响国家的政策。有的国家的地区主义政党,如英国的威尔士人民党,则以争取本地区的独立为自己的目标。

二、政 党 制 度

(一)政党制度的内涵

　　所谓政党制度,一般是指根据一国的法律规定或长期政治实践而固定下来的政党结构模式。但是关于政党制度具体应包含哪些内容,目前学术界还有一定的争议。有的学者认为,政党制度就是国家对政党活动的有关法律和法规的具体规定;有的学者则认为,政党制度是执政参政的体制和党际关系的模式;还有的学者认为,政党制度是政党自身的各种组织制度和活动规则①。我们认为,国家对政党的有关法律规定不应视作是政党制度的具体内容,因为法律只是一国政党制度形成的因素之一,而不是政党制度本身。如英美等的法律并没有规定实行两党制的政党制度,这两个国家的两党制度是在长期的政治实践中逐渐形成的。因此,只能说法律只是政党制度的规定要素之一,而不是外显的政党制度本身。所以,政党制度主要包括两个方面的内涵:一是一国的执政参政和党际关系模式,即政党制度的体制模式;二是政党的内部构成和活动规则,即政党的组织结构。

一个国家为什么会在长期的政治实践中形成现有的政党制度是多方面因素作用的结果。法律的规定当然是一个重要因素。由于各国的历史传统不同,各国的政党立法有不同的情况。有些国家是通过专门的政党法来规范政党行为,如二战后的联邦德国就于1967年制定了专门的政党法。还有一些国家没有专门的政党法,而只是在一些相关的法律中规定了政党活动的某些方面,如美国国会1974年通过的限制选举经费的法律规定,每个政党为举行党的全国代表大会,最多只能花费450万美元。中国宪法规定,在中国实行共产党领导下的多党合作制度。有些国家的政党制度的形成甚至不是因为成文法的规定,如英国在大选中获得多数席位的政党即为执政党,该党领袖出任首相等,就在更大程度上是一种惯例。除此之外,一国之内的阶级、阶层和政治力量的对比状况,国家的政体形式和各国选举制度和文化传统的差异,也是影响政党制度的重要因素。

(二) 政党制度的体制模式

人们通常所指的政党制度很大程度上就是指政党制度的体制模式,也就是政党执掌、参与或影响国家政权的方式和党际之间的关系模式。因此,政治学者在研究政治制度时在这方面,尤其是在政党制度的体制模式上倾注了很大的精力,提出了各种各样的体制类型。目前较有影响的主要有下面几种。

传统政治学采用得最多的一种方式是根据政党的数量多少,将政党制度的体制模式分为一党制、两党制和多党制三种类型,有时也加上无党制作为补充。第二次世界大战之后,发展中国家出现的多样化政党模式刺激学者们提

① 梁琴、钟德涛:《中外政党制度比较》,商务印书馆2000年,第11页。

出了更细的划分方式。比较有名的划分方式是："五分法"，即Ａ·Ｓ·班克斯和Ｒ·Ｂ·泰克斯特把政党制度分为一党制、主从政党制、一个半党制、两党制和多党制，如亨廷顿也采用了这种方法来研究发展中国家的政党制度；"七分法"，即一党制、霸党制、第一大党制、两党制、有限多党制、极端多党制和微型多党制。除了这种基本的分类外，还有的学者在此基础上结合执政党的执政方式和作风等，将一党制又细分为一党专制制、一党威权制、一党多元制、实用一党制、一党霸权制和一党优势制等；将多党制又细分为两党制、温和多党制、碎片化多党制和极端多党制等。

随着政治学研究的发展，单纯以数量作为政党制度划分标准的做法受到了越来越多的批评，因为现实政治表明，用政党数量来划分政党制度往往不能抓住政党制度的根本特征，所以在传统分类受到挑战的情况下，也有一些学者采用了其他标准来划分政党制度的体制模式。如Ｊ·拉帕隆巴拉等人就根据政党的执政方式把政党制度的体制模式分为独霸型政党制度和轮流型政党制度。国内也有学者以执政党之间的相互关系为据，将其分为无对抗的政党制度和有对抗的政党制度等。根据马克思主义的政党制度的基本性质，我们首先把政党制度的体制模式分为资本主义国家的政党制度和社会主义国家的政党制度，结合政党的执政方式，参照Ｇ·萨托利关于政党制度的划分，我们在此基础上进一步将当代政党制度的体制模式细分为竞争型政党制度和非竞争型政党制度两种类型。

1. 竞争型政党制度

竞争型政党制度是指一国的政党通过竞争选票或议席的方式而上台执政的政党体制模式。从政党的产生与发展规律中我们可以知道，一旦政党产生于议会之内，政党一般都会伴随着议会的发展而比较平稳地过渡到一个竞争性的政党制度之中。对于后发国家而言，竞争性政党制度的形成则往往会经历一定的曲折。由于竞争型政党制度也有着产生与发展的不同轨道，因而在竞争性政党制度内部也有着不同的类型。

萨托利结合一国政党的数量与竞争性的程度两个标准，将竞争型政党制度又细分为极端多党制、有限多党制、两党制和一党独大制四种主要类型[①]。

极端多党制指有五个以上的政党存在并且都在政党力量格局中扮演着重要角色。在这种政党制度中，由于政党之间的意识形态差距非常大，以至于极

---

① 乔万尼·萨托利：《政党与政党制度：一种分析框架》，剑桥大学1976年英文版，第128页。严格说来，在极端化多元主义之上，还有一种类型，即政党林立的原子化政党制度，如马来西亚。但是除了在战争刚结束等混乱时期（如战后的德国和日本等）之外，这种政党制度很少存在。

左政党和极右政党之间很难达成妥协,政党之间的分布格局呈分散化态势和离心化竞争。不管哪一个政党或政党联盟执政,都面临着两个以上的反对派。所以政党联盟执政和政局不稳是其最大的特征。极端多党制的典型代表有德国的魏玛共和国、法兰西第四和第五共和国、意大利(1948—1972 年)、挪威(1945—1969 年)、芬兰(1951—1972 年)、瑞士(1947—1971 年)和以色列(1949—1973 年)等。

有限多党制的政党数量一般在三至五个,政党之间的意识形态差距也不是很大,因而政党之间的竞争是一种向心力作用下的竞争,比较容易形成政党联盟执政和政党集团的两极化分布态势。其典型代表有德意志联邦共和国、比利时、爱尔兰、冰岛和 1970 年以后的挪威和瑞士等国。

两党制一般由两个势均力敌的大党相互竞取选票或席位而轮流上台执政。在这里,两党仅指轮流执政的政党数目,而并不是国家的政治生活中实际只存在着两大政党。事实上,在实行两党制的国家中,除了轮流执政的两个大党外,往往还存在着其他若干小党。只是其政治基础弱小而一般不可能成为主要的政党单独上台执政,而只能以其他方式影响国家的政策。两党制起源于英国,目前比较典型的两党制国家有英国、美国和新西兰等。

在一党独大制下,虽然各政党之间仍然存在竞争,但是有一党占有绝对优势而长期执政。其他政党虽然也是合法而正当的政党,也可以与大党角逐选票或席位,但是大党的超强地位使得其他小党很难单独上台执政,也只能以其他方式影响国家的政策。此时,党与党的竞争也就在很大程度上内化为大党内部各派系之间的竞争。实行过一党独大制的国家有 1952 年以后的印度、1955 年至 1993 年的日本、1950 年至 1960 年和 1965 年至 1970 年的土耳其等。

有些西方学者对竞争型政党制度的研究比较注重在两党制和多党制之间进行比较。其方式是将政党制度、选区制度和投票制度联系起来进行研究,认为小选区制、多数代表制比较容易导向两党制;大选区制、比例代表制则比较容易导向多党制;两党制比较容易导致竞争之后的一党单独执政,因而政局一般比较稳定;多党制比较容易出现几党联合执政,因而政局比较动荡。一些西方学者据此认为,两党制是一种最好的政党制度,多党制不是一种最好的政党制度。但是达尔等人通过对政党进行统计,却发现在世界上真正实行两党制国家非常少,只有 8—21 个国家实行两党制[①]。同时,深入的研究也表明,两党制及其选区制度其实是限制了选民的选择范围,使选民的民主权利行使得很

---

① 冈泽宪芙:《政党》,经济日报出版社 1991 年,第 34 页。

不充分。还有学者也通过统计表明,目前世界上最多的政党制度是多党制而不是两党制。所以,两党制并不具有普适性。

西方的公共选择理论则从投票逻辑出发,研究了竞争型政党制度的整体运作态势。在两党制下,公共选择理论假定,选民的公共物品偏好集中反映在各自所支持的政党的竞选和施政纲领中,政党的党纲其实就是一揽子的公共物品。在竞选过程中,为了赢得多数选票,政党或候选人必须要在竞选纲领中许诺为大多数选民提供他所希望的公共物品才有可能赢得多数选票。先假定政党的政纲中只包含某一项主张,即政纲是单维度的,并且选民的偏好呈单峰正态分布的话,竞选的结果就是政党只有将其政纲设定在大多数人(中间投票人)所支持的方案上,才能获得多数选票。这就是两党竞争之下的中间人投票定理①。在中间人投票定理的作用下,想赢得大选的政党必须要将自己的政纲设定在中间层次上,要在党内赢得候选人的地位的党员也同样要在党内采取同样的策略。其结果是,如果两党都这样做的话,其政策差异就会越来越小。

但是如果选民的偏好不呈正态分布,并且政纲之中是一揽子方案而不只是某一项主张的话,则有可能出现互投赞成票和循环投票的现象,即每一个层次的选民都有可能只考虑政纲中的关键性项目,并与其他选民联合起来支持某一政党或候选人。这样的话,投票的结果就将很不确定。此时的候选人就有可能采取策略行为,如提出一个对若干方案都持极端观点政纲,从而将所有的少数派选民联合起来以击败持中间立场的另一候选人。又由于在两党一对一的竞选过程中不可能随便变换自己的政纲,那么政党在竞选过程中也就只能一直坚持自己的政纲。在这种情况下,处于执政地位的政党就只能坚持自己的原有政纲,而在野党则有可能将执政党政纲之外的所有观点都纳入自己的一揽子竞选纲领之中,从而更有可能赢得更多的选票。其结果就是,只要换届,执政党就更容易落马。②

在多党制下,每个选民都有了更多的选择,各个政党也比两党制下的政党更能代表每个选民的偏好。所以多党制下的选民在更大程度上是在投票支持自己的某一位代表,而不是像在两党制下那样在一组最终结果中进行挑选。当某位选民投票支持某个特定的党派或代表时,他实质上是在投票支持这样一位代表,即该选民认为这个代表在议会中将会像选民本人亲自去投票一样去投票。但是多党制同样有可能按照中间人投票定理的方式运作,即持极端

---

① 参见丹尼斯·C·缪勒:《公共选择理论》,中国社会科学出版社1999年,第224—225页。
② 丹尼斯·C·缪勒:《公共选择理论》,第227页。

观点的极左或极右政党很难赢得多数选票。又由于没有哪一个政党能在选举中赢得绝对多数票,因而极有可能演化为一个两极化的多党联盟结构①。

公共选择理论在一定程度上指出了政党制度运作过程中的一种整体趋势。竞争型政党制度下的两党政策倾向交叉趋同和两极化的政党联盟在很多国家的政治生活中都得到了印证。但是他们所提出的两党化或两极化趋势也面临着这样一个问题,即在政党呈趋中走势的情况下,为什么竞争型政党制度下的两党或多党的差异仍然存在,而并没有完全走向一致。公共选择理论当然提出了选举的复杂性和理论假设与现实的差距等理由来回答这一问题。但是答案却并不令人满意。公共选择理论本身是不可能圆满地回答这一问题的。因为公共选择理论把政党看作是一部纯粹为赢得选票而组织起来的机器。事实上,现代政党并不完全是选举机器,而在更大程度上是一种原则性政党,即意识形态政党。政党要在竞争型政党制度下存在,必须要有一以贯之且与众不同的意识形态主张。正如谢茨施耐德所看到的那样:"美国的两党……已经在意识形态上更加前后一贯,而且选民也意识到了两大党在意识形态上并未存在着严重分歧。"②也就是说,在投票逻辑的拉动下,政党有着趋中的拉力存在,但是意识形态的差异也迫使各党要保持意识形态的一致而尽量与其他政党拉开一定的距离,在两股反向力量的作用下,政党一方面会被投票逻辑拉向趋中,另一方面又会被意识形态拉向相反的方向,不可能完全遵循中间人投票定理。所以,当代的竞争型政党有趋中的走向,但是意识形态的作用又使得各党不可能走向完全一致,而只能是一种大致两极化之下的兼容型政党。

2. 非竞争型政党制度

在政治力量的互动状态中,除了存在着竞争关系外,还有可能存在着合作、冲突和互助等多种状态。在内战时期,一国的政党可能会凭借军队而处于相互斗争和冲突之中;而一旦某种政治制度得以建立和巩固之后,则非竞争型的政党制度就只能要么是一党制,要么是一党领导制。但是由于一党制的具体构成要素并不完全一致,所以非竞争型政党制度的具体类型又并不止两种。

法西斯主义一党制是一种一党独裁制,即国家以法律的形式明令禁止法西斯党以外的其他政党存在,在国家的政治活动中明确取消了议会等现代民主制度,以党魁独裁的形式垄断国家政权,并以暴力手段和恐怖方式维持这一体制。其典型代表是二战时期的德国、意大利和佛朗哥统治时期的西班牙。

---

① 丹尼斯·C·缪勒:《公共选择理论》,第 273 页。
② E·E·谢茨施耐德:《半主权的人民——一个现实主义者眼中的美国民主》,天津人民出版社 2000 年,序言第 15 页。

民族主义一党制大多存在于战后民族独立运动中新建的国家之中。这些国家尽管形成一党制的原因各不相同，但是大多数国家都试图通过一党制来对国内外事务进行集中领导以稳定社会秩序并促进经济发展。民族主义一党制的最大特点是，国家的政治生活中只有单个政党执掌国家政权，但是同时又建立了议会等现代民主形式，并在一定程度上承认公民的民主权利。民族主义一党制主要存在于非洲国家，其典型代表有扎伊尔、马里、莫桑比克等。

一党领导制主要发生在前苏东国家和越南、朝鲜、古巴等国。在这种体制下，共产党或工人党是唯一存在的合法政党，国家政权由单独存在的政党来领导，同时，社会内部的各种矛盾也通过共产党或工人党领导下的妇女、工人和青年组织等政治性社会团体来加以协调和综合。也就是说，共产党不仅是国家政权的领导力量，而且还是各种政治性社会团体的领导力量。

一党领导下的多党合作制的典型代表是中国。在这种体制下，共产党既是国家政权的领导力量，也是各种政治性社会团体的领导力量，同时还与多个参政党展开合作。与纯粹的一党领导制所不同的是，参政党在国家的政治生活中也发挥着参政议政和民主监督的作用。

与竞争型政党制度的产生途径所不同的是，非竞争型政党制度下的政党一般都出现得较晚。这些国家的政党最初往往都不是执政党，现代国家在很大程度上都是在内忧外患中通过政党集中统一领导而建立起来的，国家本身通常存在着能力不足的倾向。因此建国以后执政党在国家建设中发挥着相当重要的作用。除了现在已经不存在的法西斯执政党外，执政党在很大程度上担负着推动国家政权建设的职能。

在现实运作中，这些国家政治生活中的利益表达也不像实行竞争型政党制度那样，有政党的普遍化利益表达机制和利益集团的具体化利益表达机制两种竞争式利益表达渠道，而是通过政党领导的政治性社会团体来实现统一的集中表达和聚合。公民的利益、要求大都要经过由政治社会性团体而上升为政党意志之后再成为国家意志。因此这些国家的政党并不是一架简单的选举机器，政党活动与国家活动并没有完全分开，政党介入国家活动的程度要比竞争型政党制度下的政党深得多。

（三）现代政党的组织结构

任何一种组织的运作都离不开一定的组织结构，现代政党不管其性质如何，都有一定的组织形式和相应的机构设置。早期政党由于主要是一种议会内部的政党，因而也只有议会内部的政党组织机构。政党走出议会深入到大众之后,政党本身也发展出了全国性政党机构和基层组织。随着政党介入政治生活程度的加深,还有一些政党的组织机构也渗入到了国家机构之中,从而形成了一套极其复杂的组织结构体系。

1. 体制外的政党组织

体制外的政党结构是指政党在国家机构体系之外,由各政党自行建立起来的组织机构体系。一般包括党的中央组织、党的领袖、党的地方组织和外围组织四个层次。

党的中央组织是政党的全国性领导机关,其基本职能是领导全体党员、协调全党的工作并就重大问题做出宏观决策。党的中央组织又由党的全国代表大会、党的中央委员会、党的核心决策机构、党的中央执行机构和其他相关机构组成。

党的领袖是指各国政党的全国性领导人或领导集团。政党领袖的产生主要有两种方式:一是党内自行选举产生,如英国的保守党和法国社会党的领袖都是这样产生的;二是由大选产生,如美国两大党在大选中获胜的总统候选人就是当然的党的领袖,落选的候选人虽然在名义上也是另一党的领袖,但是实际上不起什么作用,在野党实际上是处于无领袖状态。只有在下一次选举时才重新产生党的领袖候选人。

现代政党无论是为了执政还是选举,大都设有地方和基层组织。以地方和基层组织的构建方式为基础,可以把当代政党的地方和基层组织分为三种类型:一是根据行政区划而设立的地方和基层组织,如中国共产党在各省、市、县、乡级行政区划中都设有党的委员会及其下设机构;二是根据选区而建立起来的地方和基层组织,如英国保守党的基层组织就是选区协会,美国两党也在基层设有选区委员会,其主要职能是从事选举的组织和宣传活动;三是根据政党的自行规定而建立的地方和基层组织,如法国社会党在基层设有以区、市或几个市为基础的支部。

有些国家的政党为了执政或扩大政党的影响力,还在政党周围聚合了一些社会组织,以沟通本党党员或党与其他群体的关系。如英国保守党就有卡登俱乐部和樱桃俱乐部等外围组织。这些组织虽然不是政党的正式组织,但是作为政党伸向社会的触角,在为政党组织选举和宣传方面也发挥着一定的作用。

2. 体制内的政党组织

体制内的政党组织是指各政党在正式的国家机关内部设立的,统一其党员意志和行动的政党组织。由于现代政党已经全面介入到了政府活动之中,所以体制内的政党组织也分为议会内的政党组织、行政机关内的政党组织、司法机关内的政党组织和军队内的政党组织四类。

议会内的政党组织主要体现为议会党团和党组。在竞争型政党制度中，各政党的成员进入议会以后会按一定的规则和程序而组成议会党团，以此来统一本党党员在议会内部的活动。有的国家的政党在议会只有一个议会党团，也有一些政党会在议会内组成几个议会党团。议会党团的最高决策机构是议会党团全体会议，负责选举议会党团的正副主席和各委员会负责人。议会党团的主席一般由党的领袖担任，但是德国的政党法也规定如执政党的领袖出任政府总理或部长，则不得担任议会党团的主席。除了领袖之外，议会党团内部一般都还设有督导员和各种工作委员会，负责维持党的纪律，督促本党党员投票。议会党团成员的构成各国也不尽相同，如英国的议会党团就由所有本党党员组成；法国的议会党团则既有同一政党的成员，也有不同政党的成员。中国共产党在中国各级人民代表大会之中也都设有党组来统一党员的行动，党组的成员是在代表大会内部的全体党员，党组书记一般由常委会主任或副主任兼任。与其他国家所不同的是，党组在中国各级人民代表大会中所发挥的作用要大于议会党团，而参政党在代表大会内部并不存在这样的组织，其成员一般也不以党派身份展开活动。

不同国家的政党在政府机关内的组织形式差异较大。大部分西方国家的执政党在组阁过程中都会有政党背景的考虑，但是并不一定会在政府机关内建立起政党组织，而在很大程度上实现了政党组织与政府核心决策机构的重合。如美国总统也就是执政党的领袖，也有人把总统领导下的内阁就称为"总统党"，但是实际上并不存在这样一个政党组织。内阁制国家的内阁核心成员虽然也是在议会选举中赢得多数席位的政党党员，但是一般没有一个专门的政党组织。对于文官而言，西方国家虽然一般都规定了文官的"政治中立"，不允许其参加党派，但是也有一些国家的文官有党派背景。如英国的文官就可以参加地方性政党，法国的公务员也可以参加政党和工会活动。在中国，政府行政机关内设的党组往往领导了所有行政机关内部的党员。

在严格实行司法独立的国家，司法机关内部没有政党组织，法官一般也不能以党派身份来审理案件。但是政党往往会以其他方式去影响司法活动。如在美国总统所任命的联邦大法官之中，在成为大法官之前大部分都还是总统所属政党的成员。只是在成为大法官之后才脱离党派身份。法国总统和两院议长在任命宪法委员会委员时也往往都会考虑到党派背景。与在立法和行政机关中一样，中国的司法机关中同样也设有中国共产党的党组来领导司法活动。

西方国家虽然在立法、行政和司法机关中都避免不了有党派的影响,但是在军队中一般都贯彻的是政党与军队分离原则,军队的效忠对象是国家而不是政党。所以,政党对军队的影响一般都比较小。中国由于确立了党对军队的绝对领导,所以执政党在解放军连以上的组织中都设有各级党的组织,政党的政治工作是军队工作的重要内容。政党在军队中的党组织在军队的思想和组织工作中发挥着重要作用。

政党的体制外组织与体制内组织的关系模式主要有三种类型:第一种由体制外组织来领导体制组织。如中国共产党、德国的社会民主党、日本的自民党等。在这种类型下,体制内的政党组织都对体制外的政党全国委员会或中央委员会负责。第二种是体制内的政党组织领导体制外的政党组织,如英国的保守党、法国的独立共和党等,都是由议会内的议会党团来作出最高决定。第三种是体制外的政党组织与体制内的政党组织除选举事务外,基本上没什么联系,很难说有明确而实际的领导与被领导关系。如美国的两党在两次选举之间体制外组织基本上不发挥什么作用,甚至可以说不存在一种体制外的组织,起作用的就只有体制内组织。但是在选举期间体制外组织发生作用时,体制内的政党组织会协助和领导体制外的组织竞选。

(四) 现代政党的组织特征

尽管现代政党都有从全国到地方的各级组织,各国的政党也都有一定的组织原则或组织纪律来约束政党成员的行动,但是不同政党的组织原则的严密性却并不一样。根据严密性程度的大小,人们一般把现代政党的组织原则分为三种类型。

1. 民主松散型

民主松散型原则是指政党的组织原则很松散,政党纪律对党员的约束力很低下,所以党员个人和党的地方和基层组织的自主性较高。西方国家的保守党、自由党,特别是美国的两大党是民主松散型的典型代表。在美国两大党中,党的总部在两次大选期间的权力非常有限,党的全国性组织作用也不大,各州的政党组织往往自行其是,党员的进出也极其自由。在议会内部尽管也有议会党团来统一本党的行动,但是本党党员倒戈而行的也大有人在,且往往并不会受到严厉的惩罚。

2. 民主紧密型

民主紧密型原则是指政党有比较明确的组织原则和完善的组织机构,其组织的产生和活动都按多数原则或比例原则以民主的方式作出决策。上下级之间有经常的联系,党的纪律对全体党员也有约束力。但是党的地方组织和党员个人也有一定程度的自主权。党员的进出虽然要经过一定的手续,但是要求并不十分严格。西方国家的大多数社会党或社会民主党等都贯彻这种组织原则。

3. 民主集中型

民主集中的组织原则是无产阶级政党的组织原则,在这种原则下的党组织活动中,贯彻的组织原则是党员个人服从组织;少数服从多数;下级服从上级;全党服从中央。民主集中型的组织原则是一种民主基础上的集中和集中指导下的民主,在前一个阶段上要求充分发扬民主,在此基础上形成集中的意志,在贯彻集中的意志时则以铁的纪律来保证路线、方针和政策的实施。党员的吸纳也要履行入党宣誓和政治审查等严格的手续。

三、政 党 政 治

(一) 政党的政治功能

通常意义上的政党政治是指一个国家通过政党来行使国家政权的政治形式。狭义的政党政治专指政党执掌政权的活动,而广义的政党政治则指政党执掌或参与国家政权的行使,并在国家的政治生活中处于中心地位的一种政治现象,包括政党为实现其政治纲领而展开的所有活动的总称。在现代政治生活中,政党政治存在的意义就在于政党在政治生活中所发挥出的特定功能。

由于国情的差异和政党制度的不同,各国的政党在政党政治中所发挥的功能并不完全一样,但是如果我们在更高的层次上对现代政党的政治功能进行总体归纳,就可以概括出现代政党的政治功能大致有下面几种。

1. 主导或影响政治过程

政党是阶级斗争发展到一定阶段的产物,它集中代表了一定阶级和集团的利益。现代政党不但要把本阶级的意志集中起来,而且还要使阶级意志上升为国家意志,并利用国家意志的强制力来迫使对立阶级或阶层服从国家意志。政党的这一功能通常首先是由政党进入政治过程,并精心运作国家政权的过程来实现的。由于各国的政权性质和政体差异,各国政党进入政治过程的方式和运作国家权力的方式也不尽相同。早期政党一般是通过合法选举的方式进入政治过程的,而后起的政党大多是通过政治革命或军事政变等方式进入政治过程的。政党进入政治过程之后,就成为执掌国家政权的执政党。在现代西方国家中,国家权力通常是由在大选中获胜的政党来具体运作的。一旦政党在大选中获胜,政党一般会通过以下两种途径来执掌其政权:一是控制议会,即在选举中获胜的政党主要通过议会立法的方式,使本党的政治纲领经过法定程序上升为国家意志;二是组织政府,即政党任命本党党员来出任政府官员,直接行使国家行政权力,集中执行本党的政策纲领。在社会主义国家中,无产阶级政党通过革命上台执政后,即成为社会主义政权的领导核心,党通过对各种社会力量和国家政权的领导来实现自己的政治纲领。此外,那些没有执政的政党,也往往会以反对党或参政党的身份对执政党或国家政权起着一定的监督作用,从而以另一种方式来影响国家政权的行使。

2. 表达和整合民众利益

在现代民主社会中,主权在民的政治理论已经把民众的利益和要求置于政治生活的中心。但是现代社会民众数量规模的巨大和利益要求的复杂又决定了不可能使每个公民的利益都能够直接传达到国家政权系统之中,而只能通过一定的中介来加以转换。通过为政党工作或投票赞成自己支持的政党,民众也就有了影响公共政策的能力。所以,政党在现代政治系统中也充当了利益输入的中介和桥梁,因为只有政党才具有把支持本党的民众的利益与要求转变为政治纲领并上升为国家意志的能力。与利益集团所不同的是,政党并不表达某些具体的利益诉求,而是把民众的利益诉求加以整合之后,上升为国家意志,成为政府的公共政策。所以,政党所表达的利益往往是经过整合之后的利益,带有一定的普遍性。

3. 政治社会化

政党在将利益整合进政治系统的同时,也要传播政治游戏的规则,使社会各个阶级、阶层和成员对国家的基本制度、价值观念和政策原则达成共识,提高政治认同,确保政治秩序的稳定。同时,政党为了提高本党成员赢得支持和执掌政权的能力,还要通过组织学习培训、参加会议和各种政治实践的机会来提高本党党员的政治能力。此外,政党为了使本党获得并巩固对政权的执掌,还要通过各种政治动员的方式来拓展本党的支持力量,动员更多的社会成员支持本党的公共政策,促使选民投票支持本党的候选人,并忠实地执行本党提出的公共政策。

4. 政治录用与精英输送

现代大型的民主社会是不可能通过一两个人来进行治理的,社会规模的巨大也使得民众的直接治理没有可能。这就要求有一个能够代表人民的政治集团来直接掌握政权,治理国家政治事务。对这个集团的要求也就是既要有广泛的代表性,又要有相应的国家事务治理能力。这就只有通过拥有广泛群众基础的政党来推举国家领导人。因此,政党在选举中不但要促使选民支持本党的政策纲领,还要促使选民支持本党的候选人。在政党的政治运作中,首先就要在党内产生出本党的候选人,并在选民中对其大力"推销",使其能够当选;一旦政党上台之后,还要通过法定的程序将本党的党员输送到各级政府机关之中,去担任一定的政府职务,并贯彻本党的公共政策。

5. 监督与完善政治运作

由于现代政府大多是在政党的主导下展开运作的,政党就不但要组织政府,而且还要监督政府的运作。在政府领导人产生阶段,政党内部和各党之间就要监督选民和候选人是否具备资格、选举经费的来源和选举程序是否公正等。在政党成员组成政府之后,政党还要对政府成员的从政行为、从政道德、人事任免和公共政策执行情况进行监督。在一些西方国家的多党体制下,没能上台执政的反对党往往在监督工作中发挥着相当重要的作用。后起的政党除了要履行上述职能外,由于国家政权本身就是在政党的领导下建立起来的,所以政党还要担负起不断完善国家政权的职能,政党对国家政权建设的推动和完善是后起政党的一大显著特色。

以上我们看到的其实是现代政党在现代民主政体下所发挥出的正功能,即政党是现代民主政体的一股支撑力量,没有政党,代议民主政体就不可能实现良性运作。但是同时人们也看到了有些西方现代政党在支撑现代民主政体的同时,存在某些对民主政体构成威胁的负功能。

有些西方学者认为,政党是民主政体运作的强大支撑,但是政党政治自身可能会带来一些反民主的倾向。罗伯特·米切尔斯指出,政党虽然为民主而建,但是随着政党本身的发展,其自身的民主成分就会更少。因为政党随自身组织的不断扩大,必然会发展出一套专业化的政党官僚来主管党务,并且会越来越多地强调领袖的作用。随着政党领袖和政党官僚的扩大,政党就有可能把自身的生存当作第一需要,而政党原来的目的可能会被放弃,民众对政党的控制也会越来越难。这样,政党本来为民主而生,但是政党自身的官僚化和寡头化发展却有可能使其成为一股反民主的力量。

由于现代政党都是大众性政党,政党本身也是一种超大规模的组织。政党在政治过程中也掌握着比普通民众多得多的政治资源,政党对政治过程的影响也就要远远大于普通民众和一般的社会团体。在这种情况下,有些国家政党政治中的决策活动就有可能损害小的社会团体的大多数公民的利益,而以实现政党自身的利益为第一需要。西方学者认为,民主社会的基本价值观就是平等,政党的存在和政党政治的运作,意味着大的政治力量可能会越来越大,小的政治力量则可能会越来越受损。如果没有制约,政党政治结果就是反平等的不平等格局的加剧。

在西方社会,由于政党本身的寡头化和超大规模的特征,政党在政党政治的运作过程中还可以左右政治议程,使政治运作的规则有利于政党自身的存在和发展。政党对政治议程和运行规则的控制意味着公民对政治的控制就越来越少。如果政治越来越成为政党的事务而不是公民的事务,那么随着公民失去对政党的控制,公民也就失去了对政治的控制。也就是说,政党政治的发展可能带来民众的冷漠。政党政治的运作也就可能使政党越来越蚕食民主。

(二) 政党政治的运作机制

现代政党要发挥上述的各种政治功能,除了有现代民主政治的内在需求外,还必须要依托于政党自身的一系列运作。因此我们在分析政党政治时除了要了解政党在政治生活中的外显功能外,还要深入了解政党自身的内在运作机制。在研究现代政党的运作机制时,一般可以从下面这几个方面来具体透视。

1. 组织的建立与发展

政党政治的运作首先要依赖于政党组织的建立。从前文关于政党产生与发展的有关论述中我们可以了解到,现代政党一般都源于某种派系的出现。早期政党一般都是在某一具有超凡魅力的领袖周围聚集了一批忠实的追随者之后形成的。选举制度的改革才使议会内部的政党走向社会而建立起全国性组织。在没有民主形式的条件下,则往往容易出现由秘密的帮派发展出的政党反对派。如果一个民族同时还面临外族奴役,则通常会在民族独立运动中产生出新的政党。

现代民主社会大都规定了公民有结社或结党的自由。在现代西方国家,只要拥有一定的民众基础和一批骨干党员,在经过法定的登记程序之后,都可以组建某种政党。但是由于在一个国家起主导作用的政党往往都是在这个国家从传统向现代转型的过渡期出现的,所以不少国家的政党制度都已经有了成型的政党格局,除非国家发生大的转型,新成立的政党在一国政党政治中所发挥的作用往往并不是很大。例外的情况是德国的绿党,德国绿党在从一种社会运动上升为一个政党之后,也能够在政党林立的格局之下获得一定的席位,从而为当代政党的建立提供了一种新的模式。除此之外,当然还有一些政党是通过几个政党之间的合并或政党内部的分裂而建立起来的,如日本的自民党就是自由党和民主党 1955 年合并而来的。英国的社会民主党就是 1981

年从工党中独立出来的。

政党在建立起自己的组织之后,为了在国家的政治生活中占有一定的地位,就必须要努力发展和壮大自己的规模。大部分国家的政党是通过组织和成员的扩展来壮大自己的。如早期的议会政党为了扩大自己的影响,都在全国性组织的基础上纷纷设立从全国到地方的各级组织,通过组织网络的扩展来扩大自己的影响。西欧的共产党和社会党也一般都是通过发展出更多的党员来壮大自己的声势。在选举的压力下,也有一些国家的政党通过提出能赢得选民的政策或修改自己的某些意识形态来获得更多的支持。除此之外,还有一些国家的政党在成立之初往往依附于某一大党,一旦形势有所变化或自己羽翼丰满之后再乘机独立出来,直接吸引选民来扩大自己的支持。

现代政党在建立和发展之后也有可能会因各种原因而走向消亡。在世界政党史上,走向消亡的政党大致有下面几种类型:一是丧失了社会基础而没有及时转向,如西欧近代早期的各种保守性政党;二是认为已完成历史使命之后自行宣布解散,如海地共产党在 1947 年认为其反帝反封建的任务已经完成,遂自动解散;三是失去政党的主要领导人后走向了崩溃,如南朝鲜的自由党在 1960 年失去主要领导人之后,有的党员退党,有的则加入另外的党派;四是被判为非法组织而被政府取缔[1]。此外,还有一些政党是随着某一制度的解体而解体的,如近代中国历史上出现过的各小党和前苏联东欧国家的政党。

2. 成员的吸纳与更新

政党的稳定运作必然需要有一批积极分子加入其中,并适时更新本党的成员。在吸纳党员的过程中,各国的政党一般都规定了加入本党应具备的相应资格。一般说来,只有享有法定政治权利的公民才能成为某一政党的吸纳对象。除此之外,政党还要求新成员承认并遵守本党的党纲、党章并愿意执行本党的公共政策。

在具体操作中,各国政党吸纳党员的方式并不完全一致。共产党的党员要经过先向组织递交申请书,经过党组织的长期考察和介绍人的介绍之后,以入党宣誓的方式成为预备党员。在经过一段时期的考察之后,才能成为正式党员。日本自民党的党章中也规定,希望入党的人,要得到两名党员的正式推荐,在填写申请书中所规定的项目以后,向基层党支部或居住地的县联合支部提出申请,并交纳一定的党费之后,才能成为正式党员。在美国的两大政党

113

---

① 施雪华:《政党政治》,三联书店(香港)有限公司 1993 年,第 205 页。

中,职业性党员入党时往往也要经过严格的手续。但是大部分一般党员则实际上都是临时性的,只要在大选中投某一政党的票,即为该党的党员。此外,还有一些国家也存在某一组织集体入党的情况。

政党的党员也有可能会因某些原因而失去党员的资格。一般说来,党员资格的丧失主要有两种情形:一是不遵守本党的党纲或纪律时,由党组织开除出党。如中国共产党就有对违纪党员开除出党的规定。英国的保守党的党员如果不按党的督导员的指示投票或长期不参加党的活动,就有可能被开除出党。二是党员自行脱党。如新加坡人民行动党的普通党员如不缴纳一年一度的党费,就会被视为自动脱党。

3. 经费的来源与管理

任何一个组织的生存与发展都面临着为其活动的顺利展开而筹措经费的任务。政党的竞选和执政活动同样需要大笔的资金。对大多数政党来说,党员所交纳的党费是政党经费的重要来源。有些国家为了从更多的党员中获得资金,采取了极力压低党费的办法。这样虽然可以吸纳更多党员来支持本党,但是仍然不能完全解决费用问题。所以,还有一些国家的政党采取了其他方法来筹措经费,如德国和印度的政党就要求其候选人对政党倾其所有,从而在更大程度上依赖富人的加入而扩大自己的财源。在实行政党竞选的国家中,依靠个人和财团的捐赠才是政党经费的主要来源,如美国两党的候选人在竞争过程中至少要花一年的时间来筹措经费。还有一些国家的政党在竞选时也会得到国家的某些资助,如德国和西班牙就设有专门的政府基金来根据每个政党的竞选实力按比例补贴。在社会主义国家中,由于共产党是国家政权的领导力量,在国家财政开支中也有专门的党团活动费作为政党的活动经费。

不管政党经费的来源如何,大部分西方国家都有严格的法律规定政党经费的来源及其管理。如前所述,美国国会在1974年通过了一个专门的法案,规定每个政党为举行党的全国代表大会时,最多只能花费450万美元。政党的全国代表大会提名的总统候选人,在总统选举中的花费不得超过3 000万美元。同时,在实行公开竞选的国家一般也要求政党在竞选的过程中要向社会公开经费的来源和使用情况,以保持选举的公正。

4. 选举的组织与展开

在西方国家,大选快要临近之时,各大政党都要为获取政权而组织本党的党员紧张地投入到选举过程之中。在正式选举之前,各政党都要推举出本党的正式候选人。由于各国的政体及政党制度的差异,政党候选人的产生方式也各有千秋。归纳起来主要有下面几种:一是政党提名,大多数情况下是在本党的现有领导成员中提名候选人,如美国的两党都是在党的全国委员会上提名产生候选人;二是选民预选或签署,由参加选举的选民来初步提出候选人,此时一般要求提出的候选人不能标明其党籍;三是个人登记,即那些具备一定实力的人物以自荐的方式,向选举机构登记,经审查合格即成为正式的候选人;四是临时写入,即选举人在选举时,临时将未经事先提名的人直接填写在选票上,使其成为候选人;五是党外延请,有些政党为了赢得大选,有时也会从党外延请一位德高望重的人物来作为本党候选人,如美国共和党在1952年的选举中就延请艾森豪威尔来作为本党的候选人。

政党赢得大选除了需要有能影响大众的候选人外,还需要能满足选民需要的政治纲领。所以,政党的竞选纲领才是参与竞争的根本筹码。在通常情况下,各政党都会有一个自下而上的利益和纲领的汇集过程,并在全国代表大会上通过本党的竞选纲领。如果是几个政党联合参选,那么他们所通过的政纲就往往带有调和折衷的色彩。在西方社会,现代政党要赢得选举也不能仅仅提出代表某一阶级或阶层的政纲,大多数政党在选举中为获得更多的选票,所提出的政治纲领都带有一定的模糊色彩,以期能兼容更多的利益。

一旦正式候选人和竞选纲领产生出来之后,政党往往都会组织起专门的竞选班子。随着选举竞争程度的不断加剧和各国选举实践的增多,各国政党在选举班子的组建上也已经到了花样百出的地步。传统的政党一般都是以党的候选人为核心在党内组建专门的竞选班子来参加竞选,选举班子的成员一般都包括有公共关系专家、民意测验师、政策分析专家和法律顾问等。有些国家的政党并不在党内组建竞选班子,而是通过将竞选事务委托给竞选经理人或选举代理人的方式来参加竞选。如英国的政党就实行专门的政党选举代理人制度。有专门的选举代理人协会,由长期接受竞选训练的专门的竞选人来具体从事竞选活动。除了专门的竞选班子外,政党在投票日还会以全党动员的方式去尽量组织本党的支持者参加投票。候选人本人也往往要通过发表演说和会见选民的方式来"推销"自己的政纲,扩大自己的影响。

一旦选举结果公布之后,议会内阁制下的各政党即会按照选举的情况在议会分配席位,获得最多席位的政党即获得组阁权,如果是联合参选的话,则获胜的政党联盟会按照一定的比例在议会和政府中分配各党的职位。在总统制国家中,由于议会和总统分开选举,议会选举中各党按选举得票分配席位,在总统选举中获胜的政党就直接开始组建政府,败北的政党则沦为在野党。

思考题

1. 现代政党有哪些基本特征?
2. 政党产生与发展的基本模式有哪些?
3. 政党制度有哪些体制模式和组织类型?
4. 政党有哪些政治功能?
5. 政党政治是如何运作的?
6. 如何评析当代政党政治?

第五章　政治团体

政治团体是基于共同的利益诉求而联合起来，为实现群体利益诉求而影响政府政策的人们的集团。政治团体在组织目标、组织性质以及组织规模上都与政党存在着明显的差别。政治团体按照不同的标准可以划分为特殊利益政治团体和公共利益政治团体，官方、半官方政治团体和民间性政治团体，合法政治团体与非法政治团体。政治团体影响政府决策活动的途径主要包括：参与政府决策过程、影响政府人事构成、政府公关、动员公共舆论、司法诉讼等。政治团体在政治体系中的主要功能有：政治表达、政治沟通、政治动员以及政治社会化。

一、政治生活中的团体现象

（一）政治团体的含义

团体是人类政治生活中的恒久现象，从前近代社会的行会、会社到现代社会形形色色的利益集团、非政府组织以及政治社团等都可包括在内。不过，在传统政治体制下，由于政治结构本身的封闭性，政治团体难以在其中发挥有效的影响力。随着现代化进程的不断推进，社会分工日趋专业化，与之伴随的是社会力量的不断增长和多元化，以种族、宗教、地域、阶级等为基础的人们的群体意识也随之出现并得到强化，他们纷纷要求在政治系统内发挥影响，从而维护本集团的利益诉求，拓展生存空间。可以说，政治团体已成为现代政治生活的重要组成部分,它构成现代政治生活演进的重要推动力,对政治活动以及政府政策的制定、执行产生着重要的影响。

正是鉴于团体现象在现代政治生活中的普遍性,政治团体已经成为现代政治学研究的重要对象。但对政治团体这一概念的内涵,却很少有一个明确的界定。在有些国家,人们将利益集团、压力集团、院外集团均视为政治团体的同义词,而在有些国家则将之称为政治社团,用以指称那些试图介入政治过程的人们的集团。实际上,任何概念都是特定体制框架下人们对自身实践活动的认知反映,不论是利益集团还是政治社团,其内涵均与特定权力关系模式密切相关。

从现代世界各国的政治实践看,虽然各个国家由于社会—历史—文化以及政治体制的不同,表现在政治生活中团体的运作模式方面也存在明显的差异,但我们仍然不难从中找到它们之间一定程度的共性。政治团体均是以特定利益为基础,按照一定的规则和结构组织起来的人们的集团,它们通过介入政治过程表达本集团的利益诉求,影响政府政策的制定、执行过程,从而达到促进集团内共同利益的目标。政治团体是社会生产力的发展和社会利益多样化、复杂化的结果,随着现代政治权力在社会生活中的影响日深,政治体系的日益开放,人们组织团体,参与并影响政治权力运作的客观需求和主观动机都在不断增强。

政治团体不同于政党,虽然它们都是现代政治生活中的重要组织力量,并具有许多相似之处,但政治团体与政党在组织目标、组织性质以及组织规模等方面都存在着明显的区别。

就西方国家来说,首先,在组织目标上,政治团体的目标仅仅在于影响某项公共政策的制定,其行为仅仅服务于本集团成员的共同利益和价值追求,不必向普通选民负责。而政党组织则不同,其唯一的目标就是通过赢得尽可能多的选票使本党政治候选人当选,通过组织政府,借以将本党的政治纲领纳入政治过程。由于政党垄断了通往权力的唯一通道,所以对形形色色、有着不同利益诉求的政治团体来说,参与政党竞选纲领的制定以及选举过程,往往是实现本团体目标的重要途径之一。

其次,组织目标的不同也使政治团体与政党在组织性质上大异其趣。作为特定利益基础上形成的人们的集合体,政治团体具有明显的排他性,其成员构成也表现出明显的选择性,它们或者以职业(如劳工组织)、性别(如妇女组织)、种族(如美国的有色人种促进会)等特定社会关系作为吸纳集团成员的主要依据,或者是以某一社会政治议题为基础形成的集团,如以保护生态环境为目标的政治团体。进入这些团体,都有较为严格的资格限制,也正是政治团体本身的这种排他性和选择性,政治团体才能够发挥其作为特定利益要求代表者的作用;政党则不然,在西方,只要有利于本党竞取选票,任何具有选民资格的公民都是它们积极争取的对象,所以,只有政党才能满足进行大规模政治动员的需要。

最后,在组织规模上,除了少数大型组织(如劳工组织、教会、农场主组织等)外,政治团体的组织规模一般都很小,是一种"小集团政治"。它常常只涉及少数人的利益,正是由于少数人对自身利益有着强烈的自觉,才使特殊利益更容易被组织起来。而政党政治是一种"规模政治",成员数量的多寡直接决定着政党的政治前途。这样,以自己的政治纲领和政治承诺赢得尽可能多的选民的支持,正是政党组织的政治命运所系[①]。

(二)政治团体的特征

既然政治团体是基于共同的利益诉求而联合起来,为实现这一群体利益而影响政府政策的人们的集团,那么,共同的集团利益或要求正是任何政治团体赖以存在的基础,政治团体的活动由该团体所追求的目标即集团的利益所确定。也就是说,"每一个集团成员因他们在具体政策上的共同选择而团结在一起,这些选择在他们的活动或者在实现这一政策的行为中表现出来。"[②]

首先,共同的集团利益是政治团体的最基本特征。这种利益可能是集团成员直接的经济利益,例如劳工组织旨在推进工人们的工资水平、福利保障等等,制造业主协会旨在促进政府各种有利于制造业的政策措施;也可能是基于成员某一共同的道德理想或长远目标,如那些旨在解贫济困的慈善团体、绿色和平组织等等。当然,这种利益基础并非一成不变,而是随着社会政治权力结构、经济利益格局以及政治团体自身性质的改变而不断变化。

其次,政治团体都有着各自的组织规则和组织结构。任何组织都需要对本组织的运作目标、原则、宗旨以及成员资格和行为等作出明确的规定,可以说,一套切实可行的组织规则是任何试图在政治领域内有所作为的政治团体的基本要件。一般来说,政治团体内部组织结构的严密程度往往与该集团的政治影响力密切相关,组织愈严密,其掌握的政治资源就愈丰富,其在政治过程中愈可能产生更大的政治影响,更有可能受到政治权威的重视。

① E·E·谢茨施耐德:《半主权的人民:一个现实主义者眼中的美国民主》,天津人民出版社2000年,第33—34页。
② 格林斯坦、波尔斯比编:《政治学手册精选》(上卷),商务印书馆1996年,第379页。

最后,政治团体参与、影响政府的政策过程。在现代社会生活中,不同社会集团实现自己利益的途径多种多样,相当多的利益冲突往往能够通过市场交换、谈判协商等非政治途径获得解决。与那些通过非政治手段实现自身利益诉求的社会团体不同,参与并影响政府政策、法规的制定过程构成了政治团体活动的主要内容,因为政府政策、法规的方向与该团体利益或要求能否实现或在多大程度上实现直接关联。

(三) 集团政治理论

正是基于现代政治生活中团体现象的普遍性,研究集团组织在政治过程中的结构与功能,便成为政治学者的重要关注点之一。这一方面的奠基性工作发端于美国学者阿瑟·本特利(Arthur Bentley)。1908 年,他发表了《政府过程》(*The Process of Government*)一书。认为,政治过程实际上是集团间相互作用的过程,立法、行政、司法部门是集团作用于政府的中介,公共政策是政府试图协调各种集团利益诉求的结果。政党为集团利益的有效表达提供了输入通道,政府的功能则在于体察集团所代表民众的利益,并将这些利益纳入政府的决策过程。为此,本特利指出,排除了集团便无所谓政治,"充分叙述了团体,也就叙述了一切。当我说一切时,我指的就是一切。在对社会现象的研究中,完全的描述意味着完全的科学……"[①]。本特利对"团体"概念的界定非常宽泛,其中不仅包括那些有着正式建制的组织,而且包括那些没有正式的成员资格却有着相当程度的群体认同的无形"团体",因此,在此后近五十年里,本特利将团体作为政治学分析单位的方法并未引起研究者们的关注。

1951 年,戴维·杜鲁门出版了《政治过程》(*Governmental Process*)一书,成为 20 世纪中叶研究利益集团政治的代表作。与本特利试图建立所谓一般的"团体"政治学理论不同,杜鲁门则声称自己的目的只是提出一种关于利益集团及其特殊角色功能的有限理论。杜鲁门认为,利益集团是美国民主过程中的基本的和积极的成分。随着现代社会日益复杂和专门的利益分化,个人更多地受到社会各个部分或集团的影响,"集团的经验及其与个人的联系是基本的……通过集团,人们去了解他们存在于其中的社会,并对社会作出反应。"集团是人们基于共同的利益考量和面临共同的挑战的情况下形成的,它是集团成员协调彼此间以及与其他集团之间关系的有效手段。集团间的冲突是政治领域各种力量分化组合的重要动力,也是公共利益形成的基础。政府决策正

---

① 阿瑟·本特利:《政府过程》,哈佛大学出版社 1967 年英文版,第 205—208 页。

是有着一定政治目标的利益集团作用于政治过程的结果。对普通民众而言，利益集团为他们提供了参与政治过程的有效工具，民主政治在集团政治活动中得到了体现①。

在本特利和杜鲁门所开创的集团政治理论基础上，以厄尔·莱瑟姆、罗伯特·达尔、V·O·基为代表的多元主义政治理论家，进一步拓展了对于集团在现代政治生活中角色功能的研究。1952 年，厄尔·莱瑟姆出版了《政治的集团基础》一书，通过对美国政府决策过程的实证研究，认为，在现代社会，个人的主要社会价值只有通过集团才能得到实现，利益集团是政府得以运转的齿轮，政府仲裁集团之间的利益角逐，实现它们之间的权力平衡，保证所有利益集团都能够参与政治过程②。1961 年，罗伯特·达尔发表了他的代表性政治学论著《谁统治？一个美国城市的民主与权威》。从 1955 年到 1959 年，达尔对纽黑文市(New Haven)的政治过程进行了深入细致的调查，并翻阅了大量的档案文献，最终写成了这本书。达尔发现，纽黑文市的市政决策并非如一些人认为的是少数集团利益始终主导下的，利益集团的复杂性使决策权分散在不同的人群手中，政治生活充满了不同集团人们的讨价还价，集团保证了民众的广泛参与。三年后，政治学者 V·O·基出版了《政党与压力集团》一书，认为，利益集团构成了政治制度的基本要素，在政治过程中，"集团力量构成重要的推动力量。……政府权力的行使在很大程度上在于实现合理的集团目标，协调集团冲突。"利益集团之间的冲突与合作是公共秩序得以形成的基础，决定着政治权力的分配结构③。

二、政治团体的类型

现代政治生活中的团体现象林林总总，纷繁复杂，要对其进行研究，必须对形形色色的政治团体分门别类，也只有这样，我们才有可能对政治团体的性质和特征有一个较为清晰、准确的把握。对政治团体进行分类，一般采用三种划分标准：组织所追求利益的性质，组织的结构性质以及组织的法律地位。

---

① 参见戴维·杜鲁门：《政治过程》，天津人民出版社 2005 年。
② 参见厄尔·莱瑟姆：《政治的集团基础》，康奈尔大学出版社 1952 年英文版。
③ V·O·基：《政党与压力集团》，托马斯·克洛维尔出版公司 1964 年英文版。

（一）特殊利益政治团体和公共利益政治团体

按照政治团体所追求利益的性质,可以将政治团体划分为特殊利益的政治团体和公共利益的政治团体。有关公共利益与特殊利益之间的界限,是政治理论中最古老的话题之一。当一种利益为某一范围共同体全部或绝大多数成员享有,而且这种利益的享有并不具有排他性的时候,这种利益便可称之为公共利益;而当一种利益只是由共同体内少数人或一部分人分享,而且排斥其他人甚至与其他人的利益相对立的时候,这种利益即可称之为特殊利益。如"美国银行家协会"所寻求的利益与"废除死刑联盟"所促进的利益在性质上就有着明显的差别:前者的成员只局限于银行家,而且所推进的利益只是对银行业有利,所以,显而易见,该协会属于特殊利益的政治团体;而对废除死刑联盟这样的政治团体来说,其成员当然并不希望在犯重罪时被剥夺性命,但它的成员并不局限于那些因谋杀而被起诉或面临严重刑罚的人,任何在道义上反对死刑的人们均可成为该组织的一员,而且虽然他们反对使用死刑,但他们自己往往不能直接受益于他们所支持的政策。可见,与银行家协会这样的特殊利益团体相比,诸如废除死刑联盟这样的政治团体所代表的利益并不具有排他性,它能够为共同体内绝大多数成员所分享,所以,这种政治团体即可称之为公共利益的政治团体。

（二）官方、半官方政治团体和民间性政治团体

按照组织结构的性质,政治团体可以划分为官方性的政治团体、半官方性的政治团体以及民间性质的政治团体。政治团体的官方性质意味着政治团体在组织建制和经费来源方面直接受到政府的影响。这些团体要么是在政府倡导下组建,要么是由政府直接出面组建,其推动力具有"自上而下"的特点。例如中国的"全国归国华侨联合会"、"全国工商联"就是在中央政府的积极倡导下成立的,而如工会、共青团这样的政治团体就是政府直接派人组织的。由于有政府权威的积极支持,这些政治团体与其他社会团体相比,往往掌握着较为雄厚的政治资源。这些团体绝大多数都享有独立的法人地位,隶属于党政机关部门,其管理结构与党政部门的科层体制非常相似。在中国,大多数政治团体的经费由政府财政提供,其管理人员可以与党政机关干部相互调动,并具有相应的政府行政级别,享受相关级别的待遇,他们当然地被视为国家工作人员,不得自由进出,甚至也无权自行决定该团体工作人员的增减。从一定意

上说,这类政治团体实际上是党政机关的附属组织,其政治功能则在于传达、宣传党和政府的方针、政策和指示,联系、组织、动员民众的作用,从而成为党和政府联结民众的桥梁。

半官方性质的政治团体是指那些既承担某些类似政府机构的政治职能,又在相当程度上代表本集团成员的利益诉求,并通过与政府的联系,向政府机构反映本群体的要求的集团,这类团体在组织行为和组织目标上呈现出明显的"官民两重性"。在中国,这类性质的政治团体在所有政治性的社会团体中几乎占了 70%。随着中国经济不断向市场化转轨,新的经济成分集团纷纷涌现,如改革开放后,个体劳动者和私营业主这类新的经济成分开始形成,在它们自觉自愿、政府主管机构认可的情况下,成立了个体劳动者协会和私营业主协会。它们一方面承担相应的管理职能,上联政府部门,下联个体户和私营企业,另一方面代表个体户和私营企业,向政府部门表达他们的利益和要求。另一部分半官方性质的政治团体则主要是原来官办性质的团体发生变异后形成的,例如中国青少年发展基金会。随着市场经济模式的引入和社会结构的变迁,以及对外交往频度的日益提高,这类起初完全是官方性质的政治团体开始作出一定程度的适应性调整,官方色彩开始淡化,而"社会化"倾向不断增强。从总的趋势看,中国传统官办性质的政治团体的民间性和独立性呈现不断增强之势。它们"自下而上"向政府表达集团利益和要求的愿望日趋强烈,这一发展趋势正是随着改革的不断深入,中国社会的自组织系统开始趋于成熟的表征。

民间性质的政治团体是指完全由民间自发自愿成立,其运作不受政府操控的政治团体。在主要西方发达国家,这类团体集中表现为压力集团。压力集团即政治性的利益集团,利益集团可能是政治性的,也可能是非政治性的,当一个利益集团试图影响公共政策的方向和公共权力的运用,使本集团从中获取某种好处的时候,该利益集团就成为压力集团。压力集团的最主要特征是参与政治过程,影响公共政策,但并不谋求控制政府。其政治活动主要集中在选举过程、立法过程、行政过程甚至司法过程(有关压力集团的参政方式,可参看本书第八章第二节)。在现代西方国家,压力集团名目繁多,主要包括以下几种类型:① 赢利性的企业团体,如美国商会、美国制造商协会、独立企业联合会;英国的工商业联合会;法国的雇主协会和代表农场主利益的全国农业经营者联合会,等等。② 劳工团体,如美国的劳联—产联、汽车航空航天和农业机械工人国际联合会;法国的劳工总联合会、劳工民主联合会和天主教劳工联盟;日本的劳动组合总评议会、全日本劳动总同盟、中立劳动组合联络会议以及全国产业劳动组合,等等。③ 非赢利性的公益团体,这类团体即人们通常所称的"非政府组织"(NGO),如美国的环境保护行动社、公民自由同盟、地球之友社以及形形色色的民权组织,等等。

(三)合法政治团体与非法政治团体

按政治团体的法律地位,可以将政治团体分为合法的政治团体和非法的政治团体。合法的政治团体是指得到一国法律认可,其活动受到专门的行为规范约束的政治团体。每个国家的政府都针对本国内政治团体制定正式的规则程序。一般来说,组建政治团体需要特定的申请登记程序,政府对其进行政治活动的范围和方式都有明文规定;那些不经过这些规则程序便进行政治活动的政治团体即被认为非法,如帮会、秘密恐怖组织、邪教组织,等等。在传统政治体制下,由于政治系统所能提供的参与通道少之又少,而政府权威经常遭到少数人的滥用,民众无从通过正常渠道表达他们的要求和不满,所以,许多体制外的非法结社活动便成为他们不得不冒险作出的选择。而在现代生活中,由于政治系统相当程度的开放性,许多群体的利益通常可以在体制内找到合法的表达途径,所以政治团体的活动经常以合法的方式进行。

三、政治团体的功能

(一)政治团体的行为模式

政治团体名目繁多,由于世界各国在政治体制、文化类型、历史阶段等方面的差异,反映在各国政治团体的行为模式上也常常表现出很大的不同。但一般来说,作为旨在影响政府政策方向的政治团体,其惯常采用的途径主要包括:参与政府决策过程、影响政府人事构成、政府公关、动员公共舆论、司法诉讼。

参与政府决策过程是政治团体实现其目标的最直接也是最有效的途径。公职人员要就某项议题作出适当的决策,必须首先掌握有关该议题及时、准确的情报资料,而与相关议题有着直接利益关系的政治团体则能够在很大程度上满足这一要求。其经常采用的方式包括:协助公职人员或机构就有关议题进行专项研究、帮助起草政策方案或相关报告、出席立法机构举行的听证会、就有关议案发表意见以及参加政府各种顾问委员会,等等。在中国,在各级党政机关政策制定过程中,只要涉及相关政治团体的利益,一般都会有该团体的代表参与政策方案的起草工作,甚至由政策部门委托相关政治团体代为起草。在主要西方国家,压力集团经常直接参与政府政策的制定过程,它们通过为政府公职人员或议会议员提供决策信息,如就有关议题进行民意测验、提供专题研究或调查报告等等,借以推动或阻挠某一动议或议案获得批准。在这些国家,政府主要政策机构和议会议员都设有咨询机构或专职人员,专门负责与压力集团规划协商、沟通信息等事宜。

通过影响政府人事构成以影响政府政策,也是政治团体经常采取的政治策略。这种策略主要围绕选举过程展开。在政府官员或议员的竞选活动中,政治团体可以通过政治捐款、帮助某位候选人进行竞选宣传、动员选民登记和在选举日前往投票站投票等方式支持本集团成员所中意的候选人。在美国,20世纪60年代末70年代初出现了大量由企业、行业协会或政治观点相近的人建立的政治行动委员会(有的称政治委员会或政治教育委员会),它们对那些符合自己利益的政治候选人或政党往往慷慨解囊,不遗余力地帮助他们竞选。而对那些当选议员或政府官员来说,其决策过程中自然要考虑那些曾为自己竞选鼎力相助的压力集团的利益和要求。在法国,压力集团经常与选举中的某一政党密切结合,支持该政党的竞选,而一旦该党获胜,则压力集团的领导人当然地以选举胜利者的身份进入议会或政府,例如1981年上台的社会党政府中,计划署署长、财政部长都是法国劳工民主联合会的成员。此外,压力集团还积极介入政府行政人员甚至司法人员的任命中。历届美国总统对主要官僚职位以及最高法院法官的任命,都要充分考虑各个压力集团的愿望和要求,而国会中各委员会主席的人选问题历来都是各个相关利益集团相互讨价还价和妥协的结果。

政府公关。政府公关是指压力集团通过与政府决策部门领导人或议会议员建立良好的人际关系,从而达到影响政府政策的目的。在美国,各种压力集团通过其院外活动人员,想方设法投合政府官员或议员的个人喜好,以图树立本集团在该政府官员或议员心目中的良好形象。大多数从事院外活动的人员都是某一压力集团的代表,他们实际上是压力集团在国会的"联络人",其主要任务之一就是"与立法者建立良好的关系,使立法者能够基于这种个人关系为该利益集团的利益说话,从而达到促进利益集团利益的目标"[1]。院外活动人员大多是受压力集团雇用的律师、公共关系专家、离任的政府官员或议员,等等,其游说对象不仅涉及国会议员,而且涉及政府行政部门,总统、白宫

---

[1]　迈克尔·罗斯金等:《政治科学》,华夏出版社2001年,第205页。

内阁成员都是他们打交道的对象。美国总统每星期都要收到许多寄自各种压力集团或其代理人的邀请函,内容无非是要求总统出席鸡尾酒会、招待会以及其他社交娱乐活动,虽然许多这样的活动表面上是一种非政治性的聚会,但正是通过这样的途径,压力集团却可以堂而皇之地借机向总统表明自己的立场、要求,借以影响其日后的决策方向。而对于那些将竞选连任作为其政治生命根本的政府官员或议员来说,与各主要压力集团保持融洽的关系,正是其在政治上和金钱上获得后者强有力支持的重要保证。因而,他们往往非常愿意与各压力集团及其代理人接触。

动员公共舆论。对政治团体来说,动员公共舆论主要包括通过大众传媒手段、抗议示威、群众性集会、发表公开信、散发传单等方式造成舆论压力,从而迫使政府公共决策者在有关议题上做出一定的让步。对于那些无论是在资金上还是在人力上都相当有限的政治团体来说,动员公共舆论往往是实现本团体利益诉求的有效途径。如20世纪60年代美国黑人民权组织就通过游行示威运动,积极宣传种族歧视的非道义性,从而取得了众多白人的同情和支持,这对后来《民权立法》的出台起到了积极的推动作用。当今世界各国的许多公益性政治团体,如女权组织、环保组织等,为了弥补自己在财力和组织成员上相对于企业性的政治团体的劣势,都将动员公共舆论作为实现本集团政治要求的重要手段。

司法诉讼。通过司法过程实现本集团的目标,也是政治团体时常选择的策略手段。在美国,联邦和州法院每年都会接到由各种政治团体包括美国公民自由同盟、全国有色人种促进会等支持或提出的大量诉讼案。20世纪60年代,全国有色人种促进会就曾针对当时各州公立学校所推行的种族隔离制度本身的合宪性向最高法院提起诉讼,并最终取得了成功。近年来,美国最高法院连续处理了好几宗由妇女组织、反堕胎组织、废除死刑联盟以及主张学校举行集体祈祷的宗教组织提出的诉讼案。

(二) 政治团体在政治体系中的功能

在现代政治体系中,政治团体已经成为政治生活的重要组成部分,可以说,没有政治团体,现代政治体系将失去一种重要的推动力,无法正常运作。政治团体在政治体系中发挥的主要功能包括:政治表达、政治沟通、政治动员以及政治社会化。

政治表达是个人或集团对政治系统提出要求的过程,它是一个政治系统内政治过程的原动力。在现代政治系统中,公民政治表达的途径已越来越多样化:他们可以就个人家庭问题或自己感兴趣但并不一定与自己的切身利益有关的问题与政府公职人员进行个别接触,表达自己的不满或主张;也可以因某一突发性事件而进行群众性的抗议示威。然而与组织化的政治团体相比,这些表达方式均缺乏一定的连贯性,其有效性也因此被大打折扣。从以上有关政治团体行为模式的讨论中我们不难看出,政治团体在利益表达的有效性和稳定性方面是其他随机性的个别接触或自发性的群众运动不可同日而语的。政治团体通过综合其成员分散的利益要求,将其纳入组织化轨道的同时,对这种利益要求可能带来的影响力产生相当程度的放大作用,后者正是政治团体于现代大众社会发挥其政治影响力的前提所在,而政治团体能够集中足够的政治资源,例如资金、人力、政治技能和政治知识,保证其政治表达功能的有效发挥。正是由于政治团体在政治表达方面的有效性,使其更有可能提高团体成员的政治效能感和参与政治生活的热情。

政治沟通是政治系统通过信息的沟通以达成正确的政治决策,从而有效地适应和控制环境的过程。1963 年美国政治学者 K·多伊奇发表了他的代表作《政府的神经:政治沟通与控制的模式》,将动力工程学中的控制论应用于分析政策制定过程,提出了系统的政治沟通理论。该理论视决策为政治活动的中心,将沟通视为作出决策的必要环节,沟通就是政治系统对信息的接受、选择、储存、分析和处理过程,而政治系统对环境的控制与适应就是通过沟通完成的。沟通不仅是作出正确决策的基本要件,而且也是决策者了解有关政策的反馈信息,并及时作出必要的调整的途径。作为政治系统内信息流动的重要媒介,政治团体不仅能够综合社会成员各种各样的利益和要求,而且在一定程度上帮助简化了政治信息的沟通渠道,从而增强了系统内信息流动的稳定性和可预测性。

政治动员表现为一个政治系统吸引民众参与政治过程的一系列努力。任何政治体系要维持自身的正常运作,都不得不想方设法赢得其成员的支持和认同。这一支持和认同不仅源自执政者的执政业绩,更源自人们对政治过程的积极参与,研究表明,经常的政治卷入能够增强民众对政治系统的贴近感和情感认同。政治团体可以说是动员各种社会群体进入政治过程的重要媒介,通过为其成员提供物质的、情感的激励鼓励人们加入组织,而"一旦加入这种正式的和非正式的集团,每个人就完全处于政治上的积极状态了。他们可能会受到组织内其他成员和领导人的动员,因为加入集团就是为他们打开了接受交流的大门。此外,他们也拥有同其他利益相同者进行接触和交流的现成渠道,因此,他们会发现参加一个组织,对有意识抓住政治机会和说服其他人参加他们的利益表达活动比不在组织内要容易得多"①。此外,对于任何政治组织形式而言,它们都是对某种倾向性的动员,将某些议题组织化而进入政治过程,而将另一些议题排除在外②。政治团体在政治动员过程中的这种选择性正是避免政治系统因"超载"而走向崩溃的基本前提。

政治团体的政治社会化功能主要表现在传播和延续那些与特定政治体系相适应的政治取向模式和政治价值观,传授政治技能和政治知识,等等。作为政治体系中的主要行为主体之一,政治团体时刻都要受到该政治体系权力结构和文化取向的塑造,而政治团体则通过其政治活动有意或无意地用这种文化取向影响和塑造本团体成员的政治倾向和政治人格。

思考题

1. 何谓政治团体? 它与政党有何区别?
2. 政治团体主要包括哪些类型?
3. 在政治过程中,政治团体一般采用怎样的途径影响政府决策?
4. 政治团体在政治体系中的功能主要表现在哪些方面?

---

① 加布里埃尔·A·阿尔蒙德等:《比较政治学:体系、过程和政策》,上海译文出版社 1987 年,第139 页。
② E·E·谢茨施耐德:《半主权的人民:一个现实主义者眼中的美国民主》,天津人民出版社 2000年,第 64 页。

第六章　政　治　民　主

政治民主是政治学研究领域最富有吸引力的一个课题,也是最容易引起争议的一个话题。作为一种政治统治形式,民主不仅是学者们探讨的主题,也是政治家们颇感困惑的问题。本章就政治民主的含义、政治民主的主要类型、政治民主的价值以及如何建立和巩固民主制度等几方面展开论述,以求揭示政治民主的内涵和民主过程的一般规律。

一、政治民主的概念

(一) 政治民主的含义

"民主"一词来源于古希腊,原意是"人民的权力"或"人民的统治"。英文democracy 一词即来自希腊文。从历史发展的进程来看,民主不仅仅是一种政治统治形式,作为国家制度的政治民主只是民主的历史形态之一。从发生学的角度来看,民主最初是人类在生产、生活交往过程中组织集体活动的一种方式,主要存在于集体决策的过程中。作为一种集体决策的机制,即使在今天,民主也主要是指一种决策规则。至于民主政治制度,实际上也是从集体民主决策过程演变而来的,只不过,这一演变过程在历史上几乎不为人所注意,以至于大多数人忽视了民主制度的发生学来源,从而不能正确把握民主的真正内涵。

作为集体决策机制的民主,诞生于所谓的"大树底下的民主",即对某些关涉到集体中的每一个成员利益的问题进行决策时采纳的一种决议机制和规则。集体决策的产生来源于人们在生产、生活中对于因个人无法或无力而只能通过集体组织来实现或增进集体成员的相容性利益或共同利益的需要。这时的集体通常由为数不多的人员组成，集体的成员可以面对面地进行商讨、争论和达成共识。例如，早期的氏族社会里，由全体氏族成员参加的关于氏族事务的会议是氏族的最高权力机构，可以选举或罢免首领，决定氏族的重大问题。这就是原始的"氏族民主制"。在这样一种直接的集体决策中，产生了民主雏形的几个基本的内容：第一，集体成员必须直接参与；第二，在集体决策过程中，逐渐形成了两种基本的决议规则，即全体一致原则和多数决定原则；第三，尽管不是十分明显，但是在决策过程中，在多数决定的条件下，对于处于少数地位的人提供保护。

在集体成员之间能够进行直接互动时，直接参与决策是可行的。但是，当一些集体事务的范围超出了集体成员之间的直接互动时，也即伴随着社会生活进入政治社会时，情况发生了变化，民主也开始转向以政治民主为主要形式。在大规模的集体行动中，一方面，由于人口规模扩大，公共决策的内容不得不减少，只对关涉全体成员的重大利益的事项进行全体集会商讨。另一方面，对于一些日常性的事务，则由一些常设性的公共机构来承担。这种情况最典型例子就是古希腊的城邦民主。古代雅典的民主主要体现在：① 公民大会是唯一的、不受其他公共权力机关制约的最高权力机构；② 所有公民享有平等的选举权和被选举权，所有公民都有权参加公民大会；③ 任何公共机关获得并保有公共权力都是由于选举的结果，各级权力机关都实行集体领导，遵循少数服从多数的原则；④ 城邦的全部权力，即立法权、行政权、司法权在行使过程中，唯一的规则就是法律。尽管雅典民主有着一套较为完整的制度体系，但从严格意义上说，雅典民主不属于国家民主，而更应该是一种社会公共民主或自治民主(类似中世纪西欧自治城市)。城邦民主直接来源于人们在日常生活中的直接交往，是一种公共的经验交流的模式，是一种公共的生活方式。

在城邦社会中，公民仅仅保有了对重大事项的实际决策参与权。一定程度上，城邦中的执行机构代理了日常性事务的管理权，并逐渐开始孕育出现代代议制的因素。而近代民族国家的产生，使得集体决策在国家场合下不得不发生根本性的变化。

在集体活动中，人们发现自己可以直接参与集体决策和管理过程，同时也可以请求他人代替自己进行决策和管理，而且，在许多情况下，他人的决策和管理过程得到的效果往往比自己去做要理想得多，特别是当他人在才智、学识和能力上超出自己的时候。因此，如果发明一种能够控制代表自己从事决策和管理的某些人的机制，使之服务于自己的利益，那么，在不需要自己直接参与决策和管理时,或者在一个大规模集体中自己不直接参与决策也能够实现自己的利益。这样一种机制就是后来在政治生活中被普遍采用的代议制。

代议制的原则基于委托——代理关系,而委托——代理关系来源于社会生活中的契约观念。在社会生活中,人们期望实现自己利益的最大化,但由于缺乏能力和技术,或者在一个大规模的社会中无法直接参与决策,于是需要一种中介途径。这种中介途径就是以契约的方式通过委托——代理过程实现。经过互相之间的协商,人们达成一种契约,契约规定:每一个成员即委托人把自己的全部或部分权利转让给集体或被委托者即代理人,代理人从事活动以实现委托人的利益,并对委托人负责。由于行动的不可分割性,原则上,被委托人活动的范围仅仅是委托人进行委托的权利范围,被委托人服从委托人的指令,委托人通过定期重新订立契约以及其他的措施行使监督控制权。契约论的提倡者卢梭指出了契约的宗旨:"要寻找出一种结合的形式,使它能以全部共同的力量来卫护和保障每个结合者的人身和财富,并且由于这一结合而使每一个与全体相联合的个人又只不过是在服从自己本人,并且仍然像以往一样地自由。"①卢梭只是指出了契约的一个方面的作用,实际上,契约的订立更多的是为了实现个人所不能和无力实现的利益。当契约订立的一方是政府或国家时,便产生了政治生活的代议制。代议制通过人民选举出一群人来管理政府,后者的权力来源于人民,并对人民负责。代议制在原则上保留了社会成员对公共生活的决定权,使人们仍然可以参与公共事务的管理,只不过,它把民主由直接变为了间接,但这种代议制是大规模的民主社会的必然结果。

代议制民主下的决策规则主要采取了多数决定的规则。多数原则至少包括三个含义:① 充分多数,往往是三分之二或四分之三的多数;② 简单多数或绝对多数,超过50%的多数;③ 相对多数,或得票多数,即主要的少数派,一般不到50%的多数。当这些规则运用于选举过程时,还必须考虑到三种可能,即实际参加投票的多数、有权参加投票的多数以及全体成员的多数。在当代一些国家的选举过程中,由于个人选举时所投的一票在无数选票中的影响微乎其微,导致人们政治功效感的普遍低弱,有时候参加投票的人数往往不到有权投票者的一半,这样,多数决定实际上变成了全体社会成员中的少数人作出决定,这已是当代国际社会不得不面对的一个事实。

尽管存在这种少数人统治的情况,但现代政治民主还是以代议制形式为政治统治的主要形式。当然,在极少数情况下,一些国家也采用直接民主的形式以作为代议制民主的补充,如瑞士比较频繁运用"全民公决",以及一些国

---

① 卢梭:《社会契约论》,商务印书馆1980年,第23页。

家直接选举总统。

可见,现代政治民主是一种政治统治形式,一种国家制度。马克思主义从历史唯物主义出发,全面而深刻地把握住了政治民主的实质。列宁指出,"民主是一种国家形式,一种国家形态。因此,它同任何国家一样,也是有组织有系统地对人们使用暴力,这是一方面。但另一方面,民主意味着在形式上承认公民一律平等,承认大家都有决定国家制度和管理国家的平等权利。"①列宁的这一经典定义,揭示了民主的三层含义:民主是一种阶级统治;民主是一种国家形式或国家形态;民主意味着公民的平等和参政的权利。马克思主义进一步认为,作为国家制度的政治民主在阶级社会中,不过是占统治地位的阶级剥削、压迫被统治阶级的政权形式,是统治阶级实行阶级专政的工具。只有到了无阶级社会,作为国家制度的政治民主才最终从社会生活中消失,只保留作为管理体制的民主形式。

马克思主义主要从本质上揭示了政治民主的内涵。但是,在现实生活中,与人们最直接发生关系的还是作为一种管理体制和决策机制的政治民主,通常从政府权威的来源、政府产生和存在的目的、组成政府的程序来界定。尽管从政府权威来源或政府的目的进行定义不是十分精确,但一般都承认政府合法性来源于人民,政府的目的是为了人民。在当代研究中,人们主要从经验性的、描述性的以及程序性的角度去定义政治民主。R·达尔用五个基本标准来衡量政治民主,这些标准包括:有效的参与、投票的平等、充分的知情、对议程的最终控制以及成年人的公民资格②。但是达尔的这些标准依然是缺乏定量分析的。政治民主作为一种管理体制,通常被定义为社会成员在该体制下能够直接或间接地参与影响全体成员的决策过程。这种程序性的界定似乎更为人们所广泛接受。

(二) 政治民主的功能

政治民主作为一种政治统治形式和国家制度,属于政治上层建筑,因此,在社会历史发展过程中,任何时期的民主形式和民主程度,不是由该时期人们的主观愿望和随意选择决定的,而是由该时期的社会经济关系决定的。人类社会在每一个历史时期所能达到的民主制度从根本上取决于这一时期的社会生产方式和社会经济发展水平。马克思在《资本论》一书中指出:"任何时候,

① 《列宁选集》第三卷,第257页。
② 罗伯特·达尔:《论民主》,商务印书馆1999年,第43页。

我们总是要在生产条件的所有者同直接生产者的直接关系——这种关系的任何形式总是自然地同劳动方式和劳动社会生产力的一定的发展阶段相适应——当中,为整个社会结构,从而也为主权和依附关系的政治形式,总之,为任何当时的独特的国家形式,找出最深的秘密,找出隐蔽的基础。"①随着人类改造自然能力的提高和生产力的发展,人类的社会生产方式和生活方式也将发生变化,逐步从低级层次向高级层次迈进。伴随这种发展的每一步,都将使人类获得新的解放,从而使民主在更高层次上展开。

上层建筑与经济基础之间的辩证关系,决定了建立在一定经济基础之上的上层建筑反过来为经济基础服务。政治民主作为一种国家形态的上层建筑,由一定的经济基础决定,因而,它必然为决定自身的经济基础服务。"任何民主,和一般的任何政治上层建筑一样(这种上层建筑在阶级消灭之前,在无阶级的社会建立之前,是必然要存在的),归根到底是为生产服务的,并且归根到底是由该社会中的生产关系决定的。"②

政治民主为一定的经济基础服务,首先体现为维护和发展现存的生产关系,保护决定这种生产关系的所有制形式,归根到底是为了保护和发展占有生产资料的统治阶级的经济利益。作为统治阶级进行阶级统治工具的国家是如此,作为政治统治形式的民主同样如此。古希腊雅典的民主制是建立在财产基础上的,公民的权利按照财产状况规定。当时雅典把占全体人口少数地位的公民分成四个等级,财产越多,享有的政治权利越多,而占人口大多数的奴隶则没有任何权利可言。同样,资本主义民主也不例外。马克思指出,"现代的资产阶级财产关系靠国家权力来'维持',资产阶级建立国家权力就是为了保护自己的财产关系。"③而资产阶级组织国家权力的方法就是资产阶级民主。这表明,在资本主义社会里,以民主形式出现的各种政治关系、政治活动规则、政治结构以及政治价值取向,都不过是为了维护和发展资产阶级的经济利益而存在的。针对资产阶级革命过程中确立的自由、平等、公民权利等形式,列宁一针见血地指出:"只要土地和生产资料的私有制继续存在,资产阶级制度和资产阶级民主中的'自由和平等'就只是一种形式,实际上是对工人(他们在形式上是自由的和平等的)实行雇佣奴隶制,是资本独裁,是资本压制劳动。"④

总之,在任何阶级社会中,政治民主决定于社会经济基础,为一定的经济

---

① 《马克思恩格斯全集》第 25 卷,第 891—892 页。
② 《列宁选集》第四卷,第 439 页。
③ 《马克思恩格斯选集》第一卷,第 171 页。
④ 《列宁全集》第 29 卷,第 343 页。

基础服务。但是,这一基本规律并不简单地意味着某种政治民主形式就一定可以促进社会经济发展。如果一种政治民主形式所维护的现存生产关系和所有制形式阻碍了社会生产力的发展,成为社会发展的桎梏,那么,该社会的政治民主制度就成为社会经济发展的绊脚石。反之,如果政治民主制度是随着解放生产力的新生产关系而建立起来的,则该政治制度在原则上可以成为推动生产力发展的重要力量,有助于经济发展。

政治民主与经济基础之间的辩证关系进一步决定了政治民主的具体功能。

首先,政治民主为政治权力和政府提供了合法性来源。在政治生活中,政治权力的行使和政府的运行必须考虑的一个问题是政治权威的来源,这是政治生活保持有序的必要条件。政治权力来源的正当性,意味着政治体系具有合法性。合法性是指同某种政治制度联系在一起的、被承认是正确的和合理的要求,要对自身有很好的论证,换言之,合法性就是承认一个政治制度的尊严性,政治体系的成员认同、支持该政治体系,遵守该政治体系中的政治制度。任何一种政治制度,如果不拥有合法性,那么它就不可能保持社会大众对它的忠诚与支持,政权就会失去存在的意义而被人们所抛弃。追求政治合法性,意味着一个以追求尊重权威和法律为特征的政治秩序。在历史上,政治体系的权威来源,或者说合法性的来源,主要有三种:传统权威、个人魅力权威和法理权威。在近现代社会中,政治体系仅凭借传统权威或个人魅力权威已经不可能维持政治生活的正常秩序。对法律和政治规则的遵从成为政治生活的主要标志。但是,这种法律和规则要获得社会成员的一致遵从,其前提是,法律和规则原则上必须是由所有社会成员在平等条件下共同参与制定的。显然,政治民主恰好提供了这样一种程序,它通过宪法规定主权在民,赋予每一个社会成员平等地决定国家公共事务的权利,并通过普遍的选举制和投票方式使这种参与成为可能。因此,从规范上讲,政治生活中的法律和规则是社会成员共同决定的,在这些法律和规则基础上建立的政府以及权力运作自然而然地获得合法性,也就是说,其政治权威来源是正当的。

其次,政治民主提供了政治决策的基本规则和机制。从某种意义上讲,政治就是政治体系作出决策的过程。政治生活总是以作出某项决定,并以此实施一定的具体行动的过程。在政治决策过程中,首要的问题就是在作出决定时应遵循特定的基本规则。由于政治决策属于影响每一个社会成员的公共决策,因而决策规则的不同导致社会成员所受政治决策结果的影响也存在差异。政治决策的规则通常包括:一人决策、少数人决策、多数决定规则以及全体一致原则。从政治决策的结果可能带来的风险来看,一般地,参与决策者的人数同外部风险成反比,决策者人数越多,可能导致的外部风险越小。显然,一人决策和少数人决策在政治生活中的风险是很高的,它意味着社会大多数成员的生活机会和利益是由大多数人所无法予以制约的一个人或少数人决定的。尽管多数决定或全体一致规则仍然存在风险,但这两种属于民主范围的决策规则毕竟提供了一种风险小得多,而且社会成员可以进行控制的政治决策方式,其外部风险属于技术问题而非原则问题。此外,从政治决策的结果来看,多数人决定或全体一致决策相比之下更为理性和明智,尽管在某项具体问题上,多数人不一定比少数人更为理性,但实践表明,在关于公共利益的重大问题上,多数人或全体社会成员判断错误的可能性要小得多。而且,在政策实施过程中,社会成员总是愿意执行由自己参与(不管直接还是间接地)制定的政策。因此,政治民主为政治生活中的决策提供了一种风险较小而效果比较理想的决策规则和机制。

再次,政治民主促进了政治生活中正义、平等、自由等价值的实现。社会生活中正义、平等、自由等价值的实现有许多种途径,但是,在各种途径中,能够有效促进这些价值实现的重要方式之一就是政治民主。对于社会生活中的基本价值,只有社会成员自己才能确切知道他们需要什么,任何明智的政治家都无法取代人民为他们自己作出关于利益的判断。政治民主提供了这样一种机制,即每个社会成员都能够平等地参与决定他们需要什么样的正义、自由、平等,以及实现这些价值的具体方法。在民主决策下,选举权扩大到每一个社会成员,作为他们政治自由的一个组成部分,阶级和财产不再成为人们身份与尊严平等的障碍。通过委托、协商、妥协最终达成的决定比一个人或少数人作出的决定更加具有公正性,这些决定通常包括了社会全体成员的共同利益,因而更有可能实现正义、平等、自由等价值。只有在民主的国家制度下,普遍的社会正义、自由、平等才具备实现的制度条件和保障,否则,通过社会生活自身的机制实现这些价值目标,只能是有限的、不稳定的。

此外,政治民主还具有一些其他的功能,如有利于以和平的方式解决争端、提高国民对政治体系的认同、推动政治一体化、有利于理性政治文化的形成等等。

二、政治民主的类型

(一) 自由主义民主

当代世界中,几乎所有的国家都声称自己是民主国家,但这些国家无论在言论还是在行动方面常常迥然不同,因此,只有进一步详细、具体地划分民主的类型,才能真正地了解政治民主的历史和理解政治民主的确切含义。

国际社会中存在许多民主国家,学者们从不同的角度出发,区分出不同的民主类型。巴里·霍尔登提出了激进民主、新激进民主、多元民主、精英民主和自由民主;R·达尔划分出麦迪逊民主、平民主义民主和多元统治民主;乔·萨托利区分了选举式民主、参与式民主、公民表决式民主以及竞争民主;D·赫尔德进一步从历史的视野出发,将民主分为古典民主制、保护型民主制、发展型民主制、直接民主制、竞争性精英民主制、多元主义民主制、合法型民主制、参与型民主制、自治民主制。本书主要考察其中的四种重要类型:自由主义民主、多元主义民主、精英主义民主以及社会主义民主。

自由主义民主的思想来源于自由主义和民主的结合。作为国家形式,民主是一种古老的政体,而自由主义却是近代的产物。由于民主建立在所有公民享有选举和参与政治生活的权利这样一种制度安排之上,同自由主义主张政治参与权利一致,因而两者得以结合起来。但这种结合来源于人类在追求自由过程中于某些特定的历史时刻的有意设计。这种设计基于对人类应当实行某种特定的政治制度的理解,同时也构成了自由民主的理论来源。当然,这样一种设计不可能是由某一位思想家独立完成的,诸如英国的霍布斯、洛克,美国的建国之父如杰斐逊、汉密尔顿等共同对自由民主思想的确立做出了贡献。

在概念上,民主和自由主义是互相独立的,甚至存在一定的矛盾和冲突。比如,民主往往要求排斥个人自由的平等,自由主义则要求个人自由和平等的协调;民主以社会与集体为枢纽,自由主义以个人为中心;民主要求伸张以个人名义确立的国家权力,关心权力的来源和归属,强调人民主权的至高无上性,自由主义更关心的是权力的运用方式和对国家权力的限制①。但自由主义民主的学者们把民主和自由主义所分别关注的社会与个人有机地结合起来,提出了能够在实践中运用的自由民主理论。他们认为,自由民主意味着权力来自人民,但应受到限制,即人民及其代表在立法和决策的方式和范围上都应受到限制,如法案必须经过正当的立法程序,法案的内容不得超越宪法和法律规定的范围,不得通过立法来剥夺人的基本自由和权利。自由和民主相互结合、相互强化。个人自由是否得到保障,政府权力是否受到限制,是区别自由民主和其他类型民主的根本尺度。自由民主中的"自由",不是指谁来统治,而是指如何统治,意味着政府的权力和行使权力的方式受到限制,尤其是

---

① 乔·萨托利:《民主新论》,东方出版社1993年,第390—394页。

受到宪法的制约,归根到底则是受到个人权利的制约,即所谓的"天赋人权"。

这样,自由主义民主包括了以下一些特征:① 除了定期的、自由的、公平的竞争性选举外,不存在任何一种政治力量享有保留权;② 统治者对被统治者负有纵向的责任;③ 权力在事实上以及在宪法法理上都归于选举产生的官员及其任命的官员;④ 政府权力受到宪法的约束,并对宪法负责;⑤ 在自由民主制度下,选举的结果是不确定的,政党、政治集团定期地轮流执政;⑥ 任何一个坚守宪法原则的团体享有组织政党和参与选举的权利,文化的、民族的、宗教的团体和其他少数团体以及政治弱势群体,同样享有在政治过程中表达其利益或使用自己的语言、文化的权利;⑦ 除多党共存和周期性的选举外,公民应有多样的、持续的渠道和手段来表达并代表其利益和价值,包括各种各样的自治性结社、参加政治运动和政治团体;⑧ 公民享有实质性的信仰自由、舆论自由、讨论自由、言论自由、出版自由、结社自由、游行自由和请愿自由;⑨ 公民在法律上和政治上是平等的,个人或团体的自由应有效地受到独立的、公平的司法保护;⑩ 法律保护公民免受不正当的拘禁、流放、折磨,以及来自国家或社会的对私人生活的不正当干预。

自由主义民主在争取个人的自主性和权利方面获得了巨大的成功,但它忘记了公民在政治生活中不可避免地受到政策选择的影响。选民通过选举选出了政府,但政府的每一项政策所庇护的不可能是所有人的利益。况且,现代生活的复杂性和巨大规模,使得集中的政治权力和决策成为必然。在一些国家,除了选举以外(这也是只能控制政府而不能控制政府的每一项政策),选民要监督政府或参与政治是一件相当困难的事情。此外,自由民主在强调个人自由的同时多少忽略了平等在民主中的地位。真正的自由产生于经济平等化的实现,这是作为政治民主和程序民主的自由主义民主迄今所无法解决的一大难题。

(二) 多元主义民主

多元主义民主类型主要由本特利、杜鲁门、达尔和林德布鲁姆等人提出,20 世纪 60、70 年代盛行于西方世界,并为大多数研究者所接受。多元民主对民主的理解不同于经典的近代民主理论,它并不关注宪法或程序上的分权制衡,而把注意的目光放在了社会的多元制衡过程,也即更为关注现实世界中的社会力量之间的均衡关系。在多元主义者看来,社会是多元的社会,这种"多元"意味着,首先是思想意见的多元。由于各人的才识、能力、教育水平等因素的影响,人们的思想意识千差万别,必须允许充分表达人们不同意识、见解的言论自由,这是民主的先决条件之一。其次,社会发展必然伴随着利益的多元化倾向,不同利益的组合形成了形形色色的利益团体。利益的多元化在政治生活中必然会导致利益的冲突。再次,近代民族国家的发展伴随着权力的一元化向多元化的趋势转变,权力的多元化是现代民主社会的重要特征。因此,现代民主政治的普遍场景是,整个社会范围内存在着基于不同价值观念和经济利益而形成的利益团体,这些相互冲突的利益团体通过各种途径参与政治生活,影响政治决策以寻求自身利益的最大满足。利益团体参与政治的经常化和制度化就会形成一种新的权力分配关系和利益关系格局。政府的政策就是在这些利益团体之间进行协调、交易、妥协、合作而达成。

多元主义民主认为,个人在政治生活中的作用是有限的,只有通过组织为媒介才能在权力分配中获益。虽然社会资源扩散在广泛的人口之中,但政治权力通常为社会中众多的集团如产业组织、工会、政党、学生组织、妇女组织、宗教组织等分享和占有,这些利益集团参与和影响国家及地方公共政策的制定,改变社会利益分布格局,从而决定社会政治的基本结构。各个政治集团为争夺统治权力而进行斗争,处于互相对立、冲突的状态,但这并未构成对民主的威胁,恰恰是表达民主的核心和政治稳定的根源。因为,多元集团之间的政治竞争遵循特定社会的民主规则,尊重宪法权威,尊重公民的个人权利,在两党制或多党制的体制下运作,同时,这些利益集团接受政府作为各种利益要求的媒介和调节者。在政治竞争中失败的少数集团,同样得到宪法的权利保护。

达尔是多元主义民主的重要代表,他系统地提出了多元政体的理论。达尔把民主定义为"多重少数人的统治",认为民主过程的价值正在于此,而不在于多数人的主权,更不在于所谓的人民主权①。在他看来,民主就是这样一个过程,其中,普通公民对政治领导人施加相对较高程度的影响,政府则对选民的要求作出反应。公民参与政治或对政治施加影响在很大程度上是靠投票来实现的,除此以外,公民在民主中不可能直接参与政治,而只能通过成为利益团体中的一员来参与政治。这就是达尔对西方社会尤其是美国社会民主政治现实的描绘。

多元民主论在西方社会产生的影响广泛而又深远,揭示了二战后西方社会多元化发展的局面,基本上指出了西方式民主的真实一面。但是,达尔所描述的多元民主是否真的民主呢?答案显然是否定的。在《多元民主的困境》一书中,达尔对他的理论进行了修正和发展,但仍然指出了当代多元民主所面临的一系列困境,如各种利益团体在拥有政治经济资源上的不平等导致它们

① 达尔:《民主理论的前言》,三联书店1999年,第183—184页。

对公共政策影响的不平等,利益团体之间的竞争仍然是少数精英团体之间的竞争,利益的多元竞争往往导致进一步巩固政治的不平等而妨碍社会的改革等等。总之,多元主义民主并不能真正揭示民主的实质。

(三)精英主义民主

精英主义民主的代表人物有韦伯、米歇尔斯、莫斯卡、米尔斯和熊彼特等。20世纪初由三位意大利思想家帕累托、莫斯卡和米歇尔斯提出的精英主义理论,揭示了一个被民主理论传统所忽视的深刻问题:民主究竟是多数人的统治还是少数人的统治? 按照这种理论,人民在历史中是没有什么地位的,社会总是由少数的精英分子来统治。当米歇尔斯提出著名的"寡头统治铁律"时,人们不禁对民主产生了怀疑,尤其是对参与在政治生活中的地位重新表示了关注。但显然,以代议制为形式的间接民主和只有少数人才能积极从事政治生活这些事实无法更改。韦伯通过对现代社会的规模大小、复杂性和社会差异的研究,论证了直接民主制作为政治调节和控制模式的不可能性,并认为现代政治"只能在这两者之间做一选择:或者是'挟'机关而治的领袖民主制,或者是无领袖的民主制,即职业政治家的统治"①。这是韦伯对官僚制社会发展所得出的必然结论。民主理论因此不得不重新予以界定。熊彼特明确地提出,"民主政治并不意味也不能意味人民真正在统治——就'人民'和'统治'两词的任何明显意义而言——民主政治的意思只能是:人民有接受或拒绝将要来统治他们的人的机会。——用这么一句话来表达,即民主政治就是政治家的政治。"民主实质上就是一种方法,"就是那种为作出政治决定而实现的制度安排,在这种安排中,某些人通过争取人民选票取得作出决定的权力。"②

熊彼特的这一定义得到了精英主义者的普遍认可,并进一步促进了精英主义民主的发展。P·巴克拉克指出,二战以后,民主世界发生了巨大的变化,传统的自由主义所坚持的人民大众是自由民主的捍卫者的观念受到了极大的挑战,由于民众的社会经济利益得到了保障,大多数人已经不再对民主感兴趣,甚至成为自由民主的反对者,社会下层比中层、上层更加倾向于权威主义;倒是中产阶级和精英阶层成了民主体制的坚实支持者和维护者。尤其是从西方国家政治选举活动的低投票率可以看出,政治冷漠普遍存在于这些国家,民众疏离于政治生活,除了很少的场合外,公共权力大多数情况下操纵在官僚阶

---

① 马克斯·韦伯:《学术与政治》,三联书店1998年,第98页。
② 熊彼特:《资本主义、社会主义和民主》,商务印书馆1999年,第415、395页。

层和政治精英手中,因此,政治生活的现实使得民主只能是精英主义的民主,而不是其他。

一般认为,精英主义民主的主要观点包括:① 民主不意味着人民的政治,而是社会精英的统治,或者更确切地说,是政治家的统治;② 民主意味着多元的精英竞取权力的过程,这一过程往往采取政党竞争的形式;③ 在民主制中,公民定期选举政治精英为政治决策者;同时,公民以利益集团的形式影响政治决策,而利益集团的领导者和组织者是政治精英的一个重要组成部分;④ 精英阶层是开放的,人们有平等的机会成为精英。

精英主义民主从某种程度上揭示了西方社会政治生活中民主的实质,在经验层面上反映了现实民主生活的非理想性。而民主观念所包含的内在的价值追求和理想模式,要求有一种切实可行的能实现大多数人在对政治生活的有效影响和个人自由、权利之间维持平衡的民主模式。

(四) 社会主义民主

根据马克思主义理论,共产主义社会分为成熟程度不同的两个阶段:第一阶段或低级阶段,就是社会主义社会;第二阶段是共产主义的高级阶段,即真正的共产主义社会。社会主义民主就是社会主义社会时期的国家制度。在阶级社会中,社会主义民主是最高类型的民主,这是因为,社会主义社会不仅使民主成为绝大多数人的民主,而且将民主置于没有阶级、没有暴力镇压的社会基础之上。社会主义民主,作为一种国家形态的民主,是最高类型的民主,也是最后类型的民主,将随着镇压职能日益弱化的国家的消亡而消亡。马克思主义理论中的社会主义是建立在西方发达资本主义国家基础上的,但现实社会主义却发生在落后的国家中,而且与理论上的社会主义有一定的差距,因此,这些现实社会主义国家的民主,从确切意义上还不能称之为"社会主义民主",而是趋向于社会主义民主的无产阶级民主。这些社会主义国家虽然与马克思恩格斯最初设想的社会主义在形式和内容上有不小的差距,但我们还是把这些国家在政治制度上的共性予以归纳,作为政治民主的一种类型。

社会主义民主最本质的特征是坚持无产阶级政党的领导。社会主义民主是社会主义国家的政治制度,维护和发展社会主义生产关系和所有制形式,保障无产阶级和广大人民的统治地位,实现无产阶级和广大人民的根本利益,是社会主义民主的根本任务和神圣使命。这一根本任务和神圣使命的完成只有在无产阶级的领导下,在广大人民的支持和参与下才有可能。无产阶级政党是无产阶级的先锋队,是由无产阶级中最先进和最坚决的部分组成,代表着无产阶级和广大人民的最高利益和长远利益。无产阶级政党具有严密的组织形式和严格的组织纪律,按照民主集中制的原则建立起来,确保了政党具有强大的战斗力和生命力,也使无产阶级政党在客观上具备了领导无产阶级和人民实现自身利益的条件。社会主义民主制度和民主生活的建立、发展、巩固和完善,都不能离开无产阶级政党的领导。无产阶级政党对国家的领导,从根本上说,就是在党的领导下支持人民行使国家权力,实现人民的根本利益和长远利益的过程。

其次,社会主义民主体现了人民切实行使国家统治权力即人民民主的特征。社会主义民主规定人民具有行使国家主权的权力,这表明,一方面,国家的权力属于人民,人民可以通过民主选举的各级代表会议,以及由这些代表会议产生的各级行政机构,通过各种基层民主组织和基层自治组织,实现自己对于国家事务、社会事务的管理;另一方面,广大人民又可以通过宪法、法律规定的各种充分的公民权利和政治权利,通过参与国家重大方针、政策的制定,通过各种政治团体、社会团体,以及通过法律规定的多种政治参政渠道和途径,实现最全面、最广泛的对国家事务、社会经济事务的民主管理。与其他社会中民主的实现不同,社会主义民主条件下这些权力的行使和权利的实现是切实和充分的,体现了社会主义民主的先进性。

再次,社会主义民主是以民主集中制为原则建立起来的。在社会主义民主制下,高度民主和高度集中是紧密结合在一起的。民主是集中的前提和基础,集中是保障民主得以实现和发展的必要条件和必然形式。民主与集中互相联系、互相促进,民主与集中是一个不可分割的统一过程。只有实行高度民主和高度集中相结合,才能正确有效地实现人民对国家事务和社会事务的民主管理。不实行民主,个别人、少数人就会利用手中的权力侵犯广大人民的权利和根本利益,这不是社会主义社会的目的和要求。而只有民主没有集中,人民的各种具体利益就会出现分散、混乱,甚至导致无政府主义,同样不可能保障人民根本利益的切实实现。因此,社会主义民主通过民主集中制的原则,体现了民主与集中的辩证关系,使民主真正地保障了广大人民的根本利益。

最后,社会主义民主实行国家权力内部立法、行政、司法必要分工的统一体系。与资产阶级民主实行分权或三权分立不同,社会主义民主的国家主权权力是统一的,由人民选举产生的国家代议机构享有最高的权力,在这一代议机构之下派生出立法、行政、司法部门,分别行使具体的国家职能,这些部门之间互相配合、互相协调,在无产阶级政党的领导下共同行使国家权力。

必须指出的是,现实的社会主义民主并不十分成熟,特别是与马克思恩格斯所设想的社会主义有着较大的差异。一些社会主义国家也承认这种社会主义民主还处于初级阶段。社会主义民主是无产阶级夺取政权以后建立起来的政治制度，就其阶级性质而言，仍然属于无产阶级民主。并且，由于生产力发展的现状和历史传统因素，社会主义初级阶段的民主政治，其实现的程度还不充分，实现形式也很不完备，具体制度上还存在不少弊端，公民的民主意识还不成熟，一些非社会主义民主的因素还在产生着影响，总体上呈现出过渡性、不平衡性以及局限性的特征。尽管如此，社会主义民主作为政治民主的一种重要类型，在现实国际社会中产生了巨大影响。

三、政治民主的价值

（一）政治民主与自由

自由，几乎是所有人推崇的一种人类的基本价值。但是，人们对自由的认识比民主更为混乱，例如斯宾诺莎认为自由就是完美的理性，莱布尼茨认为自由就是思想的自发性，康德认为自由就是自主，黑格尔指出自由就是承认必然性，而克罗齐认为自由就是生命的不断扩张。无一例外，这些概念都是先验性的，并没有抓住自由的本质内涵。

马克思主义把人类的解放作为其思想体系的最终目标，人类解放的基本内容就是全人类获得自由。自由是人的类本质。马克思在《共产党宣言》中明确提出了共产主义的社会政治理想："代替那存在着阶级和阶级对立的资产阶级旧社会的，将是这样一个联合体，在那里，每个人的自由发展是一切人的自由发展的条件。"[①]马克思赋予人的自由的本质是人类的物质生产活动的解放，人的全面而自由的发展。这种发展是人类自己规划自己、自己决定自己的发展方向，并实现自己的发展目标和自我完善。人的全面和自由的发展意味着，作为社会化的人，不再受到任何外部力量强制而受意志的支配，不由任何物理和生物上的制约而只受生理能力的支配，充分发挥和发展自然历史和人类社会历史赋予人类的一切物质力量和精神力量，其目的不是人的再生产本身，而是人的自由的创造性发挥。马克思主义将人类与自然界关系的根本变革，视为人的自由的决定条件，把生产力的发展视为实现人的自由的决定力量。恩格斯进一步指出："自由是根据对自然界的必然性的认识来支配我们自

---

① 《马克思恩格斯选集》第一卷，第273页。

己和外部自然界;因此它必然是历史发展的产物。……唯有借助于这些生产力,才有可能去实现这样一种社会制度,在这种制度下不再有任何阶级差别,不再有任何对个人生活资料的忧虑,这种制度下第一次能够谈到真正人的自由,谈到那种同已被认识的自然规律相协调的生活。"①

人类要实现人与自然界关系的根本变革从而达到人的全面自由,只能通过生产力的发展。社会生产力的发展必然伴随着生产关系的不断调整过程,生产关系的调整并不是自发的、主动的,只能由人类通过上层建筑方面的能动性和创新性变革生产关系而实现。政治民主作为政治上层建筑的重要内容,自然扮演了重要角色。

作为人类根本价值的自由固然需要生产力的极大发展才能实现。但作为社会生活中的基本权利,自由需要政治制度的保障,政治民主提供了这样一种条件。

以塞亚·柏林将自由分为两种:积极自由和消极自由。积极自由是指自主或自治,自我管理,即个人按照自己的意志来安排自己的生活和行动,不受任何外来压力的束缚。个人只属于自己,不属于任何他人,只按照自己的意志行事和作出生活选择。消极自由概念的核心是指个人不受别人干预而行动,即个人所做的或可以做的都是不受别人干预的。当受到别人干预、阻碍而无法实现自己的目标时,就是缺乏自由的。然而,由于社会生产力发展水平的限制,这种意志的自由不是无限的,是有条件的,在公共生活领域中,必须以不损害别人同样的自由为前提。因此,自由必须受到社会法律、制度的约束——通常体现在制度规定的公民权利和政治权利之中。

自由的实现可以有多种途径和条件,但是,从程序上讲,由政治制度保障的自由权利是基本的自由,是所有其他自由的必要条件。政治民主作为多数人的统治,其理论基础在于承认人是自主的、具有自我管理能力,人民拥有至高无上的权力,同时个人的自由得到尊重和保障。这种自由通过国家的宪法、法律以公民权利和政治权利的形式确定下来,例如,公民享有言论自由、集会和结社自由、思想和信仰自由等公民权利,以及选举权、监督权、罢免权等政治权利。虽然这些自由权利受到诸如经济、社会、生产发展水平等因素限制在不同社会实现的程度不同而存在差异,但民主制度从形式上最大限度地赋予公民实现自由的条件。而且,现代民主制度摆脱了多数人统治的困境,通过宪政制度和有限政府原则来控制多数人的统治权力而使少数人的地位受到保护,为消极自由的实现进一步提供了可能。

---

① 《马克思恩格斯全集》第三卷,第154页。

在西方的一些发达国家,个人自由被认为是第一位的价值,因而民主制度无非是实现个人自由的手段。这就是这些国家奉行自由主义民主制度的原因。但是,自由的实现并不是仅有形式上的权利赋予就可以万事大吉。例如,任何一个民主国家都规定公民享有自由表达思想的权利,然而很显然,在社会经济领域,贫穷将使得个人无法表达出自己的思想,因而不能充分行使由于公民身份而享有的自由权利。归根到底,自由的实现,特别是作为类本质的人的解放,是社会生产力极大发展的结果,政治民主应当最终有助于解放生产力,推动生产力的发展。

(二) 政治民主与平等

平等是社会生活中的又一重要价值。但是,关于平等的含义十分模糊。萨托利认为,平等包括两方面的内涵,一方面,平等表达了相同性概念;另一方面,平等又包含着公正①。就相同性的平等而言,由于人与人之间存在不可否认的差异,必然在物质上、社会上产生某些差别,消除这些差别在某种程度上是不合理的。但是,有些差别却是由于社会因素造成的,对于这些差别社会和政治制度应该予以矫正。就公正的平等而言,承认人与人之间的自然差异这一事实是公正的,消除由于社会原因造成的差别也是公正的。这样,平等也就被纳入了需要进行调节的范围。人们对待平等的基本方式有两种:一是平等地对待,即给予系统的公平待遇;二是平等的结果,即产生相同的结果或状态。前者认为人类在基本方面应得到平等对待而不管他们存在什么差别,后者主张人类不应有任何差别,应当使他们恢复到无差别的状态。理论上,在这两种方式之间存在着严重的对立:不考虑差别而平等地对待无疑不会产生平等的结果,甚至反而会加剧这种不平等的状态;要求产生平等的结果必然要求利用不平等的手段,即要求歧视性的对待。因此,处理平等问题实际上成了调和条件平等和结果平等之间关系的问题。

当人们最初结合成社会集体时,他们也把各自的差别带入了集体中间,从这个意义上讲,结成社会集体的目标并未包含将这些差别予以平等化,而只是为集体成员的进一步发展创造机会的平等。但是,在政府组织中,由于社会发展的连续性,机会的平等并没有使个人潜力得到充分发展,因为社会造成的差别被带入了人们平等利用机会、条件的过程中,也就是说,在利用机会、条件的起点上,人与人之间是不平等的。因而,在政治社会中,公共机构与一般的集

---

① 乔·萨托利:《民主新论》,东方出版社 1993 年,第 340 页。

体组织不同,其所做的不仅是创造机会、条件的平等,还包括创造起始条件的平等。这也就是后来政府采取干预性再分配政策的主要理由。而且,在现实社会中,由于人们通常对某些巨大差别的无法容忍,故而当人们在法律面前一律平等时,政府的再分配政策一定程度上还纠正结果状态的不平等。当然,这种纠正也是有限度的,特别是在民主制度下,超出社会基本保障以外的行为往往会遭到巨大的反对呼声。由于在不同的时代和不同的社会,人们对平等的理解不同,处理关于平等问题的方式也不同。

在政治生活中,平等的理论依据是:人人都有自由选择和决定自己行动的能力,他们作为人是平等的。人与人之间应当互相尊重,这种互相尊重即体现着一种平等。但是在政治社会中,这种平等并不是自然的。大多数历史时期里,不平等是政治现实生活的重要特征,而平等是一种经过斗争才能得到的目标。在民主社会中,由于人们平等地享有参与权,这一条件保障了在平等的其他问题上,公正的平等和平等的最大化有了实现的可能性。尽管平等不是民主的创造物,在民主之前,平等就已存在。但只有把平等提升为民主观念的重要象征的地位时,平等和民主才得以很好地结合起来,意味着平等在民主制度下获得了最大可能的发展。在民主制度下,平等主要体现为平等的选举权、平等的公民权利和政治权利,不受阶级和财产差别影响而具有的社会平等地位,以及每个人在寻求改善自己的生存条件时享有平等的机会。

当然,这种平等的实现也主要是形式上的,或者说是法律——政治层面上的。要保证普遍的、实质上的平等还受到诸多因素的制约。所有制形式、财富分配的均匀程度、个人政治活动的能力、政治参与的愿望都会影响政治平等的真正实现,社会成员对政治决策施加平等的影响也是不可能的。在直接民主下,人人都有同等的表决权,决策按照投票者的个人意志作出,一人一票规则使每个人对决策的结果具有同等的影响。但是,在现实政治决策中,通常实行间接民主方式即代议制,广大的选民在绝大多数情况下无法直接参加选举,只能通过选举出一定数量的代表来行使具体的决策权力,因而选民与代表之间的决策权力是不同的,选民只能通过定期选举来影响政治决策的主要方向。这样,代议制本身就意味着政治权力分布的不对称。在政治表决过程中,在程序和形式上似乎可以保证平等,但一系列实质上的不平等渗透于决策过程。因此,政治平等是有一定范围和限度的。现代社会的复杂因素决定了政治权力的平等分配较为困难。尽管政治民主最大限度地规定了平等的形式条件,并且也为实质平等创造了条件,但它还是不能保证完全的政治平等。

正如自由在政治民主中的价值一样,平等也是民主社会所关切的重要问题。如果不承认社会成员享有基本的平等,作为民主基础的人人参与政治管理的精神便荡然无存,民主政治也就失去了存在的基础。

(三)政治民主与法治

法治是现代市场经济和民主政治所追求的重要价值,也是两者的核心特征。法治作为一种法律实践和政治价值,是经过漫长的历史积累而逐渐形成的。显然,法治的最初来源就是依法治理(即法制),要求一切行动都必须服从法律。但法律必须具有至高权威,这进一步要求法律代表着正义。法治的信奉者主张一切法律都必须由自由选举产生的、代表人民的、作为国家最高权力机关的立法机关来制订,而且,这些法律必须符合自然法的原则,即尊重基本的人权。在这一点上,法治与依法治理开始分离。依法治理强调的是政治权力的运用方式,它不探究政治权力的来源和合法性问题,其目的是确保一切国家权力的行使,一切国家机构和公民都必须遵守立法者所颁布的法律。而法治则不仅主张政治权力的运用方式要依法,更重要的是,它强调政治权力的来源必须正当,法律要得到尊重,就必须符合某种正义的原则,这样,法治就超出了法制纯粹局限于主权者所制订的法律的范围,涉及法理、正当性、正义以及权利、自由等基本因素和基本价值。因此,在现代民主政治生活中,法治与政府的一切行动都经过立法机关正式授权或在法律的意义上合法并没有什么直接关系,政府的行为可能合乎法律,但可能不符合法治。

尽管对于法治的内涵还存在不小的争议,但一般地,法治通常包括以下这样一些基本要素和原则:① 法治必须是普遍的、稳定的,法律对所有人和组织都适用,不能针对特定的对象而制定;② 法律具有最高的权威。这意味着不允许存在超越法律之外的权威,任何人或组织不得违反法律的要求,包括政府也是如此;③ 法律面前人人平等。法律必须平等地对待每一位公民,任何公民平等地享有法律所赋予的权利,也有平等地服从法律的义务;④ 法律的目的是正义。除了普遍性和平等性以外,法律的目的还必须是正义的。法律的制订和执行必须依据公平、公正的原则,法律必须为所有个人提供同等的保护,适用法律对所有的人和事都一视同仁,不能选择性地执行法律;⑤ 宪法是最高的法律,所有的法律都不得违背宪法,不得侵犯宪法所保障的权利与自由。但宪法也不得违反保障人权和宪政原则;⑥ 法律必须是公开的、可预期的。这意味着法律的制订和实施必须依据公开的、制度化的程序进行。所有的法律必须公布于众,公民有权知道法律的内容,法律的适用范围和结果是可以预期、可以信赖的,等等①。

　　从某种程度上讲,法治主要是针对政治权力的行使是否正当提出的。哈耶克曾经对法治作出这样的界定:"法治就含有限制立法范围的意思,它把这个范围限于公认为形式法律的那种一般规则,而排除那种直接针对特定的人或者使任何人为了这种差别待遇的目的而使用政府的强制权力的立法。它的意思不是指每件事都要由法律规定,而是指政府的强制权力只能够在事先由法律限定的情况下,并按照可以预先知道的方式被行使。……不管采取什么形式,任何对这种立法权力的公认限制,都意味着承认个人的不可让渡的权利,承认不可侵犯的人权。"②因此,区分法治社会和非法治社会的一个重要标志就是政府权力是否受到限制,政府是否同样守法。某种意义上,在以法律、制度进行治理的社会里,立法者守法比民众守法更为重要。

　　近现代历史表明,法治与政治民主之间存在着十分紧密的关系。政治民主与法治有着内在的必然联系。法治的实行必须以政治民主为基础,而民主则是最适合、最需要法治的政体。法治体现着正义、公正与基本人权,这也是政治民主所努力实现的价值。法治意味着统治者和被统治者都必须在正义的法律所提供的框架内活动,任何个人和组织不得逾越,即使政府和立法机关也不例外。法治是个人自由的重要保障,它通过规定人的行动范围使人们充分享受自由,法治保护这种自由免遭他人和政府的干预和侵犯。法治尊重人的尊严和自主性,尊重个人对自己命运和前途的决定和选择权利,并把这种决定权交予公民自己,通过社会自治、公民对国家政治生活的参与以实现个人的自主性。法治还通过颁布合乎宪政精神的宪法来体现保护基本人权的政治理想,它要求对政府权力加以合理的限制,正确处理好国家与公民个人之间的关系。要实现上述法治的要求,就必须以民主政治为前提。在现代民主社会中,民主已经成为法治实现的保障条件。在民主制度下,公共决策的方法具有普遍的参与性和广泛的代表性,民众享有广泛的公民权利和政治权利,可以对立法和执法进行监督,例如,公民可以对现行的法律是否正义、符合人权平等地拥有发言权,对法律的制订、修改和完善都有相应的参与权、决定权。民主社会主要通过民主的制度结构及其运行,体现和保障了法治的基本精神。

　　反过来,法治对政治民主也具有支持、促进作用。法治不仅限制了政府的权力,防止政府权力的滥用,同时,法治还提供了防止多数人专制的机制,正是这种制约才使得少数人的权利得到保护,也使得民主不至于背离其宗旨而变

① 　弗里德利希·冯·哈耶克:《自由秩序原理》,三联书店 1997 年,第 260—278 页。
② 　弗里德利希·冯·哈耶克:《通往奴役之路》,中国社会科学出版社 1997 年,第 83—84 页。

成多数人的专制。法治通过对一切私人的、公共的权力予以必要的法律限制，从而保障了基本人权，支持了民主秩序。

(四) 政治民主与效率

效率，最初是一个工程学的概念，后来进入经济学、管理学领域，主要指投入与产出、努力与效果之间的比率。通常所理解的效率，就是以最少的劳动、成本获得最大的收益和效果。在政治生活中，效率并不仅仅是指政治活动(主要通过政府活动)投入的工作消耗与获得的社会政治效果之间的比率，更主要的是指在特定的政治目标指导下，政治活动能够带来良好的社会效益。这一概念表明：效率是与社会价值联系在一起的，它并不是纯粹技术性的、客观的因素，而是以特定的目标为前提的，只有借助于价值评价体系，才能衡量效率所带来的社会效果和社会效益。政治活动的社会效益是评价和测定政治效率的前提和基础。政治活动的效率通常由四个要素决定：① 政治活动的总方向和性质是否符合人民利益和社会发展的根本要求，是否符合国家的基本纲领和政策；② 政治决策的质量是否符合科学、合理的标准和现实的需要；③ 政治、政府具体活动的质量是否符合法律、制度、计划和技术的要求；④ 实现特定政治目标、实施某项政府活动是否符合时间最少、成本最小的原则。因此，效率既包含着效益的因素，也包含着经济因素、时间因素，这些因素互相补充，缺一不可。

关于效率和民主的关系，在政治学研究中一直存在较大的争议，许多学者认为两者互不相容，存在对立、冲突的关系。其中主要的观点认为：效率只是经济学和管理学研究的重要变量，是指资源的投入与产出之间的比率，这一指标属于技术性的，不带有价值的内涵，仅仅指资源的有效配置和合理利用问题。效率在经济生活中表现为合理地配置稀缺资源以满足人类的基本需要，在现代经济生活中则主要通过市场机制来达到这一目的。在政治生活中，效率不是体现在决策层面，而是体现于行政管理活动。行政管理是国家意志的执行，侧重的是具体的活动过程，是可以通过特定的测量标准、数量指标来衡量的。行政管理强调管理活动的效果，也是通过资源的有效利用和配置来反映其活动的效果，因而，效率就成为行政管理的出发点和归宿。对于政治活动的本质，即国家意志的表达而言，是民主而非效率为其目标和评价标准。国家意志的表达必须建立在全体公民参与(以直接或间接的方式)的基础上，政治决策必须遵循全体一致或多数决定的原则，平等、正义、自由是政治体系所追求的目标，而实现这些目标就不应考虑决策过程所投入的成本、时间、资源的多少,只需要重视政治过程的结果。因此,这些学者指出,集权主义、精英主义虽然体现了效率和理性的取向,但却是不可取的,至少对民主是不利的。就民主是真正体现社会成员对政治生活的参与性而言,这些学者认为,尽管民主决策的过程需要大规模的投票表决,需要经过复杂的多重选举,甚至还可能使政治竞争出现僵局,但决策的最终结果还是可以为社会全体成员所接受的,从而排除了效率在政治生活中的重要地位。

国家和政府产生的目的是为了满足社会成员的公共需要,是为了实现全体公民的根本利益。社会成员利益和需要只有全体社会成员才有最终决定权,这就是民主成为现代政治社会活动规则的原因。但是,政治民主所建立的一套管理体制,是由法律、制度、组织、人员等具体的要素组成的,特别是为了实现民主的目标而建立政府机构,执行具体的国家管理职能。政府在管理活动中,也即执行政治决策的活动中,效率是一个重要的衡量指标和管理目标。从政治无非是运用公共权力对社会资源进行配置这一角度讲,资源配置的效率显然是其中一个重要的目标。公共选择理论就是从资源有效配置的角度来考察国家的起源、民主机制的运行过程、政府的规模等政治学研究的重大问题。尽管民主是政治生活的主要目标,但民主目标的实现离不开富有效率的政府管理活动。反过来,管理活动的效率必须是在坚持正确的政治方向的前提下才能产生社会效益,服务于全体社会成员的根本利益。因此,政治民主并非与效率是截然对立的,效率虽不是政治社会的根本目标,但民主与效率之间互相兼容,互相促进,两者的关系是辩证的。

政治民主的实质是社会成员参与政治生活的管理,不管这种参与是直接的还是间接的。而社会成员参与政治生活的最终目的就是实现一些基本的价值目标,因而,自由、平等、法治、效率等与民主之间存在密切的关系。这些价值或是成为民主追求的目标,或是作为民主的条件包含在民主之中,在这一意义上,这些价值的实现与民主的实现是密不可分的。

四、政治民主化

(一)政治民主化的前提与动因

从 17 世纪上半叶开始,政治民主伴随着近代民族国家的兴起而逐步展开民主化的进程。在英国革命中,民主思想和民主运动虽然不是革命的主要目标,也是其中的一个重要特征。19 世纪初期到 20 世纪 20 年代是民主第一次在全球范围内形成,美国、北欧、西欧、英国的自治领地以及一些拉美国家等逐步建立起民主政体。第二次世界大战时期,民主政体又一次得到了一大批国家的青睐,包括一些新独立国家在内的国家选择了民主制度。20 世纪 70 年代中期,国际社会再一次掀起了民主化潮流,欧洲、亚洲、拉丁美洲和非洲的权威主义政权不约而同地开始了民主化运动,并一直延续至今。但是,在每一次的民主化运动之后,都会出现民主化的回潮,即民主制度的倒退,或是回到传统的权威政权,或是建立起军人独裁,或者实行寡头统治,一些国家还出现了在民主政权与权威政权之间反复徘徊的情况。许多政权虽然在结构形式上选择了民主政体,但这种结构实际上无助于实现真正的公民参与政治生活,形式上的自由选举并不能掩盖政权实质上的寡头或权威主义性质。民主化进程中的这一混乱状况表明,首先,民主化并不是简单的实行一套民主制度和民主结构就足够了,关键是要获得民主的实质,民主精神、民主价值是否得到全体社会成员的认同和尊重,民主规则是否是调节政治生活的唯一游戏规则。其次,许多国家选择了民主制度后又不得不回复到非民主体制这一事实,揭示了并不是所有的国家都适合西方式的自由民主体制,不考虑国情而盲目模仿别国的民主制度,其结果只能是导致本国在政治发展道路上遭遇坎坷曲折,换言之,民主化是有前提条件的。

一些学者尤其是结构主义者对民主化的条件进行了严格的规定,他们从外部宏观因素出发,注重社会经济的长期性发展,注重政治体系和政治生活变化的结构因素和环境因素,认为政治体系的变化由经济发展、文化模式、阶级结构和现代化进程等因素决定,民主运动的起点必须具备较高的人均国民生产总值、普遍的城市化水平、较高的工业化程度、中产阶级占据社会主导地位、较高的识字率等等。但是,不难看出,这些指标中有些是民主化运动的结果而不是原因。当西欧国家几百年前开始民主化进程时,这些条件中的大多数是不具备的。结构主义学派简单地把西方发展了数百年的民主化的结果视为后民主化国家开始向民主转型的前提条件,在某种程度上否定了后民主国家进行民主化的可能性。虽然结构主义方法的结论和观点并未为大多数研究者所接受,但他们对民主化需要前提条件的假设则得到了多数人的肯定。

著名学者萨托利认为民主的先决条件主要不是经济条件,而是历史条件:一是政治世俗化,二是对政治的"驯服",前者指宗教与政治生活的分离,后者指政治不再是一种残酷的斗争,而是一种和平的事业①。萨托利所提出的民

---

① G·萨托利:"自由政府能走多远?",载《民主杂志》,1995 年第 3 期。

主的前提条件潜藏着更深的"适用条件",他自己并没有发觉。这种"适用条件"是:首先,它是针对早期民主化国家的历史而进行的总结;其次,这两个条件隐含着的"前提"是——在民主化之前国家建设已经完成,民主化只是对现有的制度进行调整、转型的过程,而不是一边建立国家制度,一边进行民主化运动。因此,萨托利提出的两个先决条件对于后民主化国家而言并不适合,因为这些国家的国家建设、民主化和经济发展等纠缠在一起而无法分开。然而,正是因为后民主化国家在处理国家建设、民主化和经济发展关系中没有作出合理、科学的安排,导致民主化进程步履维艰。这也再一次证明,在进行民主改革之前,必须具备基本的前提条件。后民主化国家的民主化的前提条件,与早期民主化国家的前提条件有着类似之处,但也有着差别。那就是,一个国家在向民主转型之前,首先要存在着最低限度的国家制度、政治秩序和政府对领土、人民的有效控制。其次,这一国家必须具备最低限度的能力来发展经济,维持社会基本稳定。没有这两者,民主化的发生也就不可能,即使发生了,也会失去其实质上的意义。

有些后民主化国家缺乏民主化的前提条件,虽然在外力帮助下走上了民主化改革的道路,建立了民主体制,仍然会面临民主巩固的艰巨任务,而国家建设的落后和国家能力的匮乏往往使脆弱的民主体制徒具形式,甚至回复到前民主体制。

具备了民主化的前提并不意味着民主化运动一定会发生,虽然从社会运动发展的规律来看,民主化是政治结构和政治行为模式在社会生产和生存斗争中为适应各种环境条件而作出的反应,民主是政治发展的一种必然趋势,但民主化的具体发生却还是有它特定的动因的。尽管每个国家在民主化的直接原因、民主化的发生时间、民主化的方式、民主运动的领导阶层等方面有着截然不同的情形,但争取民主目标的过程还是有着一定的共同原因。

在各种各样关于民主化动因的研究中,下列一些因素经常被纳入考虑的范围: ① 社会经济发展达到一定的阶段以后,社会结构发生了根本变化,社会成员的民主意识大大提高,产生对民主的内在要求,特别是在早期的民主化国家中,社会经济发展因素和社会内部因素在解释民主化原因时显得更为重要; ② 前民主政权的合法性受到了挑战,社会对政权的权威来源产生怀疑,而且这些政权的政绩不明显,甚至导致社会经济发展的倒退,引起政权向民主化转型,但民主只是其中的目标之一; ③ 经济发展对非民主国家产生的压力。尽管经济发展不一定导致民主化运动,但对于权威主义国家而言,经济衰退或经济危机必定使这些国家的政权陷入困境,破坏了这些国家的稳定性; ④ 早期民主化国家的示范效应。对于后进入民主化进程的国家来说,早期民主化国家政治变革的成功以及由此带来的较高社会经济发展水平给它们提供了一种示范，推动它们模仿早期民主化国家的做法实行民主运动；⑤ 外部势力强加而启动民主进程。少数国家的民主化的推动力不是来源于国内的某种变革力量，而是来自外部力量的推动，甚至是在外部力量的扶持下建立民主政权，从而开始民主化进程，例如二战后德国、日本的民主改革；⑥ 政治精英阶层的战略选择。尽管社会经济因素在民主化进程中扮演了重要角色，但经济发展只是提供了民主的有利条件，政治领导才能使民主真正成为现实。政治精英的战略选择可以解释为什么同样经济发展水平，具有类似文化背景的国家，民主化发生的时间、进程以及结果却迥然不同。有学者甚至认为，可以不考虑经济因素，只需研究政治转型过程中各个精英集团之间出于自身利益需要而进行的竞争、冲突、协调、合作就可以找到民主化的原因。

不管各个国家具体民主化运动的原因是什么，其差别有多大，大多数学者还是一致认为，没有一个单一的因素足以解释一个国家或所有国家的民主运动，任何一个国家的民主化都是各种原因结合的结果，不同国家产生民主的原因组合也不同，而且，民主化的客观因素与主观因素在解释不同国家的民主运动时差异也很大。有关民主化原因的研究只能提供一些视角而不是最终的解释。

（二）政治民主化的方式与路径

与历史上的任何一种政治转型一样，政治民主化是政治发展长期进程中的一个必经阶段和过程。由于民主化运动并不是自发形成的，因而民主化也就产生了许多不同的方式和具体的道路，这些不同的民主化方式和道路，很大程度上影响了民主化的结果及民主制度在这些国家中的前景。因此，选择适合本国实际的民主化方式和路径，对于即将进入民主化进程中的国家而言，无疑是十分关键的。

有学者划分了政治民主转型的四种理想类型：一是协定，即转型是由各派精英集团经过协商而达成民主化的协定形成的；二是强加，即精英集团使用武力推翻掌权者而单方面有效地促成了政权向民主的转变；三是改革，来自社会的下层群众被动员起来，把民主的政治妥协结果施加于现政权而没有诉诸暴力；四是革命，广大群众发动武装起义，推翻以前的统治者，建立新的民主政权。在这四种类型之间存在着更多的混合式类型。现实中发生的政治民主转型运动，大多数是以混合形式表现出来的。

依据不同的标准，还可以有许多划分政治民主化的方式和类型。如根据领导权和持续性原则,有学者提出了渐进、决裂、斗争、和解四种民主转型的路径。亨廷顿则依谁来领导将民主化进程分为变革、置换、移转三种。但是,是否采用强制力量、精英与大众在民主化斗争中的关系如何却是研究政治转型应当考虑的重要变量,按这两种标准划分的方式也被普遍接受。

上述政治民主化的方式只是表明了一个政治体系向民主转型时所依靠的力量。当我们具体研究一个国家的政治民主化过程时,就要考察这些国家的政治转型所走过的具体路径。处于转型中的国家选择何种道路,不仅是民主制能否出现的主要决定因素,而且它还可能对最终得以巩固的民主制度的具体类型产生重大的影响。

向民主过渡的政治路径,几乎每一个国家都具有独特的轨迹。从研究的角度讲,要综合地分析政治转型,把政治转型视为符合某种规律的现象,必须进一步对现实进行抽象,通过寻找不同国家在政治转型过程中的各自特点进行比较、归纳,从而揭示政治转型全面的或部分的共性,以求为正在民主化或即将民主化的国家提供参考、比照。

西方学者从当代政治转型的现实中归纳出以下几种民主化的路径,他们以民主化的推动力量为标准,将其划分为如下类型[1]。

第一大类,战争、征服在民主化进程中扮演了重大的角色。历史上有不少民主化的成功例子属于此类,尤其是欧洲国家。在这些国家中,前民主力量、被征服国家内部的统一与分裂、国际势力等因素之间的互相作用,导致它们在具体路径上又可以分为:

在外部力量帮助下复国后的民主建设。这类民主化是指国家在战争中一度被征服,而后又在外部力量帮助下国家重新独立并开始民主化的道路。通常,被征服国家在战争中无力整合国民,缺乏广泛的政治动员能力,也无法凭借自身的力量取得国家的独立,只能借助于外部的力量。外部力量中的一些国家属于早期民主国家,它们对接受帮助的国家在独立后确立何种政治体制具有决定性的选择权,因而,在后者独立以后,它们将本国的民主体制搬到了这些国家,或帮助这些国家恢复原先的民主制度,并负责维护民主体制在这些国家的运行,如二战后的菲律宾。

民主制度的内部重构。同样,这也是指在借助外部力量收复被征服的国家后重新开始民主化。如果导致原政权垮台的国内因素很多,或原政权对国

---

① 这一部分关于民主化的具体路径分析,主要介绍了 A·斯蒂潘对民主化道路划分的类型。具体内容请参见 G·奥唐奈主编:《从权威主义国家的转型:比较的观点》,约翰·霍普金斯大学出版社 1986 年英文版,第 64—84 页。

家的灭亡负有责任,或存在一个与原政权敌对的抵抗运动组织,再或者被占领期间已发生巨大的社会变革,那么,要回到原民主体系就不可能,重新民主化将需要深刻的、宪制性的重构。进一步,上述几种因素越明显,政治转型的结果将越有可能朝向内战局面发展。这一路径显然比第一条路径更具有政治不稳定性,更容易导致社会变革。在相互竞争的阶级、集团之间斗争的结果基础上,更可能发生平民主义化的重大变革如国有化、平民合法地控制各类团体及拥有充分的选举权利。另一方面,内部不断斗争的结果很可能是排斥甚至镇压某些团体进入政治体系、否定这些团体的组织权利等。总体上,这类转型只能导致局部的再民主化。二战后的希腊是走民主内部重构道路的典型。1941年希腊被德国、意大利、保加利亚的军队占领,国王和内阁流亡英国、埃及。在国内,抵抗力量发展迅速,成为一个自主的、享有广泛合法性的力量。希腊解放后,王党势力和保守派在英美的支持下,从1944—1949年与抵抗力量进行了长达五年的内战,结果以抵抗力量的失败而民主未果。

外部力量监管下的民主安排。在这一转型道路中,外部民主国家帮助推翻了原来的权威主义政权,并在塑造民主政权的过程中扮演了主要的角色。显然,这一路径的重大不足是民主化看上去是由外部强加的,似乎不具有像第一种路径那样的合法性。但是,外部民主力量确实拆除了原权威主义国家的军事、政治制度和其他的国家机器,搬掉了政治民主化道路上的一大障碍,而几乎所有的转型国家都会面临这一障碍。如果权威主义政权在国内极少受到同情,则对外部强加民主的这一做法怀有的民族主义情绪就会大为减弱。当然,由外部强加的民主化运动,所产生的社会政治变革的广度、深度将较为有限。这类民主化的典型为二战后的联邦德国、日本。

第二大类,国内的社会、经济、政治力量在民主化进程中起到了决定性的作用,即政权内部发起的民主化,很少或不受外部环境的影响。权威主义政权的统治阶层之所以从上至下主动发起民主化,一方面迫于外部民主力量日益壮大的形势,另一方面,权威主义政权的制度权力的拥有者以此行动换取他们的长期利益得以保障。这一路径的政治转型,往往又具有三个较为明显的特征和值得注意的问题:首先,掌权者可能改变他们最初发起的自由化决定——按罗伯特·达尔的说法,若政治体系的开放会导致容许民主的成本大于进行镇压的成本的话。其次,掌权者将制定正式或非正式的游戏规则,以确保他们即使在以后的民主政权下也享有重要的利益,其结果是产生有限的民主。再次,最明显的是,国家的安全机器将竭力维护掌权者的特权完整。从制度化权力拥有者的不同情况来看,第二大类的政治民主化又有三种不同的具体路径:

第一,文人政府或平民领袖发起的民主化进程。除非在形势逼迫下,掌权者是不会更改权力格局的。一旦来自社会底层的经济、政治的要求越来越频繁,政权满足参与的渠道有限,则政权统治的合法性趋于削弱,掌权者将越有可能被迫实行有竞争的选举,自由化、民主化之路由此打开。在这一转型路径中,国家机器的调整是由文职人员或平民化的领袖所领导。如果反对派的民主化力量与政府在向民主过渡时密切合作,则民主化的进程将稳步进行。然而,即使最初的转型成功,权威主义政权下的部分国家机器在首次民主选举后仍会得到保留,且极有可能通过民主程序推行一些对社会实行更为严格控制的政策。这类转型后的民主政权十分脆弱,前权威主义的官僚机器或武装力量一旦认为自己利益受损而发起政变,则转型极易失败,民主进程将出现多次反复。早期民主化国家大多选择了这一类型的民主化道路。

第二,军政府发起的民主化。这一类型民主化的主要驱动力来自军政府的领袖。需指出的是,如果军队退出政治舞台有损于军事集团的利益,或社会力量对终结权威主义统治的要求并不强烈,那么民主化的道路将不会稳定。由于军事集团的阻力,向文职政府移交权力将十分困难。尽管军政府有可能主动发起民主化的进程,但如果缺乏社会力量的广泛支持,跨越民主这一道门槛几乎是不可能的。正因为如此,军政府发起后取得成功民主化的国家极少。韩国的转型属于比较成功的例子。

第三,军事集团领导的民主化。在这一类型中,权威主义政权的终结源于军事集团的因素。如果军事集团为寻求保护其团体的根本利益而求助于民主道路,则这股力量将变成结束权威主义统治的巨大力量。在某些情况下,当军事集团发现权威主义政府(不管是文职政府还是军政权)推行一些不利于军事集团的政策或陷入政治危机时,军事集团就有可能走上政治的前台,以求维护自己的利益或克服危机。一旦他们的主要利益得以确保,或政治危机趋于和缓,军事集团通常将权力交还给社会,回到兵营。1973 年希腊、1974 年葡萄牙两国的权威主义统治的终结中,军事集团发挥了关键性的作用。

最后一个大类,政治反对派力量在终结权威主义政权、设定民主的框架中起了主要的作用。根据反对派的组成及采取的不同策略,又可以具体分为:

第一,社会力量自下而上终结权威主义的统治。从理论上,这一路径的转型是由基层社会组织、团体的广泛而分散的抗议活动、罢工以及社会对政府支持的减弱而引起的。现实是,这类转型与其说导致了民主化,还不如说导致了政权变革。通常情况下,在一些新兴民族独立国家,由社会压力引发的权威主义政权的崩溃,其结果不是产生一个民主政权,而是要么出现另一个权威主义政权,要么出现一个由军事集团暂时掌权的看守政府,许诺在不久的将来进行自由选举。因此,一些学者认为,由社会力量领导的民主化运动实际上无力实现民主的目标,而仅仅是民主化的一个不可缺少的步骤。

第二,党派协定。在这一类型中,各反对派达成一个广泛的协定,组织各种社会力量团结起来推翻权威主义政权,并为创建一个向所有在野力量开放的民主政权奠定基础。达成广泛的协定,一方面可以腐蚀权威主义政权的基础,另一方面也可为将来民主政权结构内部的权力分享、政治联合设定基本框架。值得一提的是,协定一旦订立,并不意味着就此按部就班地实施了。协定经常是不稳定的,尤其是当出现了协定中未包括的新的政治集团时,就需要重新订立协约。这类典型为智利、乌拉圭的民主转型。

第三,倾向民主的党派领导下发生的暴力过渡。反权威主义统治的暴力运动是由一个政党来领导和组织的、该政党为政治转型提供持续的政治指导、推动转型的核心力量坚信民主目标、运动的政治联盟成员的大多数是民主力量等。与前面一类路径相比,由一党领导的民主力量在民主化的进程中走得更远,它不会发生内部权力分享、制肘的局面。一旦推翻权威主义政权,则在重构政治体系方面更为彻底。哥斯达黎加走的是这一路径。

纵观近现代历史上的政治民主化进程,尽管呈现众多差异性和复杂性,但不难发现,其中也具有一些共同的特征。首先,尽管各个国家的历史起点不同,但绝大多数国家和地区是在传统社会或权威主义体制这一类似的背景下展开的。其次,成功的民主化转型必然是以整个社会政治权力结构、社会政治生活的深层变化为内容,而不仅仅局限于政治上层的变动或某些具体制度的调整,它通常涉及宪法的重新制定或修改、国家制度的重大创新。再次,大多数国家的民主进程是以国内的经济、社会与文化的快速发展和深刻变革为基础的,而不纯粹是受国际因素的影响,也不仅仅局限于政治领域。毋宁说,民主化是新旧体制自然交替的结果。

(三)民主的巩固及其前景

当一些国家和地区的军政权、家族集团或一党制政权等权威主义统治纷纷垮台,建立起西方式的自由选举、群党角逐的民主体制时,这仅仅预示着它们民主化道路的一个开端。政治转型绝不意味着民主变革就此完成,相反,一场更为艰辛的持久的巩固民主的进程刚刚开始。许多学者把政治民主化转型分为自由化和民主化两个过程,或分为建立民主政府和巩固民主制度两个部分。对许多国家和地区而言,转型后的民主命运难以预测、前途未卜。一些民主政权尚未诞生就失败了,另一些民主政权则在成长过程中不断遭受到侵蚀和破坏。即使对于已经经历了数百年民主历程的国家而言,民主的进程仍在继续。因为,形式、制度的民主并不能决定一个社会实质上的民主程度。民主是一个长期的过程,任何社会的民主都不可能是静止的,民主一直在变化,民主永远处于尚待改进的状况。

通常所理解的民主的巩固,主要是指民主制度的巩固。林茨和斯蒂潘认为,巩固的民主制至少包括三个方面:① 行为上,当国家、社会、经济、政治或制度的行动者不再使用重要资源,通过创建非民主政体或分裂国家的办法来达到自己的目标时,民主制度就得到了巩固;② 态度上,在面临严重的经济困难,或对现政府怀有极大不满时,公共舆论仍相信民主的程序和制度是管理公共生活的最适宜方法,反体制的方案几乎得不到支持,民主政体也就得到了巩固;③ 宪法上,各种政府或非政府的力量同样服从于、并习惯于在经过民主过程所产生的法律、程序和制度范围内活动的时候,民主制度得到了巩固①。很显然,当我们承认一个政体成为巩固了的民主政体时,并不否认该政体存在被推翻的可能性,尤其是在民主历史和民主文化并不十分深入的社会中。

政治民主化转型的发生与发展,一方面,是本国本地区的经济发展、社会的持续分化、社会阶层的兴起、社会力量不断壮大的结果,是国家政治权力机构与社会集团力量之间的关系出现了历史性转变的结果,也是权威主义政权在面临社会内部或外部压力不断作出让步和妥协的结果。另一方面,也是不少国家和地区在国际民主化这一大趋势下自觉或不自觉地卷入的结果。由于各国经济发展的状况、社会发育的程度以及历史文化背景的巨大差异,加上国内政治力量对比的不断变动,政治转型的具体进程与结果也就存在明显的差异。大致可以有三种情况:

第一种,当国内已经建立起一个比较完善的市场经济体系,出现了一个堪为社会中坚的中产阶级,市民社会的发育也较为成熟,基本上不存在严重的经济问题,社会矛盾和冲突以和平、制度化的方式解决,权威主义向民主主义的过渡是大势所趋,则这种类型的政治转型较为成功,转型后的民主体制可以维持并不断深入社会生活,促使社会政治秩序一体化。该民主政府也因其合法性的获得而执政稳定有效。只有当一个公平选举的政府及立法机关的权威得以确立,大多数政治行为者与公众普遍希望民主政权一直延续下去时,民主政权的巩固才算完成。

第二种,当国家的经济已经有所发展,但市场经济尚未纳入有序竞争的制度化轨道,国内各种阶级、集团势力并存,新兴的代表先进生产力的力量尚未主导社会,同时,经济结构的调整与政治参与的不断扩大,使整个社会处于一

---

① J·林茨、A·斯蒂潘:"建立巩固的民主国家",载《民主杂志》,1996 年第 2 期。

种改革的进程中。此时，一旦发生权威主义体制向多元民主体制的转型，则往往会出现两种不确定的结果。如果国内经济结构调整顺利，人民生活得到较大改善，社会参与得以疏通，且原权威主义政权的合法性基础被根本削弱，那么，政治转型后脆弱的民主体制将伴随经济现代化和社会多元化的深入而逐步得以稳固。反之，转型后的社会经济生活没有从此好转，新体制面临一大堆经济难题如债务危机、通货膨胀恶化、贫困与失业问题严重等，人民对民主体制的经济改善功能期望落空，对新政权的信任减弱时，向权威主义体制复归便极有可能变得现实起来，民主的目标将面临严峻的挑战。

第三种，少数国家在经历向民主体制的转型时，国内经济比较落后，市民社会的力量十分弱小，尤其是客观上外部力量或国际民主潮流对这些国家的政治转型起了重要的推动作用，则这些国家的政治转型缺乏应有的基础和动力，其民主化的进程不可能得以持续和巩固。相反，不成熟的民主体制更可能加剧经济条件的恶化，使社会矛盾、冲突变得尖锐而不可调解。这种现象在一些拉美国家和非洲国家的政治转型进程中较为普遍。

在当代经历和即将经历政治转型的国家和地区中，民主化道路形形色色，但多数国家和地区还是在不利的客观条件下逐渐过渡到民主制度。当然，这些民主制度是相对脆弱的，甚至是残缺不全和不稳定的，尤其是当民主制度对经济并非会产生立竿见影的效果，也无法保证普遍生活质量的提高时，更有可能使民主化的进程发生暂时的回潮。但是，政治民主化的进程终将不可阻抑。

思考题

1. 什么是政治民主？
2. 政治民主在政治生活中有哪些功能？
3. 政治民主有哪些重要类型？
4. 在政治民主制度下，自由与平等是否存在冲突？
5. 如何看待政治民主与效率之间的关系？
6. 政治民主化的动因是什么？
7. 衡量政治民主制度巩固的依据是什么？

第七章 政治管理

作为一种人类实践活动的政治管理是古已有之的事,有政治活动之时就有政治管理存在。在政治管理发展的初期,由于政治领域内部的功能分化并不明显,政治管理常常与政治相提并论,或者干脆就被包含在政治统治行为之中。只是到了社会政治分工高度发达的近现代,政治管理才作为一个相对独立的功能领域在政治活动中相对凸显出来。但是由于政治管理活动本身就与其他政治活动有一定程度的交织,组成政治管理的政治和管理两词又都具有多义性,因而理论探讨中的政治管理是一个极易产生歧义的概念。在正式对政治管理进行界定之前,我们不妨先对一系列与政治管理相关的概念和相应的活动进行辨析。

一、政治管理的基本性质

(一)政治管理与政治

在政治学研究中,人们对孙中山先生赋予政治的定义是耳熟能详的,在他看来:"政治两字的意思,浅而言之,政就是众人之事,治就是管理,管理众人之事,便是政治。"[①]即使是在西方国家,"政治就是对人的集体活动的管理"、"是

---

① 孙中山:《孙中山选集》(下),人民出版社 1981 年,第 661 页。

参加社会的全面管理的过程"这样一些观点也是颇为流行的。这种观点的可取之处在于,明确地将政治看作是一种公共活动而不是少数人的专利品,点明了政治是一种公共而不是私人活动;同时又继承了政治就是治理国家的活动这一古老的说法,明确地将政治与管理联系了起来,看到了管理活动在政治生活中的重要地位。在这样一种观点之下,政治管理就成了政治生活的全部,政治活动也等同于政治管理。

但是如果我们从政治管理的角度进行严格分析的话,这种看法又是不精确的。如果我们要对上述观点中的"众人之事"和"公共活动"进行严格考察的话,"公共"和"众人"都有着不同的层次。它既可以指国家和政府所进行的一切活动,也可以指不一定涉及国家或政府而与一定范围以内的大多数人利益相关的、有较多人参与的众人事务管理活动,后者在很大程度上就是一个社会性公共管理的范畴。并且,如果我们从职能角度来做经验观察的话,就会发现在一定条件之下,国家和政府的活动中也不一定都能体现公共的职能,私人的活动也并不一定就只能体现私人职能。而我们在这里所指的政治管理,显然主要是指由国家、政府或其外围组织所从事的管理活动,从而也就不包括那些由纯粹民间的力量所从事的公共管理活动。同时,政治管理也并不是政治活动的全部,诸如政治统治、政治参与、政治革命等政治活动是政治管理所不能完全涵盖的,尤其是,将政治管理等同于政治就在很大程度上看不到政治生活中的统治与被统治现象,掩盖了政治活动中所隐藏着的另一面。因此,政治管理只是特定政治主体的公共活动的一个层次,只是全部政治活动的一个方面。

(二) 政治管理与政治统治

在马克思主义对政治的职能所做的二分法中,政治管理和政治统治都是政治权力的两种基本作用方式。政治统治和政治管理都服务于特定政治主体所要维护的政治秩序,都是为了实现特定主体的政治利益。正是因为政治本身所具有的这二重职能,决定了政治统治和政治管理之间的相互依赖的紧密联系。政治统治致力于直接形成或获得统一的国家政权和铸就稳定的社会局面,从而不但使特定的社会管理具有政治性质而成为政治管理,而且还为政治管理的具体展开确定了必要的前提。政治管理以追求和维护社会公共利益和人类基本需要的面貌出现,通过公众支持的获得而成为政治统治的必要基础。落实到个体层面上,两者之间在活动主体、领域和原则上都有一定的重叠和交织。

但是在严格的意义上,政治统治和政治管理在行为主体、表现形式和作用方式上又有着相互区别的一面。在行为主体上,政治统治行为的主体只是由统治主体组成的政府机构,而且是以军队、警察、法庭、监狱等暴力机关为主组成的。而对于政治管理来说,凡是能与国家意志贯彻相一致而起作用的权力主体,都可以产生政治管理行为①。这样看来,政治管理的主体范围就远远大于政治统治的主体。除了政府是当然的政治管理主体外,参加政府或与政府合作的政党及领袖,在现代社会也是必不可少的政治管理主体。随着政府职能在当代社会的扩张,东西方社会的一些社会性组织有时也会成为特定的政治管理主体。在计划经济体制之下,企业也担负有一定程度的政治管理职能。在当代西方的政治改革中,政府的有些管理职能也在一定程度上下放给了企业。在行为的客体方面,政治统治的客体可能是多数人,也有可能是少数人,但是政治管理的客体一定是一个社会中的多数人。即在一切社会里,政治管理都只能是少数人对多数人的管理。在具体的实施手段上,政治统治一般都是直接借助于国家政权的力量,以暴力作为主要依托,辅之以意识形态的灌输。而政治管理主要是通过履行社会公共事务的管理职能来保持和促进社会稳定和发展,从而间接地实现维护国家政权的目标。

(三)政治管理与行政管理

在英语文献中,人们一般用管理(management)来指代私人管理或企业的商务管理,用行政(administration)表示政府对国家或政府对国家事务的管理。用治理(governance)来指代以政府为中心的社会公共事务管理活动也是一种普遍的做法。新近出现的公共管理(public management)除了含有管理的对象涉及的是非政治性的公共事务以外,还指政府的公共管理活动中借用了不少私人管理或企业管理的原则和方法。因而总体而论,政治管理和行政管理都是与私人管理或企业管理相对应的一种以国家或政府为中心的政治事务管理活动,侧重的是管理活动的公共性这一部分内容。在政治统治与政治管理的职能分化较为明显,政治管理与行政管理的区别尚不突出的时候,马克斯·韦伯、伍德罗·威尔逊和F·J·古德诺等人在很大程度上是将政治管理等同于行政管理,都表示国家意志的执行和管理活动。但是他们的这种区分并不同于马克思主义的区分,因为在前者看来政治统治与政治管理是国家活动的二重属性,而后者则已将其视为两个相对独立的功能活动领域。

① 王浦劬主编:《政治学基础》,北京大学出版社1995年,第186页。

在国内的行政学研究中,目前对行政管理的界定还不存在统一的看法。一般而论,学者们是在三个层次上给行政管理定位的。在第一个层次上,行政管理被视为是仅指政府行政机关对自身内部事务的管理活动,并不涉及社会公共事务的管理范围;在第二个层次上,行政管理的对象越出了自身管理的范围,将政府行政机关对社会公共事务,包括政治性事务的管理都纳入其中;在第三个层次上,则不仅指政府行政机关对社会公共事务的管理,而且还指所有国家机关及其相关组织对社会公共事务的管理①。第一个层次上的行政管理显然较之政治管理的范围要狭窄得多,第三个层次上的行政管理已几乎可以等同于政治管理了,但是目前接受这一种观点的学者已为数不多,因为其范围的过于宽泛而往往使行政管理失去了自身的特色。因而我们在这里使用的主要是第二种意义上的行政管理。在这样一种区分之下,政治管理较之行政管理而言,首先在管理的主体上就较行政管理要宽,即不仅仅包括政府行政机关,而且还涉及其他政府机关及相关的政治性组织;在管理的范围上,政治管理涉及的已经不仅仅是行政事务,而且还包括了国家的立法、司法和党派活动中的政治性事务。但是在这里也并不意味着政治管理有着固定不变的管理范围,因为以政治统治为前提的政治管理范围是在不断变化的,为了实现某种政治统治的目的,在一定的条件之下,有时也有可能将本来并不具有政治性质的管理事务提升为政治管理,而一旦形势变化之后,原本是政治管理对象的某些事务也有可能因为统治情势的变化而失去其政治性质。

(四) 政治管理与社会管理

前文已经提到,政治管理与社会管理都属于与大多数人利益相关的,有较多人参与的众人事务领域。在宽泛的意义上,所有的政治管理事务都可以说成是广义的社会管理范畴。但是在严格意义上,政治管理是专指由国家或政府及其相关组织参与其中的政治性事务管理领域,是围绕着政治统治而展开的公共事务管理领域,是以政治权力所进行的自上而下的管理;而社会管理在更大程度上是属于不带有政治性质的社会自主性、自发性、自治性的管理领域,是一种自下而上的社会自我管理。因而两者虽然都属于公共性事务的管理,但却有着管理范围和管理方式上的差别。

在政治发展的实际历程中,政治管理与社会管理之间又往往没有明确的界限,两者的边界经常处于不断变化之中。在传统社会中,"政府通常并不渗

---

① 施雪华主编:《政治科学原理》,中山大学出版社 2001 年,第 701—702 页。

入到社会的底层",政治管理者常常满足于通过从半自治性的社会管理实体那里获得贡金而止①。因而范围狭小的政治管理和半自治性的社会管理的共存就构成了这一时期的主要景观。随着社会由传统向现代的过渡,政治管理和社会管理的规模、复杂性和功能都在不断地增加。但是在政治发展的不同阶段和不同地区,政治管理与社会管理的相互关系也呈现出了不同的模式。自由资本主义时期的政治管理仅限于发挥维护市场经济正常运行的基本职能,市场经济的发展使得社会管理的职能大大增强,此时两者的基本关系是弱政治管理、强社会管理;凯恩斯革命以来政府对社会事务干预加深又使得两者的关系颠倒为强政治管理、弱社会管理;新公共管理运动的兴起又标志着新一轮社会管理的复兴。发达资本主义国家在这一总体的声势下在各个国家内部也有着不同的具体结合模式,如美国政府奉行有调节的市场经济模式,法国政府奉行的是与计划相协调的市场经济模式,德国政府奉行的是社会市场经济模式②。在实行计划经济的国家当中,政治管理保障着所有社会事务的管理,也就是说,政治管理承担对"作为社会生活的经济领域、社会领域、政治领域和思想领域综合的整个社会组织进行理性的统一的集中管理"③。在这种模式之下,政治管理全面替代了社会管理,整个社会都在政府的集中统一管理之下。在马克思主义的政治观中,随着社会的进步和政治的发展,社会管理的成长壮大和政治管理的逐渐退缩是整个社会发展大势所趋,两者关系演化的理想模式是政治管理逐渐被社会管理所替代。

至此,我们已经对与政治管理相关的一系列基本概念做了辨析,由此我们也就明确了政治管理的基本含义。所谓政治管理,就是指以政府机构及其相关组织为主体,运用政治权力对社会公共事务中与政治统治相关的人和事所进行的领导、决策、组织、沟通、协调和监控活动。其主要目标是维护国家政权的稳定和巩固,促进社会经济文化的发展。

二、政治管理的发展

从本质上讲,作为一种政治行为的政治管理是与政治权力同生并存的。

---

① 格林斯坦、波尔斯比编:《政治学手册精选》(下),商务印书馆1996年,第211页。
② 曹沛霖:《政府与市场》,浙江人民出版社1998年,第283—326页。
③ 王浦劬主编:《政治学基础》,北京大学出版社1995年,第183页。

因而政治权力本质的变化内在地决定着政治管理类型的转变。在这个意义上,政治管理的发展与政治统治的变迁有着内在的一致性。因此最为基本的政治管理发展模式是奴隶制社会的政治管理、封建制社会的政治管理、资本主义社会的政治管理和社会主义社会的政治管理这样一个变化过程,不同阶段上的政治管理都服从和服务于不同阶段上的统治阶级的根本利益①。

但是,作为一种管理活动的政治管理同时又遵循着管理活动的发展规律。所以在政治与管理的交织下,政治管理又有着某些独特的发展规律。在人类社会管理实践的发展过程中,以层级结构和法理权威为基础的官僚制的出现是管理活动发展中的一个分水岭,它不但标志着政治管理在政治活动中的相对独立和分化,而且还意味着政治管理的方式和组织原则的重大变化。因此,我们以官僚制为界而将政治管理从整体上分为前官僚制形态的政治管理、官僚制形态的政治管理和后官僚制形态的政治管理三种基本的理想类型。

(一) 前官僚制形态的政治管理

前官僚制形态的政治管理是工业社会以前的政治管理模式。在管理主体上,由于社会利益结构相对简单,社会分化程度也没有那么复杂,国家政权体系的构成也相对单一。这时的政治管理主体一般只限于政府机关,没有现代的政党和工会等参与其中,也没有现代意义上的立法、行政与司法的相对分立。当时能够与政府配合进行政治管理的组织仅限于宗族组织或宗教组织,往往形成的是家国一体或政教合一的组织体制。在权力的行使规则上,前官僚制形态的政治管理具有明显的排他性和任意性,被管理者并不像现代政治管理那样可以在一定程度上参与到管理活动之中,管理所依凭的规则也主要是对传统的继承和管理者的个人意志,没有明确而一贯的规则,即管理的权威主要来自传统和管理者的个人魅力,带有很大的神秘性和任意性。在管理的方法上相当简单落后,主要使用的是行政强制和思想教化的方法,没有现代政治管理所使用的经济和法律等多种方法。此时的政治管理在政治活动中也缺乏独立的地位,还在很大程度上和政治统治行为混融在一起,不像现代官僚制政治管理那样对社会经济的发展起着驱动作用。

前官僚制形态的政治管理在漫长的演化过程中也呈现出不同的具体形态,其中最为典型的两种形态就是家产制政治管理和历史官僚帝国的政治

① 王浦劬主编:《政治学基础》,北京大学出版社 1995 年,第 188 页。

管理。

在家产制的政治管理模式中,政治管理主体还没有实现和社会的相对分离,也缺乏明确的政治管理目标。萌生于氏族或家族共同体的世袭家长制首脑还没有从生产活动中完全解脱出来,与其一道从事政治管理活动的臣仆与主子之间也是一种严格的孝敬关系。对传统的虔敬和对家长本人的孝敬构成了权威行使的两大基础,从而也就成了政治管理活动所依凭的两大规则①。由于管理者和被管理者都还没有从其他社会角色(如亲缘关系)中完全分离出来,因而政治管理活动与其他的管理活动很难分开。游牧社会和农业社会早期的政治管理模式多属于这种形态。

在历史官僚帝国的政治管理模式中,政治管理体系已经发展出了某种有限的自主性目标,政治管理组织也基本上从社会当中实现了权力向中央的有限集中,专门性政治管理活动已经达到了一定的自主化水平。但是最高管理者仍然是依世袭而产生,其合法性的来源也主要是传统和魅力的成分为主。所不同的是参与政治管理的官员已经不再是随机录用,而是通过一定的能力和成就考核而获得终身官位,因而管理主体已经有了某些专门化的特征,管理所依凭的规则里面也有了一些法理的成分。但是与现代的官僚制政治管理相比,作为被管理者的臣民并没有与他的其他社会角色(如地方共同体成员)区分开来,许多传统的亲缘共同体也仍然还发挥着某种政治管理的作用,政治管理的总体范围也还相对有限②。所以,历史官僚社会的政治管理模式既不同于家产制的政治管理模式,又不同于现代的官僚制政治管理模式,是一种介于两者之间的过渡性政治管理模式。古代埃及、巴比伦、从汉到清的中华帝国、波斯帝国、罗马帝国,和从封建体系衰落到绝对专制时期的西欧、中欧和东欧国家都大致属于这种类型。

(二) 官僚制形态的政治管理

在由前官僚制形态的政治管理向官僚制形态的政治管理过渡的过程中,有不少西方国家都经历了一个特殊的、以政党为主的政党分肥型政治管理模式。经过资产阶级革命的洗礼之后,天赋人权和主权在民的观念已经深入人心,国家政权的拥有者也已经从君主变为人民。在为落实主权在民原则而展开的选举和动员活动中出现了现代意义上的政党,并开始成为现代政治生活

---

①　马克斯·韦伯:《经济与社会》(下),商务印书馆1997年,第327页。
②　S·N·艾森斯塔得:《帝国的政治体系》,贵州人民出版社1992年,第25页。

中的重要角色。但是由于这一时期的主权在民原则在制度安排上还是一种简单粗陋的形式,在选举中获胜的政党也就天然地成了全面掌握国家政权的主体①。由于政党将国家政权当成了实现政纲的工具,在选举中获胜的政党也就全面垄断了政治管理活动。在这样一种制度安排下,在选举中获胜的政治领袖也就成了政治管理的最高主体,国家机构中的职位便按照在选举过程中的功绩大小而由政党独家分配,"胜者全胜、败者全败"便是这一时期政治角逐的最终定局。

尽管这种安排在当时的西方学者看来最能体现主权在民的原则,能全面彻底实现选民意志,但是就政治管理的角度而言,却有两个致命的弱点。第一是政治管理所要求的连续和稳定性不能实现。承担着对社会公共事务进行日常管理的政治管理活动是整个共同体得以存在所必不可少的条件,因而政治管理从其诞生之日起就要求有一种内在连续性和稳定以持续不断地进行全面的管理活动,但是在政党分肥的格局之下,每一次选举都会带来整个政治管理体系的大换血,国家的日常管理事务就失去了必要的连续性,政党轮替的结果也必然使其缺少管理活动所要求的经验的积累,政治管理的效率就受到了严重的威胁。第二是政党分肥制在当时也带来了严重的腐败现象。政党分肥在一定意义上讲就是政党分赃,那些能够在选举中以金钱助上一臂之力的金钱拥有者必然会要求在政府的职位分配中拥有自己的一官半职。金钱与政治的结盟,必然带来大量的腐败现象,因而这一时期的政治现象又被人们称作是"老板政治"或"寡头政治",国家政权服务的对象往往是少数有钱有势者。为了缓解这一困境,西方国家大都相继实行文官制度,通过常任文官制的建立而在一定程度上缓解政党分肥所带来的弊端,从而全面进入了现代官僚形态的政治管理。

官僚制形态的政治管理是现代社会所普遍采用的一种政治管理形态。从规范意义上讲,官僚制是现代政府的一种基本组织形式,即以层级结构和法理权威为基础而建立,在指挥和控制现代社会方面发挥着重要作用的统治和管理体制及方式②。最能体现官僚制度的三个特征是劳动分工、层级结构和对事不对人的法规。以专业为基础的劳动分工意味着所有的工作都合理地按职能而分成若干单元,各单元之间有明确划分的权力和责任,并按照系统的劳动分工来确定各自的职责领域,以各司其职,相互配合。层级结构则要求官员的地位和作用明确地依阶层制原理设置,自上而下地分配权力和责任,上级机关

---

① 施雪华主编:《政治科学原理》,中山大学出版社2001年,第705页。
② R·J·斯蒂尔曼主编:《公共行政学》(上),中国社会科学出版社1988年,第84页。

和官员统治和监督着下级机关和官员;职位的分层同时也构成了报酬的基础,对功劳的赏赐则表现为自下而上的晋升。对事不对人的法规要求官员们在管理活动中严格按照法定的规则和程序来处理业务工作,个人的主观意志被排除在管理活动之外。在规则和程序没有变动之前,一切都循常规而行,以此来保证业务的统一性和连续性。

官僚制政治管理形态的最大特点是实现了政治管理的专业化和技术化。在现代民主体制与官僚制的结合之下,官员按照产生方式的不同被分成了三类:选举产生的官员、任命产生的官员和考试产生的官员分别各自体现了现代政治运作的不同机制,并按照各自的特点实现了细致的分工和合作,实践中的政治管理走向了技术化。政党官员、立法人员、行政官员和司法人员共同构成了国家政治管理专业化队伍。

官僚制政治管理形态的第二个特点是实现了政治管理的规范化和法制化。尽管在政党轮替的体制下政治领袖和政党的政策还可以在一定范围内影响和左右政治管理行为,但是他们都必须在公众所接受的宪法和法律的框架内活动,政策必须经过合法化的过程之后以法律规范的形式出现才能成为实际政治管理的依据。官僚制内部的一切行为则都依照法律和法规以公开的程序有序进行。个人专断和任意妄为被排除在现代政治管理的过程之外。

最后是实现了管理手段的多样化。民主政治、官僚体制与市场经济的结合,使得现代政治管理在原有的行政和教化的方式之外出现了新的法律和经济的管理方法。行政手段、法律手段、经济手段和道德手段成了现代政治管理的四大基本方式。此外,随着现代科学技术在政治体系之内的传播和扩展,定量化、信息化和系统化的政治管理技术在现代政治管理中的应用范围越来越广,政治管理的科学性和操作化的程度越来越高。

值得注意的是,官僚制形态的政治管理并不是纯粹以官僚制为基础的政治管理。在现代国家中,官僚制是作为代议民主体制的支撑结构而存在的。这一时期的典型形态应该是代议民主官僚制。

(三) 后官僚制形态的政治管理

官僚制政治管理在现代社会的成长和壮大带来了政治管理的科学化和规范化,并且在大范围内大大提高了政治管理的效率。但是正如官僚制理论的集大成者马克斯·韦伯所早已指出的那样,官僚制与工业资本主义和形式主义的法律一样,只有在纯粹形式的、与价值无涉的意义上才具有合理性。如果以某个特定的价值判断为参考,从价值上分析官僚制,那么它就很可能是非理性的。其形式上的合理性越大,价值上的合理性就可能越小①。官僚制在形式上的理性化和科学化的程度越高,它就越发要求官僚化组织体系中的个人将自己内心和精神需要排除在外。长此以往,身处其中的官员将逐渐失去其个性和本能,而异化为没有个性的机器零部件。也就是说,官僚制越发展,它越有可能成为一部脱离人性的冷酷的牢笼。

对外而言,官僚体制越成长,其作为政治机制对经济机制的替代程度就越多,政府功能的扩张必然带来市场功能的萎缩,社会的自主性和创造性也必将受到更大的压抑。西方社会自 20 世纪 70 年代以来就已经深刻感受到了政府干预过多给社会发展带来的重大弊病,要求限制政府权力的反国家主义思潮四处泛滥。同时,官僚在现代社会的成长也是与社会发展的一定阶段相联系的,即与工业社会的标准化、大批量的经济产品相适应,官僚制的政治管理也能在政治上提供大批量的标准化政治产品。但是随着信息革命所带来的后工业社会的来临,社会结构的改变已经使社会需求走向了多元化的发展,人们无论在经济上还是在政治上所需要的都不再是单一性的标准化产品,而在更大程度上是多样化的产品和服务,官僚制政治机器所带来的服务已经不能再适应新的社会。此外,信息革命所带来的技术发展使得人与人之间直接交往空间也更大,公众在大范围内直接参与公共事务的管理在技术上成为可能。因此,不少西方国家自 20 世纪 60、70 年代以来就在尝试进行新的政治变革,80年代以来更是陆续开展了一场号称为"新公共管理"的政治管理变革运动。后官僚制形态的政治管理在一些国家已经初露端倪。

首先是在政治管理的输入端口,部分国家开始提倡直接参与民主制②。即由人民直接来行使创制权、复决权和罢免权,以保证公民能够广泛地参与国家立法和监督政府,直接对政府决策施加影响。有的国家甚至用电子表决的方式来征询公众对部分政府事务的意见,以提高公众在一般决策事务中的参与能力。在政治管理的输出端口,西方国家的一个普遍做法是所谓的"政府卸载"运动,将政府所直接经营的大量经济和社会事务放给企业和社会,使政府从繁杂的事务中解脱出来,由划船的角色转变为掌舵的功能③。其具体展开方式则主要有国有企业的民营化、行政事务的社会化、放松对企业的规制和削减福利开支等四个方面。两方面改革的主要目的都是在一定程度上缩小官僚

---

① 王威海编著:《韦伯:摆脱现代社会两难困境》,辽海出版社 1999 年,第 242 页。
② 曹沛霖主编:《西方政治制度》,高等教育出版社 2000 年,第 60 页。
③ 戴维·奥斯本、特德·盖布勒:《改革政府——企业精神如何改革着公营部门》,上海译文出版社 1996 年。

制的活动空间,通过社会的自我管理来提高自主性和创造性能力。

对于放权和卸载后仍然由政府管理的那一部分事务,这场新的改革运动的主要做法就是将企业家精神引入政府管理活动中,借用了一些企业管理的成功经验和新的管理技术来对政府自身的政治事务进行管理,以在政府部门内部也建立起竞争和新的责任机制,以一种全新的方式来提高政府管理的活力。其主要措施有内部合同制、权力关系重组、小规模化的结构调整和新程序的引进等。如英国政府的执行局自主化和消费者主权运动、美国政府的还权于州和澳大利亚的大部制改革等①。

西方国家的这场持续了几十年的改革运动虽然对传统的官僚制政府产生了强大的冲击,但是在实践中出现的一些改革观念、方向和措施在总体层面上目前还仍然缺乏完整的现实形态。因为大规模直接参与在目前还仍然受到了诸多方面的限制,还不仅仅是一个技术问题,直接参与的民主制在当前是很难全面推行的;在政治机制与经济机制存在本质差异的情况下,很难将企业的管理方式完全移植到政府之中;在整个西方社会的转型还没完全完成之前,一些新的改革措施还受到了传统官僚制和原有宪政体制的限制。因而,所谓后官僚制形态的政治管理目前还只是一种变革的趋势,很难说有完整的现实形态。

三、政治管理的方式

政治管理所要实现的目标和完成的任务是通过政治管理的行为方式来具体实现的。按照政治管理的基本含义,政治管理的具体行为方式主要包括政治领导、政治决策、政治组织、政治协调、政治沟通和政治监控等。

(一)政治领导

政治管理活动中的政治领导是指,政府、政党和其他政治团体及其领袖运用自己的权力和影响力来确定政治活动的基本方向、基本任务和主要内容。在现实的政治活动中,政治领导活动主要表现为发现群众的深层动机和需求,并说服追随者为实现体现这些动机和需求的目标而奋斗的过程②。在政治管

---

① 周志忍:《当代国外行政改革比较研究》,国家行政学院出版社 1999 年。
② 詹姆斯·麦格雷戈·伯恩斯:《领袖论》,中国社会科学出版社 1996 年,第 21 页。

理日益科学化和技术化的今天,政治领导活动已经主要表现为对未来的不确定性的把握、控制和对变革的引导上。在民主政体之下,民主的政治领导在很大程度上是一门民主的治国术,其主要任务是"保证各种体制和价值观念能紧紧跟上历史愈来愈快的速度,使社会有可能控制科学技术所解放出来的力量"①。

相对于其他领域的领导活动而言,政治领导活动具有如下几个根本特征:第一是政治领导活动所主要关注的是事关全局的整体和长远利益。政治领导活动所集中关注的是国家、政府和特定政治团体的整体和大局,其活动的主要内容是确定政治活动的价值、规范、方向、目标和基本原则。第二,政治领导在形式上主要表现为政治领袖和政治精英(国家元首、政府首脑及其他对历史发展有重大影响的政治家)的实际活动过程。作为国家政权中的关键性人物,政治领袖或政治精英是现代政治活动的核心和灵魂,政治领导活动也正是他们对群众需求的发现和把握并利用各种时机引导民众去实现这个统一目标的过程。第三,作为一种特殊形式的社会领导,政治领导活动是以特定的政治权力作为后盾和保障的,因而较之于其他领导活动而言,政治领导有着特殊的权威性和强制性。

作为一个动态的活动过程,政治领导大致包括如下几个基本的环节。首先是对民众的需求和社会政治生活的基本局势和环境作出权威性的判断,并在此基础上确立政治活动的目标、任务和原则。其次是利用各种可能的机会,提出政治管理的基本方案,制定政府或政党的路线、方针和政策。再次是对政治管理的主体进行一定的安排,动员实现目标所需的追随者,并激发群众去一道实现既定的目标。最后是在目标的实现过程中的指挥和控制,即利用自己的权力和影响力来引导政治管理的客体执行既定的决策方案,对出现的偏差予以纠正。

(二) 政治决策

政治决策是指政治管理的主体对政治生活中重大问题的方向、目标、原则、方法和步骤的实际选择过程。由于社会生活的复杂性和政治活动的变动性,在实际政治生活中往往是很难区分某一决策是政治决策还是非政治决策。政治学家布鲁诺·利奥尼曾经试图将"结果产生权力"或"改变原有权力状

---

① 小阿瑟·施莱辛格:《民主的领导》,转引自王惠岩主编:《政治学原理》,高等教育出版社 1991 年,第 361 页。

态"的决策视为政治决策;保尔·迪辛认为,政治决策是关于"保存和改善决策机构的决策";政策学家德诺尔则认为,政治决策是关于决策总体即关于决策系统的决策[①]。上述决策学家的论述首先向我们指明了政治决策是发生在政治系统中的决策,即政治决策一定是发生在公共权力机关中的权威性决策,是对公共价值所做的权威性分配,一般的社会及企业决策行为是排除在政治决策之外的。但是发生在公共权力系统中的决策也并不一定就是政治决策,诸如环保、价格、卫生和能源等发生在公共权力系统中的决策由于对政治系统的存在和变迁并不产生实质性的影响,因此也并不属于政治决策的范畴。只有那些影响到政治系统的存在和变迁的整体性方向、目标、原则、方法和步骤的选择行为才是政治决策。

由此我们可以归纳出政治决策活动的几个基本特征:第一是政治决策的主体是国家中的政党和整个国家机构体系,是掌握和行使国家权力的政治组织及其成员。第二是政治决策的对象是关系到国家发展的重大问题,政治决策的结果会影响或改变整个政治系统的权力分配格局。第三是政治决策的内容主要涉及国家活动的方向、目标、原则、方法和步骤。第四是政治决策要遵循一定的政治程序,要按照既定制度所设置的决策框架有序进行[②]。

由于政治决策本身是在不同的政治制度和决策框架之下进行的,因而各个国家的政治决策过程都有着不同的具体展开过程。即使是在同一套政治体系之下,不同的观察视角也在学者中产生了不同的具体决策程序。政策学家拉斯韦尔把决策的程序分为七个阶段,即信息、倡议、命令、试行、施行、终止和评估;西蒙所提出的决策程序则主要包括四个环节:信息活动、设计活动、选择活动和回顾活动。总体而言,一般的决策活动都要经历下面这几个基本的活动步骤:发现问题、确立目标,设计出实现目标的多样化方案,分析和选择出最佳方案,执行和实施方案,反馈和评估方案。而政治决策的特殊性在于,在上述的每一个环节中都涉及价值负载和权力冲突。因而,如何才能获得特定机构和特定公众的政治支持,是贯穿于政治决策过程中的一条核心线索。

(三) 政治组织

政治组织即政治管理的主体为实现某种政治目标,而动员追随者并通过机构设置、人员安排、权责分配和规范确立而建立起某种组织构架的过程。宏

---

① 初尊贤主编:《政治学原理》,中国政法大学出版社1997年,第262页。
② 王邦佐、孙关宏、王沪宁、李惠康主编:《新政治学概要》,复旦大学出版社1998年,第269页。

观意义上的政治组织也就是某种特定的政治制度的设计和建立过程；微观意义上的政治组织则指为实现某种特定的政治任务而开展的组织过程。

政治组织的首要工作是动员追随者的参与，即通过宣传和动员使人们认清自己的价值诉求和利益需求，从而愿意加入到实现某种政治目标的行列中来。在某些特定的情势之下，如在战时状态或其他紧急情况下，政治管理主体也有可能不通过说服和宣传而采用某种强制性动员或欺骗性号召强行动员或征召人员参与到特定的政治行动之中。其实设计一定的政治结构，也就是按照特定任务的要求而设计组织构架，分配权力与责任、权利与义务，以将分散的人群纳入有序的组织框架之内。最后是通过规范的确立和纪律的制定来调节和控制人们的行为，并按照人员的活动结果而评估和分配各种价值。

（四）政治协调

政治协调是指政治管理主体对社会政治生活中的矛盾和冲突进行调节或调解，使之趋于平衡和谐的政治行为和活动过程。政治协调的产生直接来源于政治冲突的存在。政治生活中的各方主体由于各自的价值、观念、利益、感受的差异或政府的公共政策等都有可能导致在政治交往中产生出政治冲突。冲突的积累就可能出现政治不服从、政治抗议、政治暴乱、政治革命和政治体系内部的权力斗争。而政治管理天然就要求秩序、稳定和有序的发展。因而冲突的存在必然导致协调的产生。

在现代冲突理论研究中，人们愈来愈发现有政治冲突存在并不完全就是坏事。某些政治冲突的存在对于加强政治体系的凝聚力和运作效率反而能够起到促进作用。所以政治协调所要解决的并不是所有的政治冲突，而是解决那些功能失常的、有利实现政治目标的政治冲突，有些高明的政治家在治国活动中在没有冲突存在时反而会鼓励某种有利于提高效率和实现目标的政治冲突。

政治协调解决政治冲突的方式主要有如下几种：第一是政治干预，即政治管理主体对冲突各方予以主动干预和压制，强迫冲突各方作出一定的让步以平息冲突；第二是权威仲裁，指政治管理主体应冲突各方的要求，在冲突各方陷入僵局的情况下被动地裁定是非；第三是协商妥协，即政治冲突各方的领导者之间通过面对面的谈判，按求同存异的原则来化解冲突；第四是协同合作，即冲突各方都主动要求解决矛盾，变对立为合作，并建立起相互信赖的合作关系以求共同发展；第五是搁置回避，即对存在冲突的问题暂时不予解决，以等待环境的变化。

（五）政治沟通

沟通本义是指对信息的接收、选择、储存、传送、分析和处理。在《布莱克维尔政治学百科全书》中，政治沟通是指赋予政治过程以结构和意义之信息和情报活动。它不仅包括政治精英对民众的信息发送，而且还指全社会范围内的信息沟通活动。政治管理意义上的政治沟通是指政治管理主体对政治信息的接收、选择、储存、传送、分析和处理的一系列过程。

在现代政治体系中，政治沟通常常被誉为是政治管理的中枢神经，对整个政治管理活动起着不可替代的重要作用。一个完备的政治沟通系统已经形成了一套复杂的网状结构，整个沟通网络的运作机制主要包括下面这几个基本要素：第一是政治信息的输送者或沟通者，在现代政治体系中主要是由政党、利益集团和其他政治性社会团体完成的；第二是政治的基本内容，即政治信息的输入、转换和输出；第三是政治信息的处理，一般是由正式的官方机构和个人对政治信息进行筛选和整理；第四是政治信息的沟通渠道，即信息传送通道。通常是指政府许可并加以制度化的政治通道（大众传媒、社会团体）和各种非正式的人际关系通道。

（六）政治监督

政治管理过程的政治监督主要是指政治体系为保证权力的正常运行而对整个体系所进行的监督活动。其主要目的在于保证权力的廉洁和高效运作，防止权力的腐化和堕落。

在这个意义上，政治监督也就是对权力的监督制约，主要由以下几种机制构成。第一是宪法监督，即违宪审查，一般是由国家的最高权力机关、专门的宪法法院或普通法院来审查国家立法、行政和司法机关在行使国家权力的过程中是否违反宪法，并对违宪行为给予必要的纠正和制裁。第二是立法监督，由国家代议机关对行政、司法及其他国家机关进行监督，具体手段包括听取报告、质询、调查、倒阁、罢免或弹劾等。第三是行政监督，由国家行政管理机关以及其内部专设的监察机关对违法、违纪行为的检查、惩戒等活动。第四是司法监督，即司法机关为保证法律的准确、及时适用而通过审判活动来对违法行为的防范、纠正和制裁。此外，在中国，政党的监督和人民政协的监督也对国家机关的活动产生着重要的作用。

思考题

1. 政治管理与政治的相互关系是什么？

2. 政治管理与行政管理的联系及区别是什么？

3. 官僚制政治管理的基本特征有哪些？

4. 简述政治管理的基本方式。

5. 在社会主义市场经济条件下如何改革和完善政治管理体制？

第八章　政　治　参　与

政治参与指特定体制框架内普通公民或公民团体试图影响政府人事构成和政府政策制定的各种行为。它是公民沟通政治意愿、制约政府行为，从而实现公民政治权利的重要手段。而政治参与的有效性及其规模、程度也成为人们判断一种政体是否民主的重要指标。本章主要探讨政治参与的内涵特征与功能、政治参与之主体及主要途径，以及政治参与与政治现代化的内在相关性。

一、政治参与的含义与功能

（一）政治参与的含义

公民的政治参与活动是现代国家政治生活的重要组成部分。在西方，政治参与这一概念最早可以追溯到古希腊。在伯利克里时代（公元前461—公元前429）的雅典城邦，城邦内的大小政事都要经过由城邦全体成年男子组成的公民大会批准，城邦内公民（奴隶、妇女和外邦人除外）直接参与各种决策。故而，这种政制运作形式被称做直接民主制。

在现代政治体系中，政治参与作为公民的一项重要的政治行为日益受到研究者们的关注。从二战后西方学者对选举学和选举行为的系统研究开始，到20世纪60年代，伴随着西方行为主义政治学的兴起，对政治参与的研究也得到进一步拓展和深化。其研究对象不仅涉及发达国家公民参与行为，而且还将注意力转向广大发展中国家；不仅涉及公民的参政行为，而且涉及参政动机、参政心理、参政意识等。

有关政治参与这一概念的界说非常丰富。由于研究者在研究视角和研究方法上的差异,使得他们对政治参与的认识存在诸多分歧。就这一概念的内涵来说,有的学者偏重于从过程的角度看待公民参与,认为政治参与就是"全国或地方、个人或集体支持或反对国家结构、权威和(或)有关公益分配决策的行动"①。而有的则偏重从功能的角度看待公民的政治参与,认为所谓政治参与,就是"平民试图影响政府决策的活动"②。实际上,政治参与作为现代公民政治生活中的一项重要内容,不仅是政治关系中公民实现自身政治权利的重要方式,而且反映着公民在国家政治生活中的地位和作用,因而种种关于公民政治参与的界说都将影响政府的活动视为公民参与的核心内容。

有关政治参与的外延,有的学者从狭义的角度出发,认为它只包括合法的参与方式。如诺曼·尼和西德尼·伏巴认为,政治参与指的是"平民或多或少以影响政府人员的选择及(或)他们采取的行动为直接目的而进行的合法活动"③。这里,政治参与的目标在于影响政府人事和(或)政策抉择,它不包括诸如消极抵制、集体不服从、政治暴力或恐怖、暗杀甚至革命等政治行为。而另有许多学者主张应从广义的角度认识政治参与,政治参与也应包括非法的政治活动。如塞缪尔·亨廷顿和琼·纳尔逊就认为政治参与包括影响政府的所有活动,而不考虑这些活动根据政治系统的既定规则是否合法,因此,诸如抗议、游行示威、暴动甚至叛乱都属于政治参与形式④。持类似观点的还有阿尔蒙德、托玛斯·戴伊等学者。

事实上,政治参与并非一个一成不变的概念。它毋宁是特定社会—历史—文化条件下公民在国家政治生活中的地位和角色的物化形式,它所表现出的具体行为外观及其性质与一个国家的政治发展程度和社会形态有着密切的联系。封建专制体制下,普通民众的命运往往主宰在少数地主官僚的手里,他们没有参与政府活动的任何权利,一些在现代人看来基本的参政权利(如结社、集会、游行示威等)在当时却被视为非法。到了近代资本主义社会,尽管资产阶级在法律上承认广大民众平等的参与政治的权利,却在很大程度上掩盖了资本的统治和金钱政治的阶级本质。而且,即使在同一性质的国家,由于各国国内政治资源的结构状况上的差异,政治参与也常常会表现出不同的内涵。

---

① 帕特里克·J·孔奇:"政治参与概念如何形成定义",载《国外政治学》,1989 年第 4 期,第 32 页。
② 塞缪尔·亨廷顿、琼·纳尔逊:《难以抉择》,华夏出版社 1988 年,第 3 页。
③ 格林斯坦、波尔斯比编:《政治学手册精选》(下卷),商务印书馆 1996 年,第 290 页。
④ 同②,第 6 页。

这反映在研究者们对政治参与的认识上,就是他们往往根据各自的研究目的、从不同的研究视角出发赋予政治参与不同的内涵和外延。

我们认为,对任何概念的界说不仅要注重其概括性,即这个概念必须能够涵括不同政治形态中的一系列行为,而且要将这一概念的外延限制在一定的范围之内,这样才能突出其精确性,而精确性是一种概念发挥其特有的解释力的关键所在。若将政治参与的外延扩展至非法的政治活动,那么作为公民影响政府活动的政治参与就与一般的政治行为实际上没有了区别。而且,大规模非法的体制外暴力事件更多地发生在专制体制中。由于政治制度化程度低,各种公民参政的渠道被堵塞,所以该体制下民众的政治活动常常表现为非法的行为。而在现代民主政治中,政治参与则经常表现为合法的、体制内的非暴力活动。基于此,我们基本上可以将政治参与界定为特定体制框架内普通公民或公民团体影响政府人事构成和政府政策制定的各种行为。

从以上对政治参与的界定中,我们可以进一步概括出政治参与所具有的以下基本特征:第一,政治参与的主体是普通公民或由公民组成的团体。政治参与者不同于专门从事政治或政府职业工作的政治职业者,他们的政治活动是业余性质的、非连续的,因而不包括政府公职人员、政党骨干、政治候选人以及专门从事院外游说活动的人员。而且,公民不仅可以作为单独的个人参与政治,如参加选举日投票,还可以组成各种形式的利益集团、非政府组织甚至政党,从而实现自己政治参与的权利(本章第二节将分别予以论述)。

第二,政治参与的目标指向是政府的活动。但并不包括与政治有关的所有活动,而只是特指那些旨在影响政府人事构成和政策制定的活动。其目标直接指向政府当局,一般不包括非政府领域内的各种活动。而且,不管参与者的行为是否最终对当局产生压力,产生参与者所预期的效果,只要参与者的政治行为旨在影响政府活动,这种行为就属于政治参与的范畴。

第三,政治参与是一种政治行为。公民有关政治的知识、态度、兴趣以及个人所表现出的政治能力和政治功效意识等主观因素尽管常常与公民的实际政治参与行为有着密切的联系,但这些均不在政治参与概念所指涉的范畴之内。另外,有关政治参与的意图和动机,由于其极端的复杂性也无法包括在政治参与概念的范畴之内。

第四,政治参与的途径常常多种多样。一般有政治投票、政治选举、政治结社、游行集会等等,在中国还有公民投书信访等形式。而且,政治参与的形式及其实现程度往往与一个国家的政治发展程度有着密切的关系。

第五,政治参与基本上是一种体制内的非暴力行为。与那种大规模的体制外暴力行为不同,政治参与的主要目标在于影响政府特定政策行为的努力,而非推翻政府本身。

(二) 政治参与的功能和意义

现代民主理论认为,政治参与是公民沟通政治意愿、制约政府行为,从而实现公民政治权利的重要手段。而政治参与的有效性及其规模、程度也成为学者们判断一种政体是否民主的重要指标。随着现代国家在社会生活中的影响不断增强,民众通过政治参与表达自己的政治意愿,使直接或间接影响自身利益的政府政策更多地以民意为基础,日益成为一个政治系统稳定运行的重要保证。在现代政治系统中,政治参与的功能和意义主要表现在以下几个方面:

首先,对作为政治参与主体的公民来说,政治参与发挥着重要的政治学习功能。如果说现代民主政治是一种公民政治,那么培养具有独立的理性判断能力的权利和义务主体、具有民主意识的公民则是建立现代民主政治的基本前提。通过政治参与,公民可以"学习如何发挥自己的政治作用,变得关心政治,增强对政治的信赖感,并感到自己是社会的一员,正在发挥着正确的政治作用,从而得到一种满足感"①。而且,在政治参与过程中,民众可以逐步养成宽容和妥协精神,这种精神正是现代民主制度赖以建立的政治文化基础。

其次,平等的政治参与是政治系统汲取合法性的重要途径。所谓合法性,就是一个政治系统内成员对该系统的心理认同和群体忠诚。它是政治系统赖以存继并维持长久生命力的基石。政治系统可以通过各种政治参与渠道吸收各种社会利益诉求、民众意愿,然后作出政治选择,从而使政策输出以民意为基础。一个参与渠道畅通、能够以系统内大多数民众的利益和意愿为依归的政治系统必然增强民众对该系统的信任感和归属感,其统治能力也会得到增强。而对一个长期压制公民参政要求的政治系统来说,其政府政策必然无法反映民众的愿望,因此该系统的合法性也会遭到削弱。

最后,政治参与是在国家与社会之间建立权力平衡机制的"杠杆"。现代政治社会学研究表明,国家权力有着不断扩张的强大惯性,如果缺乏足够的制约手段,最终将会吞噬整个社会肌体内部的自组织系统和自治能力。对国家权力的制约不仅要求在体制内以权力制约权力,而且要以社会权力对国家权力构成外在平衡力量,而"民主的政治参与可以在国家和社会之间稳妥地矫正

---

① 蒲岛郁夫:《政治参与》,经济日报出版社 1989 年,第 5 页。

政府的行动与公民的意愿和选择之间的矛盾"①。现代民主政治的核心问题应是：民众如何能够控制政府的行为？通过充分而有效的政治参与实现民众对政府的有效控制不仅是现代民主政治的应有之义，而且是在国家与社会之间建立权力平衡机制的关键所在。马克思就曾对公民的选举权在制约国家权力方面的重要意义给予过高度评价，他说，"选举是市民社会对政治国家的直接的、不是单纯想象的而是实际存在的关系。因而显而易见：选举构成了真正市民社会最重要的政治利益。由于有了无限制的选举权和被选举权，市民社会才……上升到作为自己真正的、普遍的、本质的存在的政治存在。"②

（三）政治参与的本质特征

大量的研究表明，社会经济地位（如职业地位、受教育水平、家庭收入等）与政治参与之间有着紧密的关联。社会经济地位高的人，往往比那些处于社会低层的人们在政治上表现更积极。诺曼·尼和西德尼·伏巴从对六个国家公民的政治参与状况统计分析中发现，"最积极的公民不成比例地来自富有者，而最不积极的则来自贫穷者。"③公民在政治参与中的表现常常是他们社会经济地位的反映。

如何解释人们社会属性与政治参与之间的这种关联性？西方学者分别从不同的角度给出了各种各样的答案。归纳起来，主要有以下几个方面：① 社会经济地位高的人往往能够掌握更多的政治资源，如竞选捐款、政治信息、政治知识和技能等等；② 由于在现有体制中有着更多的利益需要维护，从而刺激了这一阶层的人们对政治更强烈的兴趣，这使得他们的政治功效意识比其他任何阶层都要强；③ 政治组织是现代政治活动的基本形式，政党、利益集团、志愿协会等是动员公民进入政治系统、实现利益表达的有效手段。对于在社会经济方面占据优势地位的阶层和个人来说，他们有更多的可能参与这些组织；④ 而对于那些处于社会底层的人们来说，由于缺乏社会经济地位较高的人们的诸多优越条件，他们对自己在政治系统中的影响力没有足够的信心，其政治功效意识也相当低，这就使他们经常对政治问题和政治活动态度冷淡，漠不关心。

这些解释对于我们认识政治参与在不同的社会阶层间的分布状况不无启

① 蒲岛郁夫：《政治参与》，经济日报出版社 1989 年，第 5 页。
② 《马克思恩格斯全集》，第 1 卷，第 396 页。
③ 格林斯坦、波尔斯比编：《政治学手册精选》（下卷），第 338—339 页。

示意义。然而,它们均未能把握政治参与这一政治现象的本质特征,即阶级性。事实上,政治参与的不平等从根本上说是阶级权力向国家领域转化的结果。按照马克思主义政治学的观点,在阶级社会中,只有那些占据特殊经济地位、掌握足够政治资源并具有根本性利益指向的政治主体,才能够成功地以国家或政府的名义行使其权力。政治权力的分配是以财产的分配状况为基础的。恩格斯曾指出,"在历史上的大多数国家中,公民的权利是按照财产状况分级规定的,这直接地宣告国家是有产阶级用来防御无产阶级的组织。……在中世纪的封建国家中,也是这样,在这里,政治的权力地位是按照地产来排列的。这也表现在现代代议制的国家的选举资格上面。……(在现代资本主义社会)财富是间接地也是更可靠地使用它的权力。"①如果说一个社会公民的政治参与状况意味着政治权力在社会各阶级之间的分配状况的话,那么政治权力正是一个阶级经济上的统治地位在政治领域内的反映。在此,恩格斯再清楚不过地揭示出了政治参与的阶级本质。

近代资产阶级革命第一次在政治领域内实现了人的解放,承认人们平等的参与政治的权利。然而,正如马克思和恩格斯所指出的,由于这种平等的权利只局限在政治领域,并未在经济领域即市民生活领域实现,这样就不可避免地出现法律上规定的公民平等的政治参与权利与事实上的不平等之间的现实矛盾。而要从根本上解决这一矛盾,只有以生产资料的社会占有制取代目前的私人占有,并在这种占有关系下实现生产力的高度发展,建立完全的社会民主。这种完全的社会民主即是共产主义社会。共产主义民主就是社会的一切成员完全平等地、富有成效地管理社会生活的制度。

二、政治参与的主体

(一)公民

所谓公民,即享有人身独立、自由的权利和义务主体。作为一种政治角色的公民只是在近代以后随着资产阶级宪政革命的不断深入而逐步培育成长起来的。公民与传统社会中作为少数统治者意志的消极服从者的臣民有着本质的区别。在前近代诸社会形态中,"公民"只限于极少数人(如古希腊和古罗

① 《马克思恩格斯选集》第四卷,第168—169页。

马社会）。处在封建等级制度和人身依附关系的束缚下（如欧洲中世纪、中国传统王权专制时代），在这类体制下生活的大多数民众没有参与政治过程和政治决策的权利，他们不享有现代公民所拥有的大多数权利，只是现有体制的消极服从者，即臣民。

可见，公民与臣民的最重要区别在于，在政治决策过程中，公民是一个积极的参与者。近代资产阶级革命废除了封建人身依附关系，代之以人与人之间的自由契约关系，个人第一次开始成为自由、独立的理性主体，这与早期资产阶级理论家们所倡导的自然权利、社会契约、人民主权等现代民主政治理念一起，成为推动18、19世纪资产阶级宪政革命的强大动力源。而资产阶级民主政体的最终确立则为公民角色的真正形成和进一步发挥提供了更为广阔的政治舞台。在现代民主体制中，作为政治参与主体的公民不仅具有影响政治精英行为的心理需求，而且比起传统专制体制下的臣民来说有着更多的自信心，即相信自己可以通过政治参与对政府施加一定的影响。正如阿尔蒙德和伏巴所说的，"民主政体里的公民是用要求的口吻来说话的。政府官员则答应他们的要求，因为他们害怕不这样做就会有所失——也许是失掉其选票——或者，因为他们认为他提出这样的要求是合法的。臣民也可以想，或者期望从政府得到有益的输出。然而……为其谋取利益的政府官员不是出于臣民的要求而做出反应，而是出于某种其他力量。"①

正是由于公民在现代国家政治生活中这种独立的主体地位，使得他们与政府之间的关系与臣民有着本质的区别。作为国家政治生活中的积极参与者，公民对自己所在的政治共同体保持着最基本的心理认同，正如一位政治学家所说的，臣民将政府视为"他们"，而公民则将政府视为"我们"②。这也是现代民族—国家凝聚力的重要源泉。

公民政治参与的主要方式包括：① 选举投票。参加选举投票是公民最基本、最普遍的参与活动。公民通过选举参政的主要目的是沟通政治意愿，控制政府行为，使公共政策以民意为基础，这一过程也是政府合法性的最重要来源。通过定期自由、公正的选举，选民不仅可以对前一届政府的政绩作出评判，而且可以对未来政府提出希望和要求，这也是现代民主政治的基本内涵。② 政治结社。包括参加政党和社团的有关政治活动。随着现代社会利益不断趋向多元化，通过政党或各种社团组织进行政治参与，已经成为现代政治系统中公民提高政治参与本身的有效性和公民自身的政治功效意识的重要途

① 加·阿尔蒙德、西德尼·伏巴：《公民文化》，浙江人民出版社1989年，第223—224页。
② S·亨廷顿：《变化社会中的政治秩序》，北京三联书店1992年，第283页。

径。③ 公民有时也参与政府政策的创制、复决以及对某一公职人员进行罢免等活动。④ 公民不服从(cioil disobedience)。这是一种根据公民良心自由的原则进行的有理有节的非暴力公共行为。它有别于盲目的、情绪化的造反行为和暴动,也有别于以彻底推翻现行体制为目标的政治革命。虽然公民不服从属于非法甚至违法行为,但不服从的公民对于国家体制和法律仍然基本上持承认和尊重态度,并无颠覆一切的企图①。⑤ 此外还有一些随机性的政治参与活动,如政治集会、游行示威,以及公民为了本人或小范围的利益与政府官员个别接触等等。

(二) 政党

政党现象的出现是人类政治发展到一定阶段的产物。在前近代各社会形态中,由于政治系统的高度封闭性,那些其利益无法通过正常途径进入该系统的部分民众往往以各种形式(如派别、集团、朋党等)联合起来,在体制外表达或实现自己的政治要求,有的最终演化为旨在推翻现政权的积极力量。但这些都与现代政党有着本质上的区别。

现代意义上的政党产生于近代。在资产阶级反对封建专制王权的过程中,议会成为新兴资产阶级将本阶级利益纳入政治系统的最重要的制度化途径,代议制政府形式应运而生。资产阶级革命后,随着新兴社会力量政治意识和政治参与要求的不断提高,如何将这些分散的参与要求纳入一个组织化轨道? 政党就是在这一背景下产生并逐步成熟起来的。它是政治参与扩大的产物,同时随着政党的发展,它又反过来促进政治参与。在较早发生资产阶级革命的英国,17 世纪后期产生了辉格党和托利党,到 19 世纪 30 年代演变成延续至今的自由党和保守党;在美国立国初期有联邦党和反联邦党,后经多次分化重组,到 19 世纪中叶才正式形成了民主党和共和党轮流执政的两党制度。它们在资本主义政治生活中都扮演着重要角色。

在现代资产阶级政治实践中,一般实行的是竞争性政党制度。通过在以特定的政治纲领为基础的竞争性政党及其候选人之间作出选择,选民可以对政府行为实现一定程度上的控制。在这一过程中,政党发挥着重要的政治组织和政治动员功能。作为一种特殊的政治组织,政党参与政治的主要目标是取得政权,而要取得政权,政党必须:① 制定竞选纲领。而且这种纲领能够吸引尽可能多的选民的支持。竞选纲领是一个政党参与政治的"门票",它是政

---

① 参见何怀宏编:《西方公民不服从传统》,吉林人民出版社 2001 年。

党在吸收社会各团体和普通民众的利益要求的基础上形成的。为了扩大自己的选民基础,政党有必要在各种相互冲突的利益之间达成某种妥协,这也是政党发挥利益综合、实现政治稳定的基础。② 招募和挑选政治候选人。同制定竞选纲领一样,征召候选人也是围绕最终的竞选展开。候选人的产生常常是党内各利益集团相互妥协的产物,既要有助于本党内的团结,也要使候选人有足够的个人影响力。③ 组织竞选。从某种意义上说,政党"不过是机构化的派系,权力的竞争者"[①]。能否在最终的选举中获胜往往决定着一个政党政治参与的有效性甚至该政党的政治命运。在选举中,政党通过各种途径争取选票。从早期的通过贿赂选民以换取他们的选票支持到今天的筹集竞选经费、组织竞选班子、通过媒体宣传本党纲领和候选人以及动员选民登记等等,政党力图通过选举争取使本党的候选人当选以组织政府,从而将本党政纲纳入政治过程。这样,政党"为在制度构架内部进行政治动员提供了一种机制。……引导着政治参与步出歧途,进入选举渠道"[②]。可见,在现代资本主义政治生活中,政党作为一种特殊的政治参与组织,在保证整个政治体制的稳定运行方面发挥着关键作用。

　　然而,任何政治制度都是特定生产关系基础上形成的相应利益结构规定下的产物。对于资产阶级政党制度来说,生产资料的私人占有决定了该制度本身某些难以克服的局限性。大量的研究发现,各资产阶级政党政治动员的对象不成比例地集中在社会的中上阶层。就拿美国的民主、共和两党来说,随着金钱在竞选中的作用日益凸现,两大党为了募集到尽可能多的竞选资金,纷纷将注意力投向大财团和富裕阶层,这必然使两大党越来越沦为少数富人的政治组织。在这里,政党的阶级性是显而易见的。而在这种背景下,通过政党政治参与传达出的政治意愿其社会代表性也将被大打折扣。

　　马克思主义政党学说较早注意到政党自身的这种阶级特性。马克思和恩格斯在揭露资产阶级政党的阶级本质的同时,强调无产阶级政党应是无产阶级利益的忠实代表,他们在参与创建第一个无产阶级政党组织"共产主义者同盟"的过程中,始终坚持这一组织的无产阶级性质。而且,无产阶级政党的中心任务就是逐步使本阶级上升为统治阶级,最终取得政权。正如列宁所指出的,"一般政党,特别是先进阶级的政党,如果在可能取得政权的时候拒绝掌握政权,那它就没有权利存在下去,就不配成为政党,就是一块地道的废料。"[③]

① 　格林斯坦、波尔斯比编:《政治学手册精选》(下卷),第 209 页。
② 　塞缪尔·亨廷顿:《变化社会中的政治秩序》,三联书店 1989 年,第 371 页。
③ 　《列宁全集》第 26 卷,第 70 页。

在社会主义国家的政治实践中,一般实行无产阶级政党——共产党一党领导的体制。但共产党一党执政,并不意味着只允许执政党一党存在。在中国,除了共产党之外,还有其他 8 个民主党派。这些民主党派是参政党,它们通过人民代表大会、人民政协等机构参政议政。它们与作为执政党的共产党之间是协商合作、相互监督的关系。在动员和组织民众参与政治方面,执政党和各参政党都发挥着相当重要的作用。

(三)利益集团

在现代政治语汇中,所谓利益集团就是指基于共同的利益诉求而联合起来的,为实现这种群体利益而寻求影响政府政策的一种社会团体。这里,利益集团这一概念至少包括三个方面的核心要素:① 集团利益是利益集团存在的基础;② 这种利益是某一集团的特殊利益,因而具有强烈的排他性;③ 影响政府政策过程是利益集团实现集团利益的重要途径之一。

利益集团的大量涌现是现代政治系统的重要特征。它是现代化进程中特别是二战后社会利益分化、聚合的产物。在主要西方国家,利益集团的种类繁多、形形色色,如美国的全国制造商协会、劳联-产联、农场主协会、美国商会、美国医药协会等等;英国的全国农场主联盟、经理学会、贸易联合大会、全国教师联合会;法国的全国大学生联合会、全国雇主会议、中小企业会议。鉴于利益集团在西方社会的蓬勃兴起并在国家政治生活中产生着重要影响,20 世纪50、60 年代,许多政治学者(特别是以本特利和杜鲁门为代表的"集团政治理论"的学者)纷纷将注意力转向对利益集团在政治过程中的角色功能的研究。

与政党不同,利益集团参与政治的主要目的不是取得政权,而只在于影响政府政策,将本集团的主张或政策方案纳入政治过程,因而它们一般没有如政党那样的广泛的政治纲领。归纳起来,利益集团影响政府政策的主要途径有:① 政治捐款。金钱是特殊利益集团所掌握的最重要的政治资源,也是那些具有雄厚财力的利益集团发挥其政治影响力的重要手段。在现代资本主义国家,政治选举日益成为一项成本昂贵的权力游戏。随着现代竞选手段的不断涌现和选举竞争日益激烈,各政党及其候选人的竞选费用也在不断攀升。这就使那些拥有强大财力做后盾的利益集团在政治中的影响力不断增强。通过竞选捐款影响政治候选人或政党当选后的决策意向则成为利益集团参与政治的重要手段。② 参加选举。"帮助自己的朋友而打击自己的敌人",是利益集团在选举中的惯用策略。主要包括:为自己所中意的政党或候选人雇用竞选班子、购买媒体时段、为候选人做免费宣传以影响公共舆论,以及动员选民登记等等不一而足。这些活动实际上也是变相的政治捐款。③ 院外游说。院外活动是利益集团在选举日以外的大部分时间里进行的政治参与活动。利益集团常常在立法机构所在地设立办事机构,雇佣"乐辩士"(Lobbist),与议员密切交往,通过各种方法改变议员的观点,或为议员提供对本集团有利的有关事项的信息、资料,或出席听证会等等。其实,在当今主要资本主义国家,利益集团的院外活动早已超出了原来的仅仅集中于立法机构的范围,而是渗透到行政部门甚至司法部门。利益集团往往通过各种途径影响政府主要官员和法官的任命,借以扩大本集团的影响力。在美国,总统在白宫常常设有专门的办公室,就有关政策与特殊利益集团的代表协商。法国则有专门为各大利益集团而设立的政策咨询机构。

(四) 非政府组织

非政府组织(NGO)这一概念主要是指"处于政府与私营企业之间的那块制度空间"①。它是现代社会结构分化的产物,是一个社会政治制度与其他非政治制度不断趋向分离过程中所衍生的社会自组织系统的重要组成部分。由于各国在历史、文化和法律等方面的差异,研究者们在使用这一概念时所指涉对象的范围也存在较大的差别。在美国,人们一般将这一类组织称为"非盈利组织"、"独立部门"(independent organization)或"第三部门"(The Third Sector),在英国被称为"志愿部门"(voluntary organization),法国人则称其为"社会经济"(economie sociale)。而在许多发展中国家人们普遍用"社团"这一概念,不过,这里"社团"概念的内涵要宽泛得多。

其实"非政府组织"这一概念本身就很容易使人望文生义,因为要说"非政府",那些活跃在市场中的成千上万的私营企业自然应当被包括在非政府组织的范围之内。但这一概念从被提出的那一天起就有其特定的内涵。萨拉蒙(Lester Salamon)和安海尔(Helmut Anheier)在综合比较研究的基础上,提出了非政府组织所具备的五个特征:组织性、民间性、非营利性、自治性和志愿性。政治学者王绍光在此基础上又提出了第六个特征,即公益性②。其中公益性和非营利性是区分非政府组织与利益集团的最重要特征。

与追求特属于本集团的、其利益具有强烈排他性的利益集团不同的是,非政府组织从事的是社会公益事业,提供的是公共物品,其涉及的领域也相当广

---

① 王绍光:《多元与统一——第三部门的国际比较研究》,浙江人民出版社 1999 年,第 6 页。
② 同上书,第 17 页。

泛,包括环境保护、社会救济、医疗卫生、教育、文化等领域。二战后特别是20世纪60、70年代以降,在主要发达资本主义国家,"福利国家"信誉扫地,各种民间性的自发组织的活动日趋活跃。据粗略统计,到80年代末,仅在美国就有36万个非营利性质的公共服务组织,它们承担了许多原来由政府承担的社会职能。而在广大发展中国家,特别是一些社会主义国家,从20世纪80年代以来,计划经济体制开始向市场经济转轨,政府由于财力不足而无力承担传统计划经济条件下所承担的许多福利计划,这就给各种从事公益事业特别是那些旨在救助社会弱势群体的民间社团组织的产生创造了客观条件。

说非政府组织具有民间性和自治性,只是意味着这种组织在体制上独立于政府,它们不属于政府建制的一部分,也不直接受制于政府权威,但并不意味着非政府组织与政府或政治不发生任何关系。事实上,同利益集团一样,非政府组织也时常介入政治,力图影响政府有关政策,只不过它们通过政治参与传达给政府的政策意愿的性质具有某种公益性罢了。由于非政府组织自身的非营利性特征,其活动的资金来源若仅仅依靠志愿者的主动捐助是远远不够的,而且这些组织本身的资金动员能力相当有限,而政府在动员资金方面的特殊优势使得它成为各种非政府组织财力上的主要依靠对象。据统计,到1980年,美国联邦政府对非营利部门的直接资助高达410亿美元,相当于后者总收入的35%。如果加上联邦政府在税收等政策方面的间接扶持以及地方政府的财政支持,这一比例将会更高。而同年非营利组织从私人、公司、基金会募集到的资金只有268亿美元。在英国,非营利部门总收入的40%来源于政府拨款,而法国和德国则更高,分别达到60%和70%。

非政府组织为了动员政府和各种社会力量对其所从事的公益事业的财力和道义上的支持,往往通过各种途径影响政府公职人员的决策意向和社会舆论,包括媒体宣传、组织集会、罢工、游行等等。其中有些非政府组织和利益集团一样也进行院外游说,但它们在院外活动中的影响力与那些以大财团为后盾的特殊利益集团不可同日而语,因而非政府组织常常采取的策略是:通过影响社会舆论来向政府施压,从而获得政府的财力上或政策上的支持。

对于广大发展中国家来说,近年来,各种民间的或半官方性质的社团组织也取得了蓬勃的发展。但由于这些国家特殊的发展路径,其社团组织在特征、功能等方面与发达国家的非政府组织之间也存在很大差异。中国自改革开放以来,随着计划经济体制逐步向市场经济过渡,社会自治空间随之扩大,各种民间社团组织也纷纷建立。根据民政部资料显示,截止1996年,中国的全国性社团组织有1 800多个,地方性社团的数目则超过20万。这些社团组织主要包括事业单位、民办非企业单位、社会团体、社区管理型组织等几种类型,它们在地方社会管理、解贫济困等方面发挥着愈来愈重要作用。而且,在这些组织中,由民间自愿发起的社团组织的比例不断提高,整个社团组织的官方色彩开始淡化,它们在"自下而上"向政府表达社会利益诉求方面的作用也得到明显增强。这些都是随着改革的不断深入中国社会的自组织系统趋于成熟的标志。

三、政治参与的途径

(一)制度化的政治参与

政治制度化,就是政治活动的组织原则与组织程序不断取得社会认可、并得到大多数社会成员普遍遵守的过程。任何政治系统都试图将系统内成员的政治能量纳入一个经常的、可预测的制度化渠道。制度化程度低或缺乏制度化政治参与通道的政治系统,必然难以维持自身结构的稳定性。

1. 政治参与和政治制度化

政治参与的扩大是现代化社会中出现的普遍现象。伴随着经济的增长、民众生活水平的提高、教育的普及以及社会信息流通水平的提高,民众的政治主体意识和权利意识必然得到空前的发展,他们对政治系统的期望也在不断提高。各种新兴社会集团和利益主体纷纷涌现,它们要求改变原有"价值的权威性分配"格局,社会利益的结构性调整被提上日程。社会利益主体多元化和各主体在实现各自利益诉求的过程中难免发生冲突,这就难免使整个政治系统处于空前的紧张状态。如何通过一套稳定的、并能够为系统内大多数成员认同的规则和规范确保资源和公共服务在各阶层间的权威性分配?如何通过国家政治的制度化渠道吸纳、整合社会参与冲动,缓和社会矛盾?则是现代化国家于政治发展进程中实现社会稳定、顺利完成结构转型的关键所在。

现代化进程中所动员起来的新兴社会力量在其利益无法通过现有的组织和程序框架实现时,他们往往会转而寻求各种体制外途径,如军事政变、政治恐怖、武装暴动等等。二战后亚、非、拉地区的许多发展中国家国内政局一度陷入混乱状态,一个重要的原因就在于这些国家在政治制度化方面的落后状态。

亨廷顿在对大量发展中国家政治发展进程综合分析的基础上,提出了衡量政治制度化水平的四项标准①:

● 适应性——指政治体系适应环境的能力和存活能力。

● 复杂性——政治体系组织的复杂性包括:完整而明确的职能体系、下属组织的高度专门化。

● 自主性——即政治组织和政治程序独立于其他社会团体和行为方式而生存的程度。

● 内聚力——政治体系参与者内部必须具有基本的意见共识。

无论在政治参与水平还是政治制度化水平方面,现代政体都要高于传统政体。而一个政治系统稳定与否主要取决于政治制度化水平与政治参与之间的关系。政治制度化程度与政治参与程度相比偏高的政治系统必然能够从容吸纳、同化现代化动员起来的社会力量,使整个现代化进程始终保持在一个良性发展的轨道;而在一个政治制度化程度与政治参与相比偏低的政治系统中,由于政治参与程度超过了现有制度框架的承载能力,导致政治参与溢出秩序所能容许的范围,走向政治动荡。后一种情形正好反映了二战后许多发展中国家的实际状况,在这些社会中,"政治参与是无结构的、无常规的、漫无目的的和杂乱无章的。每一股社会势力都试图利用自己最强的手段和战术确保自己的目标。政治上的冷淡和激愤相互交替,它们是缺乏权威性政治象征和制度的孪生兄弟。在这里,政治参与的独特形式就是把暴力与非暴力、合法与非法、胁迫与说服结合起来使用的群众运动。社会缺乏能够把民众的政治期望和政治活动与他们领袖们的目标和决定联系起来的组织结构。结果,领袖与群众之间存在着面对面的直接关系。……领袖可以任意动员群众,群众可以随时影响领袖。"而在那些制度化与参与之间的比率较高的社会,民众的政治参与则主要通过政治制度组织和安排,一套相对稳定的制度程序在各种社会势力与政治权力之间发挥着重要的缓冲作用,在这里,"参与总是广泛的和通过合法渠道加以组织和安排的"②。

2. 选举与选举制度

在现代民主政治中,选举可以说是各种政治参与行为当中制度化的、普通公民控制政府的最为有效的工具。

---

① 塞缪尔·亨廷顿:《变化社会中的政治秩序》,第12—22页。
② 塞缪尔·亨廷顿:《变化社会中的政治秩序》,第73—83页。

选举是普通公民以投票方式表明自己对公职候选人、政党、政策的立场的行为。在各种政治参与行为中,选举是普通公民所采取的最基本、最普遍的政治行为,是现代民主政治实践中制度化了的普通公民控制政府最为有效的工具。当今世界各国的宪法和法律都对选举的组织规则和程序进行较为严格的规定,它们往往涉及选民资格、选民登记程序、选区的划分、选民通过投票所能决定的公职的范围等等。当今世界的大多数国家均实行普选,即每一个成年公民都有平等的选举权,不受出身、财产、种族、职业等条件的限制。然而,普选权的实现并非一帆风顺,而是经过了民众长期的斗争才最终得以实现的,即使在英、美这样的发达资本主义国家,公民的普遍选举权的实现只是晚近的事情,英国直到1948年才废除了复票制,最终实现了"一人一票,一票一值"和"男女平等"的原则。在美国则迟至20世纪60年代才取消以缴纳人头税作为选民资格的规定。

诺曼·尼和西德尼·伏巴的研究表明,虽然选票传递给领导人有关公民的信息很少,内容也比较含糊,但其影响范围非常广泛,"关于公民喜好的低度信息与有着广泛结果的对领导人的高度压力相结合,就使投票有了它自己的特征:控制政府的一把刀口虽不锋利,然而却是强有力的工具。"[1]现代民主政治中,公民通过选举不仅赋予统治者以权力的合法性,而且对政府的形成和政府的政策选择产生相当大的影响,选民在相互竞争的候选人之间的取舍在很大程度上也是对后者各自提出的政策主张的取舍,而选举竞争的激烈程度直接影响着公民通过选举参政的广度和深度。这首先表现在参加选举人数的扩大上,在竞争性选举中,参加竞选的各政党候选人为了能够争取到足够多的选票而当选,不得不与选民尽可能广泛地联系,倾听他们的意见,让他们认识、熟悉并了解自己,从而在选民心目中形成某种好感和认同。在这一过程中,政党扮演着极其重要角色,它不仅提出候选人,而且还试图通过群众集会,利用大众传媒进行鼓动,促使公民在选举日去投票。现代社会,选举更多地表现为公民的权利,然而,并非所有选民都乐意去投票站投票。政党及其候选人主动与选民联系,向他们"推销"自己的政策主张,以换取他们的选票支持,从而起到了鼓励选民参加投票的作用。这样,更多的适龄选民被纳入政治过程,增强了民众对现有体制的支持和认同,从而在一定程度上帮助实现政治稳定。

其次,公民投票的客观影响增强。公民通过选举参政对政府发挥着两项最重要的控制功能:即人事控制和政策控制(或称政策选择)功能。所谓人事控制,即通过选举产生每一届政府的公职人员,包括议会议员和政府官员。定

---

① 格林斯坦、波尔斯比编:《政治学手册精选》(下卷),第290页。

期的选举有利于那些具有较高才能的人进入管理层,从而保证政府的高度灵活性和责任意识,防止权力的滥用和机构的腐化。另外,罢免权也愈来愈成为公民通过选举对政府进行人事控制的重要补充手段。所谓罢免,即在选举产生的公职人员任职届满之前,因其政绩恶劣激起民愤,选民用以撤销其职务的程序。虽然罢免的程序较为复杂,使用频度也不高,但它作为选民手中具有强大威慑力的"武器",对政府官员的潜在制约作用是不容低估的。

对政府的人事控制总是以政策控制为依归,由于竞选者要获得选民的认同和支持,必然要有自己的一套政策主张以说服选民,候选人往往成为特定政策主张的载体,所以,定期的选举在很大程度上是通过对政府公职人员的替换和连任支持而实现政策控制的。公民通过选举对政府进行政策控制,其方式又可分为直接政策控制和间接政策控制两种。直接政策控制主要表现在创制权和复决权的行使中。所谓创制,就是通过获得一定数量选民的签名提出议案(或修正案)呈送立法机构,并在下次选举中由选民投票决定。而复决权是指,将立法机关通过的某项议案或宪法修正案提交选民投票以取得他们的认可。选民通过选举间接地对政府政策实施控制,其影响和作用程度则要看特定时空背景下特定政策议题与选民实际利益的相关性和它在选民心目中的地位①。

可见,选举权是公民手中所掌握的无形力量,对政府行为的制约和监督作用是显而易见的。如果说建立现代民主政治体制是现代化国家政治发展的必然归宿的话,那么培育自由、公正的选举制度则是实现这一目标的重要一步。

当然,在不同的国家,选举在公民政治参与中的地位是不同的,这与一国社会、经济、文化和政治发展水平紧密相关。就选举政治本身而言,选举在公民政治参与中的地位,很大程度上取决于选举制度自身的发展水平。从历史上的限制性选举到如今的普遍选举的飞跃,本身就意味着选举所能容纳的公民参与范围的扩展。在现代民主政治实践中,公民通过选举参与政治,影响政府决策过程日趋普遍,并越来越受到人们的重视。许多研究者认为,理想的民主管理结构应能最大限度地使人民参加决策过程,为此,应当使选举更加完善合理。美国未来学家阿尔温·托夫勒预言,随着科学技术的发展,民主将走到以电子技术为基础的"半直接民主"时代。到那时,更为直接、频繁的选举与投票,将成为公民参与政治最主要形式②。不管最终的结果是否像预言的那样,但预言本身所道出的历史趋势却毋庸置疑,即随着人类社会的进步和发

---

① 有关论述可参看任军锋:"选举与公共政策:美国的实践",载《政治学研究》,2000 年第 1 期。
② 阿尔温·托夫勒:《第三次浪潮》,北京三联书店 1983 年,第 495—497 页。

展,选举将更加直接和民主,选举这一参政渠道对公民所具有的意义也将更加
突出和重要。

（二）非制度化的政治参与

作为公民试图影响政府人事和政策的行为,政治参与不仅表现为定期的
选举投票这样的制度化途径,它还表现为各种各样的利益表达形式,即一种非
制度化的政治参与活动。

这种非制度化的利益表达是一个系统内个人或集团对该系统提出要求的
过程,它是政治系统内政治过程的开端。在前近代诸政治形态中,由于政治和
社会结构相对封闭、简单,其社会成员的利益表达方式也较单一。原始部落中
的成员常常通过与部落首领直接交谈的方式或部落成员大会表达自己的要
求。在古希腊城邦,"公民大会"是自由民进行利益表达的正式机构,而占人
口多数的奴隶、移民则被排斥在政治过程之外,他们由于无法进行正常的政治
参与活动,其利益表达则往往以奴隶暴动或起义的形式出现。在中国传统封
建王朝专制统治下,民众向政府表达其利益诉求的方式主要是通过朝廷下派
地方官员们的奏折,然而由于该体制内信息反馈机制的天然缺陷,地方骚乱、
农民暴动也是民众表达不满的惯常形式。

现代社会是利益高度分化的社会,利益主体的多元化和利益结构的复杂
化决定了现代政治系统中利益表达方式的多样化。概括来说,与制度化的政
治投票活动相比,非制度化政治参与具有相当程度的随机性和不可预见性。

首先,从个体层面看,在现代政治系统中,公民个人可以就各种问题与公
职人员进行个人接触,表达自己的要求或不满。这些问题可能仅仅涉及自己
或者家庭的直接利益,如住房、贷款、收入等等,也可能是公民个人对某一并不
一定与自己切身利益直接相关的问题或政策给公职人员写信表达自己的看
法,如关于外交政策、环境保护等等。另外,公民个人还可以通过与公职人员
建立的个人关系网实现自己的利益诉求,而公职人员也会努力在自己所属选
区内维持一个较为稳定的支持者联盟,经常与他们保持联系,倾听他们的呼
声,并将这些要求作为政策决断的主要根据。这样,通过利益表达在双方之间
建立起一种默契:选民在给予公职人员以选票支持的同时,也从中获得了某
种政策回报,"精明的领导人能够通过下级领导人建立大量的私人关系网络,
并建立重要的政治基地。"[1]但这里需要注意的是,在一个贫富差别悬殊的社

191

---

[1]　加布里埃尔·A·阿尔蒙德等:《比较政治学:体系、过程和政策》,第201页。

会里,对那些掌握着社会大多数政治资源(如政治捐款、政治技能、政治知识等)的富裕阶层的人们来说,其利益表达的频率和功效要远远高于那些生活相对贫困、处于社会底层的人们。试想,一位大公司的总裁与一位生活在边远地区的乡下农民,其政治影响力上的差别是不言而喻的。可见,经济上的不平等与政治上的不平等总存在某种内在的相关性。正如阿尔蒙德所说的,"在贫富之间存在巨大鸿沟的社会里,正规的利益表达渠道很可能是由富人掌握的,而穷人要么保持沉默,要么是时而采取暴力的或激进的手段来使人们听到他们的呼声。"①

此外,非制度化的政治参与也可能表现为特定时空中因某一政策、偶发事件或个人而激发起来的群体性自发行动,其行为往往表现为集体性的抗议、游行等等。这种集体行动具有强烈的随机性和自发性,即这一集体组织只有在联合行动时才有效,其他大部分时候则自动解散。而这种集体行动之所以可能,主要是一定数量的人们在面临共同的外部压力或威胁时利益上的一致性,这种一致性可能分别基于共同的地域、种族、宗教、语言文化、习俗等等,如20世纪60年代发生在美国的反越战示威和黑人民权运动、90年代加拿大魁北克省法语区居民就该省在联邦中的地位所采取的联合行动,等等,都是非制度化政治参与的典型案例。不过,由于这种政治参与方式的非建制特征,使得这种参与方式缺乏制度化所具有的可预测性和连贯性。

（三）参与民主制与公民自治

参与民主制(participatory democracy),也称半直接民主,是指代议民主制向完全的公民自治过渡过程中的一种政制形态。

如果说古代民主是一种直接民主,那么近代民主则是一种代议民主,公民不是直接参与公共政策的制定,而是通过一套权力委托机制实现自己的民主权利。然而,实践中的代议民主制度与这一制度的原则之间常常是相互矛盾的,"形式上的控制机构和实际的控制机构的不符,声称人民拥有的权力和人民有限的实际权力的不符,议员们的允诺和他们的实际表现的不符"②,这构成了民主政治逻辑结构与事实结构的悖论。如何克服这一矛盾?许多学者认为,只有进行制度创新,建立参与民主制,允许公民更加广泛地参与公共事务,保障他们进行有效参与的各种经济和社会条件,并在社会和政治生活中为公

① 加布里埃尔·A·阿尔蒙德等:《比较政治学:体系、过程和政策》,第230页。
② 戴维·赫尔德:《民主的模式》,中央编译出版社1998年,第415页。

民社会腾出更多的自治空间。而随着现代信息传输手段的不断普及,公民参与政府决策的方式和途径将更加直接、快捷,传统代议民主制下由政治精英垄断政治决策的现象已经(和正在)被改变。

美国未来学家约翰·内比斯特曾预言,民主政治从低到高需依次经过代议民主、参与民主以及自治民主的三种不同形态①。而随着现代公民政治参与在广度和深度上的不断拓展,必然为代议民主最终过渡到自治民主创造有利的条件。这首先表现在各主要发达国家公民创制(initiative)、复决(referendum)、罢免(recall)等直接参与政府组成及其决策的手段的日臻完善。在瑞士,从 19 世纪中叶到 20 世纪 80 年代末,已经举行了 300 次全民公决和 135 次公民创议,而公民复决权的形式则更为频繁,20 世纪 90 年代以来,瑞士平均每年就重大政治事项举行 10 次复决。此外,在意大利、澳大利亚、美国以及其他西方国家的州和地方政府一级,公民创制、复决、罢免等权利的运用也相当普遍,据统计,到 80 年代末,美国有 15 个州宪法规定了选民对州一级民选官员的罢免程序,有 36 个州规定可以罢免地方公职人员,自 1903 年洛杉矶市第一个实行对地方官员罢免制度以来,约有 2 000 名官员被罢免②。

其次,如果说过去由于技术手段的局限使得在现代民族—国家范围内无法实现民众直接参与政治的话,那么,随着以互联网为代表的现代信息传播技术的迅速发展,这一局限将不断得到克服。"电子投票"、"电子市镇会议"、"电子表决"等新技术手段支持下的直接民主形式已初露端倪。廉价而快捷的现代信息传播技术将大大减低公民参与政治的成本,更多的公民将进入参与者行列,他们可以足不出户了解到有关政府活动的各种信息,表达自己的政治见解和政策意愿;新的信息技术的推广和使用能够在政治精英和民众之间架起一座相互沟通的桥梁,政府对民众要求的反应将更迅速、灵敏。

现代公民不同于传统社会臣民的最重要特征在于前者作为权利和义务主体的独立性,他们摆脱了中世纪式的人身依附关系,第一次成为自由独立的理性个体,他们对政治系统支持不再是出于某种遥不可及的天国神旨,而是该系统所能带给他们的现世福利。与这种独立性相伴随的是公民日益增长的自治要求,而自治则意味着"人类自我思考、自我反省和自我决定的能力。它包括在私人和公共生活中思考、判断、选择和根据不同可能的行动路线行动的能

---

① 约翰·内比斯特:《大趋势——影响我们生活的十个新方向》,中国社会科学出版社 1984 年,第七章。

② 转引自丛日云:《当代世界的民主化浪潮》,天津人民出版社 1999 年,第 380—383 页。

力"①。如何将这一原则落实为现实的制度实践?已成为政治学者研究探索的主题之一。近年来在英国和美国,有人提出建立"公民陪审团",定期对有争议的政府政策进行评估,并将各种论点通过新闻媒介公之于众;建立关于重大政治议题的"选民反馈"机制,以及扩展使用公民的复决权等等。在信息技术日新月异的当今,这些尝试都已具备了一定的现实基础。

然而,技术本身并非一个完全独立的运作系统,而是与整个社会的生产关系密切相关着的,不突破现有的生产资料私人占有的生产关系模式,信息匮乏者与信息富裕者之间的分野将和物质财富的占有一样明显,而建立在这一分野基础上的政治民主将难以突破现有生产关系的藩篱,真正意义上的公民自治也就无法得到保障。事实上,信息分配的不平等与经济领域内的特权现象一样,经常会对政治领域内的各种民主程序产生某种程度上的扭曲作用,民主政治的运作产生了事实上的不民主是现代资本主义民主实践难以摆脱的困境,仅仅依靠技术的进步是难以克服的。

马克思曾说,"权利永远不能超出社会的经济结构以及由经济结构所制约的社会的文化的发展。"②现代资本主义的客观发展要求不断完善资本主义国家的民主形式,不断扩大公民政治参与的权利,保障公民的自治要求,但形式上的平等参与的权利掩盖着实质上的不平等,公民的自治权利经常无法获得充足的实施手段。可以想见,只要存在着阶级对立和贫富悬殊,那么公民权利实质上的不平等便无法消除,作为一种国家形式的民主也就无法摆脱其阶级性。随着人类物质文明和精神文明的高度发展,人类必将不断寻求超越现有社会和政治形态的各种可能途径,最终实现以社会自行管理为表现形式的社会自治,而只有到这一阶段,民众真正普遍参与政治生活的权利才能真正得以实现。

在中国革命和建设中,中国共产党创造性地继承了马克思主义的社会自治思想,在国家结构形式上建立民族区域自治,在保证国家统一的前提下,在各少数民族聚居区实行区域自治,设立自治机关,行使自治权。20世纪80年代以来,随着中国农村联产承包责任制和国家民主化进程的不断深入,在中国广大农村基层兴起了以农民直接参与基层公共事务为特征的村民自治制度,是一种具有中国特色的基层直接民主制度。村民自治从一开始就得到中国政府有步骤、有秩序的引导,1987年《中华人民共和国村民委员会组织法(试行)》颁布实施,1997年9月中共十五大第一次提出在村民自治进程中贯彻

---

① 戴维·赫尔德:《民主的模式》,第380页。
② 《马克思恩格斯选集》,第三卷,第12页。

"民主选举、民主决策、民主管理和民主监督"的原则,扩大基层民主,保证人民群众直接行使民主权利,依法管理自己的事务,村民自治逐步向法制化、制度化方向迈进。实践证明,村民自治制度不仅有利于防止地方公职人员以权谋私,实现农村社会的有效治理,保证国家的长治久安,而且对中国的社会主义民主具有极大的推动作用,民众通过参与公共事务学习民主知识,掌握民主技能,并在民主实践中逐步培养具有权利和责任意识的现代公民,这些正是中国建设高度的社会主义民主所必需的社会学前提。

四、政治参与和政治现代化

(一)现代化与参与危机

现代化被认为是传统社会向现代社会转变的过程,这一过程涉及经济、政治、社会以及价值观念等领域的系统性变迁。17 至 19 世纪首先发生在西欧和北美,后扩及欧洲其他国家,到 19 世纪和 20 世纪相继在亚、非、拉等地的新兴独立国家发生。德国学者汉斯-于尔根·普尔认为,现代化主要包括以下几点规范性含义:① 物质生活条件的改善,② 政治参与潜在能力的扩大,③ 团体与个人自由和自主活动范围的增大,④ 人们在经济、社会、政治、文化等方面的自主性提高,对社会和政治体系的依附性减少①。实际上,种种关于现代化的规范认识都是研究者们根据世界各国现代化的实践经验抽象出来的,具体来说,现代化常常包括城市化、工业化、经济增长、教育普及、世俗化以及社会流动等等。

有关发展中国家现代化进程的大量研究表明,现代化在政治领域内常常表现为社会动员和政治参与,传统政体向现代政体的变迁过程将会使更多的社会成员和利益群体进入政治体系。而在现有体制无法提供足够的参政渠道时,政治参与的扩大经常导致制度超载从而引发参与危机。历史上发达国家的社会变迁以及 20 世纪 60 年代以来许多亚、非、拉国家内部持续的政局动荡,都是现代化进程中参与危机的具体体现。

首先,从人的主体意识层面看,现代化意味着传统社会人与人之间的人身

① 汉斯-于尔根·普尔:"欧洲现代化与第三世界",载亨廷顿等:《现代化:理论与历史经验的再探讨》,上海译文出版社 1996 年,第 310 页。

依附关系日益为契约关系所取代,个人在政治系统中的角色也开始由原来消极服从的臣民角色转化为现代公民角色。随着现代技术手段和科学知识的不断推广,人们愈来愈意识到自己有能力认识和控制周围的环境,"现代化首先在于坚信人有能力通过理性行为去改变自然和社会环境,这意味着屏弃外界对人的制约,意味着普罗米修斯将人类从上帝、命运、天意的控制之中解放出来。"①从听天由命到理性自觉,人的权利意识和主体意识得到了空前的启蒙和强化。

主体意识的觉醒改变了传统社会人们与政治权威之间的关系模式。文化日趋世俗化,人们对政治权威的忠诚不再是出于某种神秘的彼世信仰或抽象的意识形态,而是将政治权威改善自己生存境遇的能力作为其给予支持的关键,政治权威也将自身的合法性建立在为民众利益服务的基础之上。随着社会和经济的发展,信息流量的扩大以及人们的受教育水平、富裕程度的提高,现代公民愈来愈相信自己能够在与自己利益密切相关的政治系统内有所作为,表达自己的利益诉求,改变政治系统于己不利的政策输出。而在政治系统缺乏足够的利益表达渠道和实现手段时,日益增长的参与需求在现有体制内便难以找到依托,使得整个政治系统常常处于高度的紧张状态。

其次,工业化和城市化的发展带来社会生产方式的革新,日益专业化的社会分工逐步取代了传统的自给自足的生产模式。与这种专业化的社会分工相伴随的是社会利益的不断分化、聚合,以阶级、阶层、职业、种族、宗教、地域等为基础的群体意识也随之出现或得到强化,而这些群体之间日益频繁的社会互动同时也在不断强化着他们对各自利益和要求的主体性意识,纷纷要求在现有政治系统内维护本集团的利益诉求和生存空间,这必然带来社会权力结构的分化重组。随着现代政府对社会经济生活的介入程度日深,社会内部各集团受到政府活动的影响也就越大,"这些集团就越清楚地看到政府与它们自己的目的的关系,因而就变得越为积极地要努力去影响政府的政策。"②而在缺乏有效的组织化建制(如政党体制)将这些在现代化过程中成长起来的社会和经济集团融合并同化进政治体制的情况下,那些被排斥于政治体制之外的集团必然成为反对或推翻现有体制的潜在力量。

再次,从世界各国现代化进程的实践看,政治参与常常是现代化带来的"副产品",是政治精英不得不应对的社会压力。除非政治参与的扩大有利于帮助政治精英获得和保持权力或其他目标,一些国家的政治精英往往将政治

---

① 塞缪尔·亨廷顿:《变化社会中的政治秩序》,第92页。
② 格林斯坦、波尔斯比主编:《政治科学手册精选》(下卷),第194页。

参与的扩大视为对自己政治地位的威胁。而且,新的社会集团进入政治体制必然要求打破原有的权力和利益分配格局,而这又必然遭到长期以来以传统体制为依托的既得利益群体的激烈反弹,这样,"那些有能力扩大政治参与的人常常缺乏扩大参与的兴趣,而那些有兴趣扩大参与的人又常常缺乏扩大参与的能力。"①一端是不断提高的参与需求,而另一端则是对这种需求的抑制,双方相互对峙、彼此强化,最终导致"参与内爆"(participation inplosion)。19世纪末20世纪初的美国和20世纪60年代的巴西正是这一方面的典型例子。

最后,对于处在现代化进程中的国家来说,与经济的快速增长形影相随的是社会财富分配上的不平等,由于政治建制缺乏相应的自主性和制度化能力,那些获得新资源的新兴分利集团往往能够在政治系统内产生超常的影响力,经济上的不平等很容易演化为政治上的不平等。而政治权力的运作逻辑很可能为市场逻辑所取代,公共权力变成了少数政客谋取私利的便捷途径,"利用政治权势谋取经济利益意味着政治的价值观和制度必须屈从于经济的价值观和制度。于是,政治的首要目的不是为了实现公共目标而是为了攫取个人利益"②,现代化国家腐化现象滋生和蔓延莫不出于此。而现代大众传媒则常常对各种经济和政治上的特权现象发挥着某种程度上的"放大"功能,这必然将更多的社会注意力引向政治领域,各社会集团和势力争夺政治资源的努力也不断被激活,它们中有的极力维持本集团已有的特权地位,有的则希图通过政治途径获得与前者相当的特权。这正是许多现代化国家国内发生周期性参与危机的结构性根源。

当然,这里概括的只是现代化与参与危机相互关联的一般趋势,并不意味着现代化必然导致参与危机。由于现代化本身是一个多层面、复杂的渐进性的增量过程,又与特定的社会、历史以及文化资源结构息息相关。对于当今正处于社会转型期的广大发展中国家来说,如何使国家的现代化进程与政治制度化携手并进,相互推动? 不仅取决于特定的历史机遇,更是对这些国家政治精英和民众政治智慧的考验。

(二) 政治参与与政治民主

与古代民主的权力结构不同,现代民主是建立在少数职业政治精英和占

---

① 亨廷顿、纳尔逊:《难以抉择》,第32页。
② 塞缪尔·亨廷顿:《变化社会中的政治秩序》,第62页。

人口多数的民众分化的基础之上的,而民众通过各种形式的政治参与途径对政治精英实施某种程度上的控制,则是现代民主政体的基本内涵。通过政治参与,民众不仅可以表达对政府组成和政策的意愿或要求,使政府的各种行为以民意为依归,而且可以通过政治参与学习民主的知识、技能以及培养现代民主政治不可或缺的公民精神。可以说,没有公民的政治参与,政治民主便无从谈起。然而,作为民主政治核心要素的政治参与本身并不能直接带来政治民主,后者不仅受到政治体制的程序结构、社会经济条件以及历史、文化等因素的制约,而且与政治参与本身的性质、结构、方式密切相关。就政治参与对政治民主的促进作用来讲,首先,政治参与必须是适度的。这里所说的适度只是相对于政治制度的承受能力而言的。在一个制度化程度低、参与渠道闭塞的政治系统中,民众的要求和不满由于没有相应的表达途径,最终必然会因这种要求和不满的长期蓄积而演化为大规模的体制外暴力。而且,民众适度的政治参与能够为政治精英发挥其创造力、进行制度创新留下较为广阔的空间和时间。在那些已基本完成现代化进程的发达政治系统中,政治参与在很大程度上表现为公民的权利,他们既有选择参与政治的自由,也有选择退出或政治冷漠的权利,随着人们对个人生活水平的日益关注,他们对政治的关心被降到次要地位,眼花缭乱的消费品的诱惑、工作和供养家庭的压力、大众传媒等等使得他们的注意力分散,许多人既没有时间也没有足够的热情去参与政治。这样,政治参与在很大程度上成为一种约束政治精英影响力的“储备库”,而能够在公民参与者角色与服从者角色、公共舆论与政府效率、政治化的国家权力与非政治化的公民社会之间保持某种必要的平衡和张力的政治系统正是催生和维护民主政治的理想土壤。

其次,政治参与应当具有尽可能高的社会代表性。政治参与的代表性意味着民众政治参与权利和行为的普遍性,它不仅应当体现在社会的阶级结构方面,还应体现在不同的地域之间。在前近代社会诸政治形态中,政治只是少数特权阶级的内部游戏,而大多数民众则被明文排除在政治系统之外,对政府活动没有任何发言权。到现代资产阶级社会,虽然在法律上首次承认公民平等的参政权利,但这种政治上的平等权利时常受到人们经济地位上的不平等的侵蚀。大量的研究表明,在政治上表现积极的往往是那些生活上较富裕、受过良好教育的中上阶层,而那些处于社会底层的人们则常常成为“局外人”。西德尼·伏巴等人的研究发现,与社会地位较优越的阶层相比,那些处于社会下层的“非政治人口”更多地关注基本的生活需求问题,而那些生活较富裕的人们则更关心税率、政府开支、预算,或者诸如堕胎、色情出版物等社会问题,所以通过后者的政治参与所表达出来的社会要求和愿望,其代表性常常被打上了折扣。另外,在那些领土范围广大、地理条件复杂的国家,经济发展经常呈现出极大的不平衡性,并由此带来政治资源在地区间空间分配上的不平等,那些经济较为发达的地区在政治系统内的影响力是那些较为落后的地区无法匹敌的,这对政治系统的民主化进程无疑会产生许多消极影响。

再次,政治参与应当是组织化的。"没有组织的政治参与将堕落为群众运动"①。现代政治系统中,政党和政党体系在公民政治参与过程中发挥着重要的政治动员和组织功能,是将政治参与纳入民主化轨道的关键力量。在西方国家,现代政党政治主要功能便是:参加和组织各种各样的选举,争取使本党的候选人当选以组织政府,从而将本党的政纲纳入政治过程。可以说,政党是沟通民众参与和政治民主的重要桥梁,没有竞争性政党政治,便没有现代资产阶级民主政治,而那些有着较强利益综合能力和自我调试机能的政党在选举中无疑会向选民提供真正有意义的选择的可能,从而帮助后者实现对政府一定程度上的控制。

(三)政治参与与政治秩序

建立稳定的政治秩序是任何政治系统完成自我更新的重要保证,对于那些处于现代化进程中的发展中国家来说,如何将现代化动员起来的参政要求纳入秩序的轨道,是这些国家领导人所要面对的重要挑战之一。

与政治参与和政治民主之间的关系相类似,政治参与和政治秩序之间的关系也常常呈现出相当的复杂性,不仅涉及政治参与本身的性质、结构和方式,而且与政治的制度化水平和特定国家的历史、文化以及经济发展状况密切相关。政治学者分别根据不同国家的政治发展路径,得出了以下有关政治参与和政治秩序的关系模式②。

第一,自由主义模式——以 K·多伊奇、D·勒纳、C·布莱克、M·李普塞等提倡现代化理论的学者为代表。根据美国的现代化经验,该模式认为,公民参与政治的程度越高,政治体制对公民要求的反应就越灵敏,从而能够提高公民对政治系统的认同感和归属感,后者直接关系到整个政治系统的稳定。缺乏公民参与的政治体制必然增强民众对该体制的不信任感,

① 塞缪尔·亨廷顿:《变化社会中的政治秩序》,第 371 页。
② 参见亨廷顿、纳尔逊:《难以抉择》,第 19—30 页;亨廷顿:《变化社会中的政治秩序》,第 49—52 页。

民众的政治意愿表达也就会以体制外的暴力形式出现。该模式可以大致图示为：

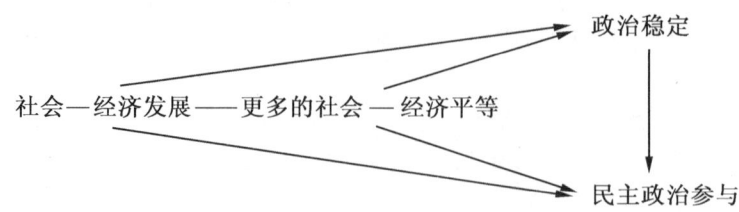

第二，"差距"模式——亨廷顿在对战后某些第三世界国家的政治发展进程进行系统比较分析的基础上认为，现代化动员起来的政治参与常常超过政治体制的承载能力，一方面是政治参与的骤增，而另一方面则是政治制度化水平的相对低下，两者间的差距最终导致政治动荡。亨廷顿借用三个等式概括现代化国家政治参与和政治不稳定之间的内在逻辑：① 社会动员/经济发展＝社会颓丧，② 社会颓丧/流动机会＝政治参与，③ 政治参与/政治制度化＝政治动乱。

就以上等式，亨廷顿是这样论述的，首先，社会动员和经济发展都是现代化进程的必然结果。社会动员往往提高人们的渴望和需要水准，而经济发展则能够满足这种渴望和需要，但常常滞后于人们需求的增长，这样，"需要的形成"与"需要的满足"之间就会形成差距，这种差距进而造成社会的颓丧和不满。其次，如果社会内部存在着较高的横向和纵向的流动机会的话，这种社会颓丧将有可能得到缓解，否则，人们就会通过政治参与向政治体制施压。最后，如果政治参与迅速扩大，而政治制度化水平未得到相应提高，在人们对政府的要求无法通过合法渠道得到表达并在政治系统内得到缓解和集中时，就会产生动乱。20 世纪 50、60 年代许多亚、非、拉发展中国家之所以出现国内政局持续动荡，亨廷顿认为，正是由于政治参与和政治制度化水平之间的差距造成的。

依据该模式理论，正是由于政治制度缺乏吸纳、整合现代化动员起来的参与冲动，对政治精英来说，往往存在两种选择：第一种是技术统治模式。表现为抑制政治参与，强调高水平的投资（特别是外国投资）和快速经济增长，并容忍分配上的不平等。该模式的不稳定性源自经济上的贫富差距和抑制政治参与，最终形成抑制参与→经济增长→所得分配不平等→抑制参与的恶性循环，最终导致"参与爆炸"（participation explosion）。该模式可大致图示为：

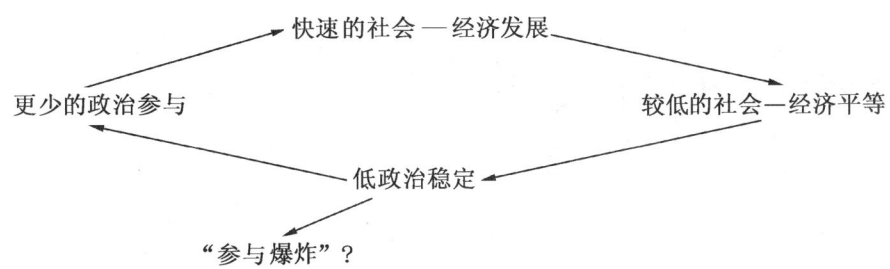

第二种是大众模式——与技术统治模式正好相反，大众模式中存在着广泛的政治参与，它推动政府活动的扩大和社会—经济平等，经济增长因此而减缓速度。各种社会集团通过政治参与竞争经济增长的有限果实，加剧各群体间的冲突和社会的两极分化，从而引起内乱，最终导致社会总崩溃或"参与内爆"（participoction implosion），军人夺取政权并压制其他社会势力的参与。如果军人继续控制政权，社会可能被重新推向技术统治模式；如果他们放弃政权，社会可能陷入大众模式的恶性循环。该模式可图示如下：

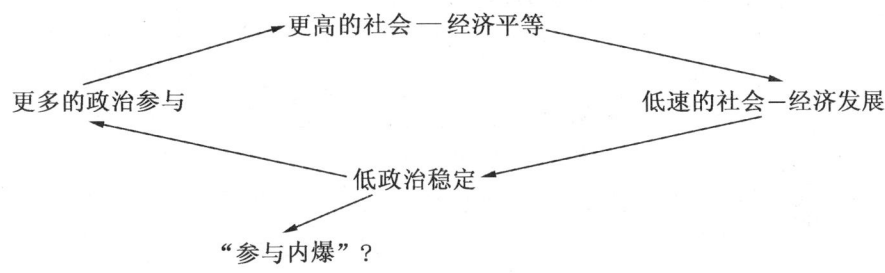

可见，政治参与和政治秩序之间的关系表现出相当的复杂性，它不仅涉及政治参与本身的性质、结构和方式，而且与政治的制度化水平和特定国家的历史、文化以及经济发展状况密切相关。

思考题

1. 简述政治参与的功能和意义。
2. 现代政治系统中的政党和利益集团在角色和功能方面有哪些异同点？
3. 应该如何认识现代政治系统中政治参与的阶级内涵？
4. 政治参与分别与政治民主、政治秩序之间有着怎样的变量关系？
5. 试分析公民自治理论与中国村民自治实践的内在联系。

第九章 政 治 文 化

政治文化就是一个政治系统中人们对政治现象的取向模式。这种取向模式包括认知取向、情感取向以及评价取向三个方面。政治文化常常表现为主流政治文化与政治亚文化、整合型政治文化与极化的政治文化、大众政治文化与精英政治文化之间的分野。政治文化主要由政治心理、政治思想以及政治价值观三个层次构成。政治文化对政治体系的有效性和稳定性、人们政治行为的表现模式以及政治发展都产生重要影响。政治文化发展集中表现为文化的世俗化和参与型政治文化的形成。政治民主化进程不仅需要建立一套切实可行的民主机制，而且需要不断培育该机制运作所必需的政治文化基础，即公民文化。

一、政治文化的含义

（一）政治文化的内涵

对于特定文化系统对政治制度和政治行为的影响，学者们很早就予以关注。早期的政治文化研究集中表现为政治思想、意识形态、民族性格、国民性、公民性格等课题的研究。但从行为科学的视角对这一问题进行系统、深入的研究，却从 20 世纪 50 年代后期才开始。这一时期，美国政治学家开创了一条新的研究路径——比较政治学。而政治文化作为比较政治研究的重要工具，引起了国际政治学界的高度重视。

著名社会学家帕森斯(Talcott Parsons)曾指出：任何一种政治体系都可以被划分为政治结构(政治行为的模式)和政治文化(政治行为的心理取向)两部分,它们彼此密切联系、相互影响、彼此牵制,忽视任何一方都必然导致对政治体系的片面理解。1956 年,美国政治学家阿尔蒙德在《政治季刊》上发表了《比较政治体系》一文。在这篇论文中,他首先使用"政治文化"这一概念,并将"政治文化"界定为"一个政治系统(国家或民族)的基本政治倾向"。按照阿尔蒙德的理解,政治文化不同于明确的政治理念,也不同于现实的政治决策,它作为长期形成的心理积淀,深藏在人们心中并潜移默化地支配着人们的政治行为。在这篇论文中,阿尔蒙德借用政治文化这一分析工具将各国政治区分为英美政治体系、欧洲大陆政治体系、非西方或前工业化的政治体系、极权政治体系四种类型。1966 年,阿尔蒙德与鲍威尔合作发表《比较政治学：体系、过程和政策》一书,对"政治文化"这一概念作了进一步发挥①。

自从阿尔蒙德提出政治文化这一分析性概念以来,许多政治学者纷纷用它来分析政治体系中的政治行为及其变迁的趋向。他们均肯定政治文化概念的价值,认为它可以促进政治行为的研究,以比较不同的文化体系或同一文化体系内各次级文化间的异同。

概言之,政治文化即是一个民族在特定时期形成的一套政治态度、信仰和情感,是政治关系在人们精神领域内的投射形式。它是一个民族在其特殊的历史发展进程中逐步形成的,并对该社会人们的政治行为模式、对政治系统的要求以及对法律的反应发挥着重要作用。

每一个政治系统都表现出该系统特有的政治行动取向模式,而这种取向模式就是该政治系统的政治文化。一般来说,一个政治系统中人们对政治对象的取向模式主要包括以下三个方面：① 认知取向,即关于政治制度之功能、这些功能的执行者以及政治制度输入输出的态度和信仰;② 情感取向,即对政治制度、政治制度之作用、执行者以及执行过程的情感;③ 评价取向,即凭借已有的知识信息以及价值尺度对整个政治体系或政治对象形成的判断和见解。

作为一种观念形式,政治文化并非纯粹的主观意识和想象,而是与特定社会人们的社会物质生活条件密切相关的,这里的物质生活条件包括物质资料的生产方式,以及由此产生的人们的社会联系和社会关系。所以,对于任何社

①　参见加布里埃尔·A·阿尔蒙德等：《比较政治学：体系、过程和政策》,第二章。

会政治文化的把握,都不能仅仅停留在纯粹观念领域的抽象层面,而应当深入到社会物质生产和社会关系的领域中去。然而,政治文化作为社会物质条件基础上政治生活的抽象,又具有相对独立性和能动性,一方面,它不是机械地随着特定政治关系的改变而改变,而是能够以某种观念形式保留下来,并反过来对人们的政治生活产生巨大的心理和精神支配作用;另一方面,政治文化可以通过特定的途径得到传习和延续。

(二)政治文化的特征

就政治文化本身来看,其内涵常常表现出以下几方面的特性。

1. 政治文化具有历史继承性

人是政治文化的创造者,同时也是政治文化的承载者。在现实的政治实践活动中,人们不仅受到已有的政治文化形态的影响,而且在自身的历史活动中传递和延续着特定的政治文化。正是在社会成员一代又一代的历史活动中,政治文化才得以绵延不绝。

2. 政治文化具有民族性

由于社会生产方式、历史经验等方面的差异,使得作为观念形态的政治文化也在不同民族之间常常表现出不同的特点。例如,在传统农业社会,人们在政治态度、政治信仰以及政治情感等方面与现代工业社会有着明显的差别;在那些历史悠久、文化古老的国度,长期形成的较为稳定的政治取向对新时代政治文化的选择和发展往往产生重要影响。这就要求我们在对世界各种政治文化形态进行比较分析时,重视每种政治文化中所包含的特定的民族气质、民族精神和民族心理。当然,政治文化在表现出强烈的民族性的同时,也具有相当程度的国际性。伴随着人类文明进步的脚步,生活于不同国度里的人们在政治态度、政治信仰、政治情感等方面也经历着空前的改变,从先前对政治权威的盲目迷信到如今的理性自觉,更加认识到自己作为"政治人"的主体权利和作为现代公民所具有的政治能力。渴望限制强权,维护个人正当权益这一带有普遍性的人类追求政治文明的核心命题,正是政治文化国际性的重要依据。

3. 政治文化具有阶级属性

在阶级社会,人们的社会生产关系经常表现为一定的阶级关系,正是作为政治文化主体——人的这种阶级性,使得政治文化本身具有阶级属性。由于物质活动和阶级利益上的差异,统治阶级的政治文化与被统治阶级的政治文化常常存在矛盾和冲突。与统治阶级在政治经济领域的统治地位相对应,统治阶级的政治文化也必然占据统治地位,这不仅是他们的阶级地位决定的,而且是进行有效统治的要求;与政治文化的这种阶级性相伴随的是政治文化的社会性,统治阶级的政治观念、政治理想只有在得到被统治阶级一定程度的认可的情况下才能维持其主导地位,而统治阶级往往都将本阶级的政治文化宣扬为整个社会的政治文化;与此同时,对于一个试图取得统治地位的阶级在与现存的统治阶级对抗时,其政治理念必须得到社会大多数成员的支持和认同,否则,就很难在对抗中取胜。为此,它必须努力将本阶级的利益上升为社会的"共同利益",并赋予本阶级的思想、原则、信念以某种普遍性的形式,从而使本阶级俨然以全社会代表的身份,以全体民众的姿态反对现存的统治阶级。

4. 政治文化具有发展性

任何政治文化形态都不是一成不变的,而是随着社会历史的发展而不断变化。社会生产方式的变革必然会带来政治制度的变迁,进而使人们在政治心理、政治价值观以及政治信仰等方面发生相应改变,而这种改变反过来又进一步推动政治制度的变迁。

二、政治文化的构成与功能

(一) 政治文化的结构

任何一个社会都是由不同的社会阶级或阶层、不同民族和种族、不同宗教信仰、不同地域以及不同性别、不同职业……的人群构成的一个多元体,这个多元体中的每一元都有着自己的特殊利益诉求和政治倾向,这就决定了一个社会文化结构的多元性。这种多元的文化结构标志着政治态度在民众中不同集团之间的多层次分布。学者们将这一现象称为政治文化的"亚文化"(或"次级文化")现象。

阿尔蒙德和鲍威尔曾对政治亚文化作了如下界定,"如果我们找到了在一段时间内一直存在的态度分布类型,我们不妨把它称之为政治亚文化。我们确定政治亚文化,在很大程度上取决于我们所争论的问题以及我们所关切的事物的性质。"与政治"亚文化"相对的是主流政治文化,即政治文化中的"一般性因素"。这种"一般性因素"体现一个社会内的各个集团所持有的共同的政治态度和倾向。比如,尽管不同的政党或利益集团可能在某些政府政策上意见分歧,但它们可能对自己国家的政治制度以及重大政策问题持相当的认同感,这种忠诚感便可视为政治文化的"一般性因素"①。

政治文化中共识因素的多寡与一国政治局势的稳定与否密切相关。这种共识因素会成为调节政治生活中不同利益群体间冲突的潜在力量,它能够帮助将冲突纳入秩序所容许的范围。共识因素多的文化可以称为"整合性的政治文化",而意见和倾向趋于两端的文化可以称为"极化的政治文化"。在极化的政治文化结构中,公民的意见和倾向的分布呈"U"型,即趋于两端。比如在北爱尔兰、黎巴嫩或加拿大的魁北克省,由于新、旧教(北爱尔兰),基督教与回教(黎巴嫩)以及法语系人与英语系人(加拿大)的严重分歧,使得政府的任何一项微小的政策都有可能导致某一方面的严重不满和分裂的加剧。所以,如何将不同的族群、不同地域的亚文化单位纳入主流文化的主导框架,必然是一个政治系统生命力的关键所在。

政治文化结构的另一基本分野是大众政治文化与精英政治文化。精英主要指一个社会中受过良好教育、收入较高、影响力更大的一群。由于他们往往掌握着更多的政治资源(如政治知识、技能等等),这就使得其通常要比普通大众在政治上表现得更加积极,对政治系统有着较高而且稳定的预期和政治功效意识。这就使精英群体形成了具有明显群体特征的政治行为取向模式,即政治文化。一些西方学者认为,在任何政治系统中,大众与领导集团在利益、信仰、情感、价值取向及政治认知上都会存在不同程度的差异甚至矛盾。当大众与精英文化的分歧只是表现为"差异"的时候,该政治文化基本上可视作"整合性"的政治文化,而当分歧表现为"矛盾"甚至激烈的冲突时,该政治文化则可视为"极化"的政治文化。

(二) 政治文化的成分和类型

作为人们主观心理世界所反映的政治取向模式,政治文化主要由政治心理、政治思想以及政治价值观三个层次构成。政治心理是政治文化的表层和感性部分,包括政治认知、政治情感、政治动机、政治态度;政治思想是政治文化的深层和理性部分,包括政治理想、政治信仰、政治理论;政治价值观则是政治心理与政治思想相互作用并在人的认知系统中形成的相对稳定的观念取向,它构成了政治文化的核心部分。

---

① 加布里埃尔·A·阿尔蒙德等:《比较政治学:体系、过程和政策》,上海译文出版社1987年,第33—35页。

1. 政治心理

政治心理是社会成员在政治社会化过程中形成的对社会政治生活的各个方面的一种自发的心理反映，表现为人们对政治生活的某一特定方面的认知、情感、态度、情绪、兴趣和信念等等。就政治心理的形成过程而言，它是社会成员在政治社会化过程中对社会政治生活的心理投射，它实际上反映的是现实的政治关系、政治体系、政治行为、政治现象。而就政治心理本身所呈现的形式外观而言，它常常是一种直观的、自发的心理反映，以一种潜在的形式出现，是对政治生活的一种不系统的、未定型的感性认识。

就政治心理的内在过程来看，其主要包括政治认知、政治情感、政治动机和政治态度。

（1）政治认知。政治认知是政治主体对政治事件、政治人物、政治活动及其规律等的认识、判断和评价，即对各种政治现象的认识和理解。政治认知过程就是认知者、认知课题以及认知情境等因素之间交互作用的心理过程。在现实政治生活中，人们的政治认知所能达到的程度与认知主体自身的智识水平和认知结构，以及他所掌握的知识和信息密切相关。政治认知过程常常包括政治知觉、政治印象和政治认知判断三个阶段：政治知觉是政治主体对政治认知客体形成的整体概念，政治印象是政治主体在政治知觉的基础上对认知客体形成的较为固定的记忆，而政治认知判断则是政治主体在前两个过程基础上对认知客体的评价和推论，从而形成对认知对象的综合分析。政治认知过程要求认知主体获得相应的政治知识，并形成一定的政治认同意识，所以，它是整个认知心理过程的基础，对于政治心理的发展和政治态度的形成具有重要意义。

（2）政治情感。政治情感是政治主体对政治体系、政治活动、政治事件和政治人物等形成的自发的内心体验和感受，是政治主体在认知过程中形成的对政治事件、人物、活动等的好恶、亲疏等心理反应。政治心理包括较低层次的政治情绪和较高层次的政治感情：前者是政治主体在政治生活中根据切身的政治实践而产生的暂时的主观心理体验，这种体验可能是积极的、肯定的，也可能是消极的、否定的；如果说政治情绪很大程度上是一种本能的心理反应，缺乏稳定性和可控性，那么政治感情则是一种相对持续、稳定的精神活动。政治情感是在政治认知的基础上形成的，作为政治心理的一个重要环节，它构成政治生活的情感纽带，也是政治动机形成的内在动力和基础。

（3）政治动机。政治动机即激励并维持政治主体的政治活动以达到一定政治目标的内在动力。政治主体的政治动机取决于主体的政治目标以及主体为达到这一目标而对自身政治能力所作出的估价。

207

（4）政治态度。政治态度是在以上三个心理过程基础上形成的综合性心理过程,它是政治行为的准备阶段,是政治行为的重要环节。主体政治态度的肯定与否定、积极还是消极,会直接反映在主体最终的行为选择上。

作为政治心理发生、发展的重要环节,以上政治心理的构成要素形成了一个相互联系、相互作用的有机整体,共同构成了政治心理的整个过程。

2. 政治思想

所谓政治思想,就是特定历史时期人们在对政治生活系统化思考的基础上形成的政治观点、政治理论和政治学说。政治思想是人类对政治现象进行理性思辨的结果,它仰赖于人们丰富而深刻的政治经验和体验、广博的社会政治知识和严密的政治思维能力。政治思想是政治文化的重要组成部分。如果说政治心理是一种潜在的政治倾向,政治思想则是一种显性的政治文化,它以语言、文字等明确的符号体系为载体,具有严密的逻辑推理和完整的思维框架。

政治思想主要包括政治理想、政治信仰、政治理论等要素。

（1）政治理想。政治理想是人们对政治体系和政治过程未来目标指向的设定。它是社会成员在政治活动中重要的精神依托,直接影响着他们的政治动机和政治行为。

（2）政治信仰。政治信仰是人们对特定政治理论、信条、制度等深深的情感卷入。政治信仰能够赋予政治行为以特定的意义,构成了一定社会人们最重要的政治取向,是决定政治文化性质的关键因素。社会成员政治信仰的改变必然带来政治文化本身性质的改变。共同的政治信仰也是政治系统赖以凝聚人心、整合分歧的重要纽带。

（3）政治理论。政治理论是人们有关政治生活的系统性认识以及在这些认识的基础上形成的概念、原理体系。它是政治思想最为直观的表述。

3. 政治价值观

政治价值观就是社会成员对待政治系统、政治事件以及政治活动的态度和行为取向。特定时代人们的政治价值观取决于该时代人们普遍的政治心理以及政治思想状况。政治价值观决定着人们对政治制度、政治决策、政治角色等的衡量尺度和行为选择,后者将直接作用于社会的政治过程,因此,社会成员政治价值观的改变会带来政治系统的适应性调整和变迁。

这里需要说明的是,对政治文化内在构成要素的划分,只是在抽象的意义上进行的。在实践中,政治心理、政治思想、政治价值观之间是处在一个有机的整合系统之中,三个层面的要素之间相互联系、相互渗透,共同构成了政治文化的功能结构。

　　就政治文化的类型来看,学者们所采用的划分标准往往见仁见智。例如,根据主体的不同,人们将政治文化区分为精英政治文化与大众政治文化;根据政治文化的进化程度可区分为传统政治文化、意识形态的政治文化与世俗化(理性的)的政治文化;此外还有传统型政治文化、道德主义政治文化以及个人主义政治文化的划分以及关怀公益型政治文化和关怀私益型政治文化之分等等。

　　一般来说,最常见的对政治文化的分类方法有以下三种:

　　首先,按政治文化中亚文化的结构以及它们之间的关系以及政治认同的程度划分,政治文化划分为不完整的政治文化和整合的政治文化。不完整的政治文化是指人们对政治系统缺乏普遍的认同感,地方性忠诚超过对中央的政治忠诚。社会团体之间缺乏必要的信任,政府主要依靠武力来维持社会秩序和政府权威。

　　与不完整的政治文化正相反,整合性的政治文化则能够表现出比较一致的和阶层化的政治认同。整合的政治文化的特性主要表现在以下几个方面:① 民众对国家和中央政府的忠诚高于对地方或团体等次级单位的忠诚,这种认同为中央政府的合法性奠定了坚实的心理基础,对一国的政局稳定有极大的作用。② 政治暴力程度相对较低,并在多数情况下能够通过特定的政治程序解决冲突。之所以会如此,是因为在整合的政治文化中,大多数人在政治结构、政治程序、游戏规则等方面存在着基本的共识,在各种社会团体之间也存在广泛的政治信任。在这类国家里,政治冲突往往围绕具体政策的输出及对政治系统的要求或支持的输入问题展开,而非集中于政治系统本身是否正当的问题上。因此,通过暴力解决冲突的可能性较低。③ 社会团体间能够保持相当程度的政治信任。虽然整合的政治文化必然是多层次的政治文化,但文化的各层次之间并不存在极端的政治偏执病和互相敌视的现象,恰恰相反,各个社会团体往往为了一个共同的目标彼此宽容与合作,并在合作中建立起一套行之有效的合作技术。④ 合理的和持久的政权忠诚。在整合的政治文化中,可以发现公民对政权合法的高度认可及对政府的高度支持。这种文化为政府的运作和命令的贯彻提供了良好的环境和条件。整合的政治文化往往存在于现代的或尚未向现代过渡的传统国家中。

　　其次,按历史发展阶段划分,政治文化可划分为狭隘的地方性政治文化、臣属型政治文化以及参与型政治文化。在狭隘的地方性政治文化占统治地位的社会里,个人对政治体系最多只是模糊地意识到,对政治体系的变革也很少有什么期望,个人对政治体系和政治行动者的认识、情感和评价定位以及政治的输入输出几近于零;在臣属型政治文化中,人们虽然能够对政治体系及其政策输出作出较为频繁的反应,但他们并没有感到主体可以在政治系统中发挥积极的作用,对整个政治系统和政治输出往往逆来顺受,自己并没有介入其中,依然缺乏自觉的参与意识。而在参与型政治文化中,社会成员对政治系统以及政治输入和输出,都有着明确的意识,个体成员对自身在政治系统中的角色地位,也有着清楚的概念。尽管他在政治系统中所发挥的作用可能与他人不一样,但几乎每个人都愿意成为政治生活的参与者[①]。

需要指出的是,"地方型"、"臣属型"和"参与型"三类政治文化概念只是为了研究方便而提出的理想类型。在实际生活中,任何一个社会都不可能只是某一种纯粹形态的政治文化,而必然是两类或三类文化不同程度的混合。当然,必有一类居主导地位,从而构成该政治系统的主流文化。

最后,按政治体系功能的三个基本层次——体系层次、过程层次和政策层次,将政治文化分为体系文化、过程文化和政策文化。体系文化表明公民的政治倾向对一个政治体系的维持和调节具重要意义,政治体系的合法性和政治共同体的同一性是体系文化的重要内容;过程文化,即公民在政治过程中的自我意识,是积极参与还是消极服从,或者冷眼旁观,过程文化还体现在公民的政治信任程度、政治感情等方面;政策文化,即公民对公共政策的政治倾向,对重大政治问题所持的态度,这影响到一个政治共同体的公共政策能否得到顺利推行。

(三) 政治文化的功能

作为一个有机的功能系统,政治文化对政治生活发挥着重要作用。历史唯物主义基本原理告诉我们,虽然社会政治发展进程归根结底取决于社会生产方式,但政治文化作为"上层建筑"的重要因素之一,是影响历史进程的重要力量。概括来说,政治文化在政治生活中的功能主要表现在以下几个方面。

1. 影响政治体系

任何政治体系都有着特属本系统的政治取向模式,也就是政治文化。该政治文化赋予政治系统以某种形式的合法性,也就是人们对政治体系理应如此的信心,这一信心决定着他们对整个政治系统的正当性支持,而这一正当性支持正是政治系统较为有效地进行"权威的价值性分配"的关键所在。在传统社会,社会成员对政治系统正当性信仰可能来自统治者的血缘世袭或宗教习俗,于这种社会形态中形成的政治文化常常带有明显的依附性特征,这种依

---

① 阿尔蒙德、鲍威尔:《比较政治学:体系、过程和政策》,上海译文出版社1987年,第41—42页。

附性反过来成为政治系统进行有效统治的基础。而在现代民主体制中,当权者的正当性则主要取决于他们在选举中是否获胜,取决于他们在制定法律过程中是否遵守宪法程序,在这种政治体制下形成的政治文化成为该体制进行有效统治的基础。可见,政治文化的性质直接决定着政治体系统治的有效性和稳定性。

2. 影响政治行为

既然政治文化表现为一种潜在的行为取向,那么,它必然会对人们的政治行为模式产生重要影响。在臣属型政治文化环境中,人们除了被动地接受政府行动所施加的影响外,并不打算去影响政治过程,人们往往倾向于认为自己只是政治系统的依附者。而在参与型政治文化环境中,人们能够获得必要的政治知识和信息,并利用各种机会介入政治事务。生活在该体制下的公民相信自己可以对政治过程发生某种程度的影响,并能够利用自己所掌握的政治资源参与政治过程。可见,不同政治文化环境下人们的政治行为常常存在着明显的差异。

3. 影响政治发展

政治发展即从传统政体向现代政体的演进过程,这种演进过程意味着政治关系的变革和调整。虽然政治发展是各种因素共同推动的结果,但政治文化在其中扮演着重要角色。不难想见,若一个社会没有人们在政治心理、政治价值观以及政治思想等层面的改变,政治发展几乎是不可能的。所以,政治文化环境的改变是政治发展的先导力量。

三、政治文化的发展

(一) 政治文化发展的动因

以观念形态出现的政治文化,既是历史发展进程的现实性反映,同时也是人们思想观念代际相传、不断沉淀的历史继承。历史继承性决定了政治文化发展背后历史发展的内在规定性,而现实性则决定了政治文化的发展是随着现实社会生活的发展而发展的。

政治文化的发展集中表现为文化的世俗化和参与型政治文化的形成。

文化世俗化意味着人们世界观、思维方式以及社会角色定位标准的深层变迁,如果说传统社会人们是以笼统的标准观察客观事物,具有浓厚的情感色彩,那么在文化世俗化的现代社会,人们能够以明确的、中立的方式观察事物,在评价和录用社会角色的过程中,现代世俗文化注重的是个人的成就,而非世袭门第。

而参与型政治文化则意味着作为现代政治主体的公民在政治生活中的角色将日趋活跃,他们从先前政治生活中的消极服从者开始转变为积极的参与者。正如美国政治学者阿尔蒙德所指出的,"如果说现代世界上正在进行着一场政治革命的话,我们或许可以把这场革命称作'参与革命'。在世界上所有的新兴国家中,普通民众与政治有关这一信仰——即他在政治制度里应该是一名被卷入其中的参与者——流传甚广。那些被排斥在政治之外的广大民众集团正在要求参与政治制度。因此,如今不承认对这一目标承担义务的政治精英已寥寥无几了。"正是鉴于这一发展趋势的普遍性,阿尔蒙德索性将这一参与型的政治文化称为"世界的政治文化"①。

政治文化发展的动因主要来自两个方面:一是内部动因,二是外部动因。

内部因素包括社会经济水平的提高、教育的普及和知识信息流量的增加等方面。研究表明,社会成员受教育水平的提高构成了政治文化发展的重要推动力量。受过较多教育的人更能意识到政府的影响,对政治信息的认知水平更高,掌握更多的政治信息,更有兴趣和能力参与各种组织,讨论政治事务。

外来政治文化成分的进入(外部因素)也是政治文化发展的重要力量。由于政治体系的异质性,与特定政治体系相对应的政治文化必然表现出不同程度的异质性。这样,外来政治文化的某些元素常常会破坏原有政治文化与政治结构之间的平衡,以致政治文化和政治体系都必须作出相应的调整,才能重新建立两者间的和谐。这一过程往往充满曲折,并需要相当长的时间才可能完成。

(二)民主政体的文化基础

任何政治体制都有与之相应的文化基础。

专制体制下的当权者不遗余力地防止民众对其行为形成独立的判断,并将民众排斥于政治系统之外,因而,民众没有机会掌握参与政治生活的实践技能,他们对权威者的要求也相当低,这就决定了该体制下人们在政治文化方面表现出的依附性。

---

① 加布里埃尔·A·阿尔蒙德、西德尼·伏巴:《公民文化》,浙江人民出版社1989年,第4页。

现代民主政体是近代资产阶级革命的产物,它是社会契约思想的具体体现。民主政体不仅表现为一套正式的制度建制,如普选制度、议会制度、政党制度,而且需要与之相适应的政治文化。英格尔哈特在对二十四个欧美早发现代化国家综合研究的基础上发现,民主政治在欧美的崛起是基于长期的社会文化变迁,开始时是清教徒的出现,再则是资本主义的扩张带来的高度的经济发展。经济增长和生活水平的提高使得人与人之间的信任感增加,最终建立了公民文化和民主政治。基于此,新的民主政体是否成功,取决于大众对民主的支持态度,而向民主过渡,又与新教精神、资本主义发展有关①。

与传统政体不同,民主政体承认个人的自由、尊严和权利,认为政府的权力得自民众的同意,民众有权参与那些与自己切身利益密切相关的政治决策,等等。概括来说,民主政体的文化基础主要表现在以下几个方面:

首先,在民主政体下,政治系统赖以立基的主要依据在于民众对该系统中"价值的权威性分配"结构之内在合理性的信仰。在传统社会,政治权威的正当性可能取决于统治者的世袭地位,取决于制定和执行法律过程中是否遵守某些宗教习俗。而在一些西方发达国家中,民众对系统的支持则主要取决于当权者在竞争性选举中是否获胜,取决于他们在制定和执行法律时是否遵守既定的宪法和法律程序。民众对政治系统的正当性支持主要包括政治共同体、体制和当权者三个结构层次。对当权者的支持即成员对当下权力的控制者的认可;对体制的支持是指系统成员对待政治机构的态度(包括政治系统的价值目标、规范以及权威结构)而非特定的政治领袖,它也包括政府运作的程序和政治制度。而对政治共同体的支持则是成员对国家和政治系统的一种超越现有政府制度的依附感,亦可被视为国家的认同意识。现代民主政体第一次完成了当权者的正当性与体制的正当性的分离和良性互动,并将整个政治系统的正当性建立在取得其治下民众的信任和支持基础之上。如果说君主专制政体、极权政体和威权政体在一定时期也可能得到民众的积极支持,但一旦当政者死亡或政府在政策上出现重大偏差和失误,不仅瓦解了当权者的正当性,而且使整个制度也失去了民众的支持。历史上各种形式的专制体制虽然曾一度风光无限,但它们之所以最终难逃走向败落的命运,一个重要的原因即在此。

其次,民主政体下的公民对自己在政治过程中的影响力有较强的自信。由于民主政体较其他政体形式具有明显的开放性,使得该政体下民众获得了较为多元的参政渠道。他们对那些促使自己介入政治的过程有着较为清晰的

---

① 参见罗纳德·英格尔哈特:《早发工业社会的文化转移》,普林斯顿大学出版社1990年英文版。

认识,并形成了鼓励自己利用各种参与机会的态度,也就是相信自己只要努力去做就能影响国家的政治事务。他们对政治有着较为浓厚的兴趣,并愿意表达自己对政治事务或政治领导人的看法,具有较强的政治功效意识。正是这种态度不断促使他们采取政治行动,将积极参政视为良好公民的重要条件。相反,在一个独裁的政治体系中,民众参与政治过程的机会非常有限,他们也不会相信自己能够在国家事务中产生多少影响,最多只能是政府"顺从的参与者"。他们影响公职人员的途径主要是非正式的个人关系网络和利用金钱贿赂政府行政人员。

最后,由于民主政体的开放性和参与主体的多元性,使得人们在公共政策的倾向上表现出明显的渐进性和保守主义色彩。公共政策倾向就是对政治行为的选择,即对社会资源的提取和分配以及对行为管制的选择。作为实现特定战略目标和意图的手段,公共政策的性质直接取决于所要达到的目标的性质。民主政体的开放性决定了该体制能够较为充分地吸纳、整合由现代化进程中动员起来的社会参与冲动和利益诉求。与其他政体模式相比,民主政体形成了自身更具包容性的利害卷入机制,这就使得在一些西方国家,社会集团中的大多数公民反对推行激进的政策。而且,由于参与决策过程的利益主体的多元性,使得任何进行激进变革的企图都变得不可能。

(三) 公民文化的培育与政治民主化

20 世纪最后 20 年,可以说有两股潮流席卷全球:一股是经济的市场化,另一股则是政治的民主化。美国政治学家亨廷顿将 19 世纪以降的政治民主化进程概括为三次浪潮:第一次民主化浪潮发生在 1828—1926 年间,根源于18 世纪美国和法国革命。在近一百年的民主化进程中,有 30 个国家先后建立了资本主义民主制度。第二次民主化浪潮发生在 1943—1962 年间,是由第二次世界大战引发的。二战期间和战后年代,许多殖民地国家纷纷获得民族独立,有 50 多个国家先后建立了资本主义民主制度,并出现了一批社会主义国家。第三次民主化浪潮以 1974 年葡萄牙"尉官运动"为标志,民主化浪潮席卷南欧、拉美、非洲和东南亚的大多数国家,使采用资本主义民主政体的国家增至 107 个,约占全世界国家总数的 58%[①]。为此,有人甚至将 70 年代以来的民主化浪潮称为一次世界范围内的"民主革命"。

20 世纪 70 年代以来,尽管一些亚、非、拉等第三世界发展中国家或地区

---

① 塞穆尔·亨廷顿:《第三波:20 世纪后期的民主化浪潮》,上海三联书店 1998 年,第 15—26 页。

迫于国内外各种民主化压力开始在政治上解禁,改革原来的一元化政治体制,组织全国性政治选举和全民公决,然而,稳定的民主政体在这些国家还远未建立起来。在某些国家,人民非但未能享受到他们所期望的民主化可能带来的福祉,反而由于旧体制瓦解后新体制未能及时承担起维护国内秩序的功能而导致国内军阀蜂起、政府瘫痪,经济陷入空前的混乱状态。

造成这种局面的原因错综复杂,但一个重要的原因在于:这些国家均未发展起民主政体赖以立基的文化基础——公民文化。

阿尔蒙德和伏巴在《公民文化》一书中,在对英国、美国、意大利、墨西哥、联邦德国五国的政治文化进行比较研究的基础上,得出结论:公民文化对于民主政治体系的稳定影响甚大。所谓公民文化,既不是传统的文化,也不是纯理性的现代工业文化,而是一种将传统与现代完全融合的文化。它是"以沟通和说服为基础的多元主义文化,是一致性与多样性相结合的文化,是允许变革但要渐进性变革的文化"[①]。

公民文化的特质主要表现在:① 公民具有"民主人"的人格特征。政治学家拉斯威尔曾指出,民主政体下公民的人格特质应当包括:开放的自我,即对待他人有一种亲切和宽容的态度;与他人共享价值的能力;多元的而不是一元的价值取向;信任人类的环境并对之有信心;相对来说不为焦虑所困扰[②]。② 民主政体下公民均有参与政治的愿望,而且参与政治被视为一种合乎理性的行为。由于这种文化强调政治输入过程中的理性参与,所以该文化模式被称为"理性—积极性"的政治文化模式。③ 公民有较强的政治效能感,自信可以成功地进行政治决策。④ 公民有较强的输入功能取向。公民不仅取向于政治输入,而且也积极地取向于输入结构和输入过程,所以,公民文化是一种参与型政治文化,公民的政治活动频率也很高。⑤ 由于公民文化是一种将传统与现代相结合的政治文化,所以,公民参与政治的取向不是取代臣属或狭隘地方性的政治文化,而是与之并存。非参与型的、更传统的政治取向往往对参与型的政治取向构成平衡力,从而产生了一种"平衡的政治文化",在这种文化中,既有"政治的积极性、参与性和理性,但他们又因为消极性、传统性和对狭隘的地方性价值的献身而得到了平衡"[③]。

可见,政治的民主化过程不仅需要建立一套民主机制,而且需要不断培育该机制运作所必需的政治文化。对于广大发展中国家有志于推进本国民主化

---

① 　加布里埃尔·A·阿尔蒙德、西德尼·伏巴:《公民文化》,浙江人民出版社1989年,第6页。

② 　参见拉斯威尔:《权力与人格》,格林伍德出版社,1976年英文版,第148页往后。

③ 　加布里埃尔·A·阿尔蒙德、西德尼·伏巴:《公民文化》,第30页。

进程的政治领导人来说,不仅要正视既有体制的诸多弊端,善于从中发现进行体制更新的合适的切入点,避免新旧体制在功能转换过程中极易出现的制度缺位,更要认识到,民主体制的建立、发展和完善是一项系统工程,它不仅需要一国的政治领导人把握时势、体察民情的过人的政治智慧,而且需要他们同民众一道学习民主政治的游戏规则,体验民主政治背后的价值支撑。这些都需要时间,不可能一劳永逸,一蹴而就。

四、政治社会化

(一) 政治文化与政治社会化

政治社会化就是政治文化的形成、维持和改变的过程,也就是一个社会内政治取向模式的学习、传播、继承的过程。政治社会化是政治系统基本的政治功能之一,作为政治系统稳定与发展的主观条件的政治文化即产生于政治社会化过程之中,有关政治社会化的研究扩展了人们关于政治文化的形成、政治文化的传递以及政治文化比较研究方面的知识。政治社会化研究的现实意义也是显而易见的,它可以帮助人们了解社会成员对现实政治系统及政治权力机构的态度,评估政权的稳定程度,预期政治文化的变化发展的趋向及其对未来现实政治可能产生的影响等等。

从政治社会化的基本含义看,首先,在个体层面,政治社会化是一个人特有的政治态度、政治情感、政治价值观和政治认知模式的形成过程。在这一过程中,个体不仅形成特有的政治观念和政治参与的行为取向,而且使他能够学习和掌握在政治系统中担任特定政治角色所必需的知识和技能。从这一意义上说,政治社会化就是一个人获得"政治人"属性的过程。就政治文化的形成而言,政治社会化在个体的一生中表现出明显的阶段性:一个人政治文化中情感的成分多在早年的社会化过程中形成,而认知的成分则多在青年及成年时期形成。

其次,在社会层面,政治社会化是特定政治文化传播和延续的过程。任何政治系统都试图通过各种途径将本系统认同的政治取向模式和行为规范被社会的大多数成员接受,以建立社会成员对政治系统及其运作的认同感。不同的社会有不同的政治社会化模式,它决定着该社会政治文化的总体性质。研究表明,参与型的社会化过程将带来民主的政治文化,被动型的社会化过程将导致专制的政治文化。而同一社会中也因不同的地域、阶级等方面的差异而存在不同的政治社会化过程,从而使一个社会产生各种亚政治文化。

(二)政治社会化的途径

每一个政治体系中都有一些执行政治社会化功能的组织和机构,如家庭、学校、教会、政府、党派、大众传媒等等。它们分别以不同的方式影响公民的政治态度,向他们灌输政治价值信念,传授政治技能等。政治社会化的途径可分为正式和非正式两种,前者指由专门的政治社会化机构进行的有意识的政治教育和政治信息沟通;后者则指一个人所接受的非政治态度性的信息沟通,如一些基本的价值观和情感倾向、审美定势等。政治社会化的效果与一个人在政治社会化过程中所受刺激的连续性和强度有关。长期接受某一政治观念影响的社会成员,必然对该政治观念产生更为强烈的认同感。

概言之,在现代社会,公民政治社会化的主要途径包括。

1. 家庭

家庭是个体社会化的起点。一个人一降生首先必须生活在家庭这一小环境当中。家庭在塑造一个人的政治人格、价值观念、政治态度等方面起着关键性作用。在长期的家庭环境潜移默化的作用下,父母的世界观、政治态度、政治感情,无时不在影响着子女。研究表明,家庭环境,尤其是父母亲对待事物的态度和意见影响着子女的态度和意见;平等的家庭关系对于潜在的参与性价值观和“政治功效”意识的社会化发挥着重要的作用,那些经常参与家庭决策的人,一般来说,倾向于相信自己能够影响政府。而在传统的家长式环境中成长起来的人,要么成为政治上的专断者,要么成为政治上的依从者。

2. 学校

学校是专门的、系统化而且强有力的政治社会化机构。与家庭这一非正式的社会化机构相比,学校能够通过系统的文化知识和政治教育,塑造学生对社会政治生活的初步的规范知识。任何国家的政府都试图通过系统化的学校教育在培养专业人才的同时,将本政治系统特有的政治符号(如国旗、国徽、国歌等)和历史记忆(如英雄人物的事迹、历史传统等)传递给年青一代,借以诱导他们的政治心理和政治思维方式,培养他们对整个共同体的认同感和责任意识。研究显示,尽管政治文化在不同的国家之间存在着差别,但社会成员所受的正规教育与他们对政治体系的态度之间有着密切的关系。受过更多教育的人,对政治问题更加敏感,更关注社会的政治生活,更倾向于参与政治讨论,而且更愿意参与政治。正是由于学校可以帮助强化人们对政治体系的认同感,培养人们的政治忠诚和共同的政治信条,所以它常常被统治阶级用来向新一代灌输本阶级所主张的政治价值和政治态度。学校教育之所以受到历代统治者的重视,其根本原因即在于此。

3. 大众传媒

大众传媒是以现代通讯技术为依托,以电视、广播、报纸、杂志以及互联网为载体的传播方式。它是政治社会化的重要途径。与学校在政治社会化方面的功能相似,大众传媒在传播政治文化信息和符号的同时,也在引导政治文化的发展方向。大众传媒的政治社会化功能主要表现在两个方面:一是使政治事件引人注目。研究表明,大众传媒通过新闻报道、舆论宣传等方式,能够吸引公众的注意力,增加他们对特定政治问题的了解程度和关心程度。二是大众传媒在传递信息的同时,也在向公众传播某种政治观念、政治态度和政治情感。根据西方学者的研究,大众传媒在强化社会成员之间的认同感、推动社会和政治一体化方面发挥着重要作用。所以,任何国家的政府都试图通过各种途径掌握大众传媒,借以向社会成员灌输对国家象征的认同意识。

4. 政治组织

形形色色的利益集团和政党组织也是政治社会化的重要途径。在现代政治体系中,利益集团能够集中各种政治要求,交流政治信息,并极力将本集团的要求纳入政治过程。正是在这一过程中,集团成员不断熟悉政治体系及其内在的运作规范,人们的"政治功效"意识也借助集团的力量得以强化。所以,在现代社会,利益集团在动员人们政治兴趣和政治能量的同时,也在巩固和强化特定的政治文化模式。

在现代社会,政党发挥着重要的政治社会化功能。政党宣传自己的政治纲领和政策主张,并力图使自己的政治观念和政治信仰为多数社会成员接受;在吸纳新成员进入政党组织的过程中,政党也使他们受到社会化的培养和训练;在一些西方国家,政党在赢得选民支持以便取得政权的过程中,为公众提供了参与政治的机会和可能。

除了以上列举的主要的政治社会化途径外,还有教会、工作场所、各种形式的社群、聚居区和同辈集团,以及各种各样的娱乐、职业和文化组织。它们都不同程度地发挥着政治社会化的功能。

（三）政治社会化与政治意识形态

在任何政治文化系统中,政治意识形态处于核心地位。它是一个政治系统试图说服社会成员、取得后者的认同和支持过程中形成的一套特定的权威阐释系统,是一种能够提供政治认同和引导民众政治态度的符号模型。它构成了一个政治系统中社会成员政治社会化的核心内容。

"意识形态"这一术语是由 18 世纪法国哲学家特莱西首先提出的,用以指称对感觉主义者理论基础所作的系统批判和纠正研究。后来,这一概念更多的被赋予否定性的意涵,借以描述所有夸大自身在构设和变革现实世界中的重要性的观念体系。安东尼·唐斯认为,意识形态就是"一种有关美好社会的文字幻象,一种建构此种社会的信仰形式"①。从早期的古典自由主义到后来的民族主义、保守主义等等,都试图以各自社会改造计划塑造社会成员,借以论证自身政治统治或应该获得这种统治地位的合理性。也有学者(特别是人类学者)力图使这一概念中立化,在功能上将意识形态与科学知识或道德主张区分开来,这样,意识形态并不因缺少科学理论、实用策略或合理的道德哲学所具有的性质而失效,当传统的准则失去其实际效能时,意识形态以其特有的价值观念对现实世界作出指导性的解释说明,从而为文化构造提供了明晰的范畴。所以,在所有非传统社会中,意识形态在功能上是必不可少的②。

前文有述,任何政治统治不仅意味着掌握足够的强力手段,而且要使社会成员接受并认同政治系统权威的理念阐释,这种阐释能够赋予政治权威以某种"应当如此"的道德感召力和超越具体的利害权衡的正当性。正如马克思曾指出的,"以观念形式表现在法律、道德等中的统治阶级的存在条件,统治阶级的思想家或多或少有意识地从理论上把它们变成某种独立自在的东西,在统治阶级的个人意识中把它们设想为使命等等;统治阶级为了反对被压迫阶级的个人,把它们提出来作为生活原则,一则是作为对自己统治的粉饰或意识,二则作为这种统治的道德手段。"③这一过程也就是本章所探讨的政治社会化过程。

政治权威通过社会化过程将自己所倡导的政治意识形态传递给每一位社会成员,并使其经过后者的认知过程逐步内化为他们观念结构的一部分。具体做法往往多种多样,可以通过公共教育机构和传媒进行直接地劝诱,亦可通过各种政治符号、权威象征以及各种社会活动间接地引导。一种政治统治巩固与否,在相当程度上取决于那种与该统治权威结构密切相关的意识形态为

---

① 参见安东尼·唐斯:《一个民主的经济理论》,上海人民出版社 2005 年,第八章。
② 参见邓正来主编:《布莱克维尔政治学百科全书》,中国政法大学出版社 1992 年,第 345—346 页。
③ 《马克思恩格斯全集》第 3 卷,第 492 页。

大多数社会成员所接受的程度,所以,将自身的政治意识形态作为政治社会化的重要组成部分,成为一切统治权威于政治活动中有意无意间表现出来的政治实践。

思考题

1. 简述政治文化和政治社会化的基本内涵。
2. 政治文化的构成及其功能主要表现在哪些方面?
3. 政治文化包括哪些基本类型?
4. 政治文化发展的动因主要源自哪些方面?
5. 简论政治社会化的主要途径及其特征。

第十章　政　治　发　展

政治发展是任何一个政治社会的基本活动和基本现象之一,是社会发展在政治生活领域中的表现及其结果。尤其是在工业革命以后,随着政治现代化进程的展开,追求一种更加理性、更加科学的政治文明成为不同社会政治变迁的一大特征。不管是在西方发达资本主义国家,还是在发展中国家,政治发展成为这些国家社会发展的组成部分。因此,了解什么是政治发展,政治发展的特征是什么,政治发展的模式和途径有哪些,政治发展与政治稳定、政治发展和政治民主之间的关系是什么,成为政治发展研究的重要内容。

一、政治发展的概念

(一) 政治发展的含义

对于政治发展的含义,学术界没有一个统一的界定。就广义上讲,政治发展是政治体系向更高级形态的变迁过程,如从封建国家到绝对主义国家,从分散、多元的政治形态到统一民族国家的形成,从资本主义民主向社会主义民主的演进等等。从狭义角度上讲,政治发展是指政治体系内部结构、体制、功能和运作的科学化、合理化,如从习俗、惯例、传统治理向法律、制度治理的转变,从政治、行政合一的体制向官僚行政体制的变迁,从全能、集权政府向有限、分权政府的转化等等。政治学研究的政治发展,主要集中在狭义的概念,即政治体系内部的政治发展,尤其是指现代化过程中的政治发展。

政治发展研究,从狭义上讲,属于政治学研究中的某一特定历史时期的理论研究。政治发展研究起源于 20 世纪 50 年代美国为首的西方学术界,系统地展开则是在 60 年代以后。第二次世界大战后,许多殖民地国家纷纷独立,开始或加快了民族国家建设或政治现代化的进程。这些发展中国家的政治现代化进程面临着要么模仿西方发达资本主义民主体制,要么独立探索自己的道路两种选择。西方学者普遍认为政治现代化的方式和路径是普适的,西方的民主体制是发展中国家政治体制的目标模式,发展中国家应该走一条与西方发达国家相同或相似的发展道路。但不管是选择模仿西方的民主体制还是自己探索,一些发展中国家的政治现代化进程步履维艰,出现了经济停滞、政局动荡、行政腐败、分配不公、社会失序的严重局面。这些发展中国家遭遇的困境波及到了发达国家的经济、社会发展,制约了国际社会的发展步伐。在此情况下,对现代化和发展问题的研究引起了学术界的广泛关注,出现了发展政治学、比较政治理论等领域或流派。按照亨廷顿的说法,促成政治发展的理论大体上有两股潮流①:一是 20 世纪 40 年代末和 50 年代区域研究的发展。随着一大批独立的发展中国家的出现,学术研究视野从原先局限于西欧和北美扩大到了亚洲、中东、拉美和非洲,掀起了一股对发展中国家研究的热潮。二是政治学研究方法中的"行为主义革命"。这一方法要求把理论的严密性与经验研究相结合并通过系统的多国比较来考察普遍性,从而在概念、方法、数据统计等方面大大促进了发展理论的研究。政治发展研究的主题包括发展中国家政治发展的价值、目标、历史背景、体制选择、政治参与、文化因素、政治变迁等。在研究方法上,形成了以体系功能方法、社会进程方法、比较历史方法等为主要方法的系统。

政治发展研究的兴起,标志着政治学研究的一个重要领域的诞生,同时也意味着发展中国家探索自己独特的政治发展方式和道路的尝试的开始。首先,学者们对什么是政治发展进行了重新审视。著名政治学者路逊·派伊从十个方面概括了政治发展的含义:① 政治发展是经济发展的前提,是适应并促进经济发展的政治条件或政治形式的生成过程;② 政治发展是工业社会典型政治形态的生成过程,工业化使政治形态出现许多共性,因而所有工业化社会无论实行民主与否,都有一套相同的政治行为模式和标准,此即政治发展;③ 政治发展是政治现代化的过程,是非现代化社会建设由现代化已经确立的合理的政治模式的过程;④ 政治发展是民族国家建设和运转的过程,政治发

---

① 格林斯坦、波尔斯比编:《政治学手册精选》(下卷),商务印书馆 1996 年,第 148—149 页。

展首先是一个国家政治制度中民族主义的政治形式;⑤ 政治发展主要是一个国家行政和法制的发展,建设有效率的政府是政治发展的中心;⑥ 政治发展是政治动员和政治参与的过程,一定程度的自下而上的政治参与和自上而下的政治动员均可达成政治发展;⑦ 政治发展是政治民主化的过程,即建设民主政治和制度;⑧ 政治发展是一种稳定有序的政治变化过程,即一个社会能够理性且有目的地控制政治过程,引导社会变革的方向;⑨ 政治发展是政治体系能力增强的过程,其中主要是获得和运用权力的能力和政治动员能力的提高;⑩ 政治发展是多维社会变迁中的一个向度①。派伊的定义,显然有些观点带有西方的价值观,但还是反映了政治现代化的基本方面和主要过程,指明了政治发展所要经历的变迁过程。

作为政治现代化过程中的政治变迁,政治发展既是一个客观的过程,也是一种手段。一方面,政治发展客观反映了在政治现代化进程中政治体系的实际变迁运动,揭示了政治结构、体制和政治体系运作的具体变化,是现代化的政治结果,这种结果既有积极的、正面的效应,如政府能力的提高、民主法制的建设,也有消极的、负面的效应,如政治衰败、政治不稳定。另一方面,政治发展被视为政治现代化的手段,通过政治发展建立一个适应和促进现代化发展的政治体系,支持社会和经济发展。因此,从社会发展和现代化角度讲,政治发展研究集中于合理的发展目标、发展的方式和道路等。

(二) 政治发展的普遍性与特殊性

政治发展是社会发展的重要组成部分,社会发展是政治发展的基础与前提,政治发展必然随着社会发展而发展。只要人类社会还是政治社会,那么政治发展就必然伴随着政治社会进程的始终。在人类历史上,不同社会、不同国家均面临着政治发展的问题。尽管政治发展作为政治生活的一项重要目标和任务,只是第二次世界大战结束以后在发展中国家引起广泛注意和普遍重视,而且政治发展研究和理论也主要是针对发展中国家提出,但这并不意味着只有发展中国家才面临政治发展的任务。西方发达国家由于经历了数百年的近代化历史演进和发展,其政治体系已经达到比较成熟的地步,一定程度上能够有效容纳和推进这些国家的社会经济发展对政治体系所提出的要求,因而这些国家的政治发展的进程显得较为缓和、平稳,但这既不意味着这些国家已经不存在政治发展的任务,也不意味着这些国家的政治制度不再需要改进。反

---

① 　路逊·派伊:《政治发展的诸方面》,小布朗出版社,1966 年英文版,第31—48 页。

观发展中国家,由于这些国家中的大多数在第二次世界大战以后才取得独立或获得解放,经济、政治、社会各方面均处于相当落后的境地,因而面临着社会整体发展的艰巨任务。而这些国家社会发展的落后决定了国家和政治权力在社会生活中具有关键性作用,故政治发展在这些国家中处于十分重要的地位,这些国家面临的政治发展任务相对而言更为迫切和重要。因此,就政治发展本身而言,不管是发达国家还是发展中国家,在政治生活的任何时候均面临着这一问题。从这个意义上讲,政治发展是人类社会普遍的现象。

政治发展的普遍性另一方面体现为政治发展的规律性。马克思主义认为,人类历史的发展不是偶然的、盲目的,同自然的发展一样有着内在的运动规律。恩格斯就曾指出,"历史的发展像自然的发展一样,有它自己的内在规律。"①历史唯物主义的任务,"归根到底,就是要发现那些作为支配规律在人类社会的历史上为自己开辟道路的一般运动规律。"②而社会发展的规律性决定了政治发展同样依循一定的规律运动,人类社会的政治发展有着自身的内在规律。尽管不同社会、不同国家在不同历史时期的政治发展的表现形式和具体道路千差万别,但它们都不可避免地受政治发展的一般规律所支配,换言之,不同社会和国家的政治发展具有普遍性的特征,这种普遍性表现为在发展的阶段、步骤、方式、手段、路径等方面具有某种一致性和相似性,体现出发展的共性特征。S·艾森斯塔德总结了历史上所有国家在现代化过程中政治领域所表现出来的几个共同特征:① 政治生活领域的日益扩展,尤其是表现为社会中心、法律、行政和政治机构的权力之强化;② 政治权力不断向更为广泛的社会群体扩展,一直扩散到所有的成年公民,从而使社会形成一种和谐的道德秩序;③ 就某种意义而言,现代社会是民主的社会,或至少是平民主义的社会。其特征是,以社会的外在力量(如神、理性)来使统治者合法化的传统在衰弱,而统治者对于那些被认为持有潜在政治权力的被统治者富有某种意识形态的,通常也是制度化的责任;④ 任何现代政体,不管其是专制独裁、极权主义还是民主制,都承认国民为受益的对象和使政策合法化的主体③。

政治发展的规律性还体现为政治发展趋向的统一性。社会历史发展的规律决定了社会历史发展的必然趋向和最终结果的统一。马克思和恩格斯在

---

① 《马克思恩格斯选集》第四卷,人民出版社1972年,第261页。
② 同上书,第243页。
③ S·N·艾森斯塔德:《现代化:抗拒与变迁》,中国人民大学出版社1988年,第4—5页。

《共产党宣言》中,对近代历史上的现代化运动的描述就涉及政治发展趋向的统一性,指出由于资本主义的发展,使得"过去那种地方的和民族的自给自足和闭关自守状态,被各民族的各方面的互相往来和各方面的相互依赖所代替了……各民族的精神产品成了公共的财产。民族的片面性和局限性日益成为不可能",并断言这一发展"使未开化的和半开化的国家从属于文明的国家,使农民的民族从属于资产阶级的民族,使东方从属于西方"[①]。同样,马克思在对人类社会历史发展进程的研究中,认为更高一级的社会经济形态取代低一级的经济形态是历史发展的必然。针对自己所处的时代,马克思指出,资本主义社会被更高形态的经济形态即共产主义社会所代替是历史的必然,共产主义社会将彻底结束社会生产过程中的对抗形式,也即阶级对抗,并由社会占有全部生产资料,在消灭阶级的同时消灭国家,从而建立自由人的联合体。因此,马克思主义认为,实现共产主义,实现人类的彻底解放和自由,是政治发展的最高理想,不同社会的政治发展最终将趋向于这一理想,这是人类社会政治发展的共同规律所决定的。

值得一提的是,在西方社会兴起的现代化运动对西方自由民主体制的塑造,深刻地影响到发展中国家政治发展的逻辑。在这一点上,许多西方学者提出了相似的看法。C·E·布莱克认为,现代化可以被界定为从历史上发展而来的各种体制适应迅速变化的各种功能的过程,而"现代化过程在可以预见的将来会导向一种趋同状态,或者说,导向一种功能的普遍化"[②]。F·福山则更是直接指出,西方式的自由民主体制可能成为人类"意识形态进步的终点"和"人类统治的最后形态",从而导致了"历史的终结",因为历史不再发展出新的形态[③]。西方学者的这些观点带有浓厚的西方中心论的色彩,带有意识形态的倾向性。诚然,西方国家作为人类早期现代化社会,其政治发展所经历的过程及其成就必然包含着人类历史发展普遍性的因素,特别是西方国家政治发展过程中某些成功的经验可以成为发展中国家的参考,但这绝不意味着西方政治发展的所有特性就是人类发展的共性,西方社会所走过的发展道路就是发展中国家应该走的发展道路,西方的自由民主体制就是发展中国家应该建立的政治体制。

政治发展的普遍性或共性,并不意味着不同民族、不同国家的政治发展模式、道路都是一样的,相反,不同民族、国家的政治发展都是在一定的经济、社

---

① 《马克思恩格斯选集》第一卷,人民出版社 1972 年,第 255 页。
② C·E·布莱克:《现代化的动力》,四川人民出版社 1988 年,第 68 页。
③ 弗兰西斯·福山:《历史的终结》,远方出版社 1998 年,第 1 页。

会、文化条件下展开的,不能不带有自己的特点和个性。列宁在谈到俄国革命时曾指出,"世界历史发展的一般规律,不仅丝毫不排斥个别发展阶段在发展的形式或顺序上表现出特殊性,反而是以此为前提的"①。每一个民族、国家的政治发展只有在适应本国国情的情况下才能真正找到通往政治现代化的道路。因此,政治发展过程并不排斥特殊性,反而是以此为前提的。在不同的历史时期,不同社会政治发展的模式是不同的。尽管英国较早进入现代化运动的潮流,但其政治、经济、社会领域的实质性变革却是循序渐进的,英国政治发展的动力来自社会内部,即没有像后来的发展中国家那样受到激烈的外部干预,因而首先依据的是国内各种势力和利益的平衡。这种内源性发展导致了传统体制相对有秩序地、和缓地向现代体制的转变。直到20世纪前夕,英国的国家政治体制才完成了向现代性的变迁,完全适应了经济和社会的变革需要。同样较早进入现代化运动的法国却更多地以激烈的革命方式完成了政治发展的历程,并且在政治体制上体现出与英国的分权制衡存在较大差异的权力相对集中的特色,而且法国的政治生活中存在着深刻的分歧和周期性的政治不稳定。

如果说早期现代化国家的政治发展尚存在较多的共同之处,那么,后来进入现代化运动的发展中国家的政治发展道路则呈现更为丰富多样的特性。从地域上看,拉丁美洲国家的政治发展最初受西班牙、葡萄牙宗主国政治体制和政治文化的影响深刻,在殖民地独立后许多国家则转而模仿美国的总统制,但鲜有成功的范例。亚洲和非洲的国家受英法等国政治习惯的影响较大,但这些国家在殖民地独立以后其政治发展的道路各式各样,一些国家保留了传统的政教合一体制或殖民地时期的民主体制,另一些国家选择了集权体制或强人政治,还有一些国家走上了社会主义道路。一些发展中国家的政治发展道路比较顺利,政治体系的变革相对有序、稳定,能够适应经济、社会发展的要求,而另一些发展中国家的政治发展则是道路坎坷,命运多蹇,经济、社会的发展因政治体制滞后的阻碍而迟迟未有起色。

总之,人类社会的政治发展体现了普遍性与特殊性的辩证统一,不同国家、不同社会均面临着政治发展的普遍任务,并且在任何情况下,都是按历史发展的一般规律展开的,有着共同的发展趋向。但是,由于各个国家的社会、历史、文化以及现实条件等因素的差异,各国在政治发展过程中又是以各自特殊的形式和经历进行的,充分显示出民族性和历史性。每一历史时期人类社

---

① 《列宁选集》第四卷,第690页。

会政治发展的普遍性和共性,正是在各个民族、国家政治发展的差异性和多样性中体现出来的。

(三) 政治发展的目标

在研究政治发展的时候,我们把这一概念同政治变迁严格区分开来,政治变迁是一种描述性的过程,它仅仅揭示了政治生活中随时间推移而出现的客观性变革过程,不带有任何价值判断。政治发展则不同,它属于目的论的概念,政治发展被设想为达到某个或某些目标的运动,因此,政治发展就不是依据它的内容而是依据它的方向来进行研究的。这样,政治发展就具有特定的目标,以及相应的标准和指标来衡量这些目标取得了多大的成就。

马克思主义认为,政治发展是由社会发展推动和决定的,因而,任何社会的政治都将随社会的发展而发展。社会经济发展决定了政治发展,反过来,政治发展为社会经济发展服务。从这样一种政治发展与外部社会经济发展的关系来看,政治发展的最终目的在于推动社会经济发展和进步,推动社会生产力的发展。这就要求政治发展的基本方向与社会经济发展的方向一致,否则政治发展不仅会破坏和阻碍社会经济发展,而且也会因为社会经济发展的危机而导致自身发展的问题和危机。

历史表明,任何一次真正的政治发展都将为社会经济发展提供新的可能,积极消除阻碍社会经济发展的各种旧的政治、经济因素,解放被旧的生产关系和旧的上层建筑所束缚的生产力,从而推动生产力的迅速发展。近代英国的资产阶级革命尽管并不彻底,革命所确立的君主立宪制也存在很大的缺陷,但由于这场革命总体上符合了社会发展规律,因而为随后英国的资本主义发展提供了巨大的空间,为工业革命的出现创造了可能。马克思高度评价了英国的君主立宪制在历史上的作用,他指出,"在君主立宪制下,手工工场才第一次发展到前所未有的规模,以至后来让位给大工业、蒸汽机和大工厂。……一个新的更强大的资产阶级诞生了;当旧的资产阶级在和法国革命进行斗争的时候,新的资产阶级已在夺取世界市场。这个阶级如此神通广大……它在议会中获得直接代表权,并且利用这种权力来消灭土地所有制保存下来的最后一点点的残余势力。"[①]马克思恩格斯在谈到无产阶级应该利用政治革命来推动经济革命时,同样强调了政治发展作为经济发展的前提和先决条件的作用,他

---

① 《马克思恩格斯全集》第 7 卷,第 251—252 页。

们在《共产党宣言》中指出,"工人革命的第一步就是使无产阶级上升为统治阶级,争得民主。无产阶级将利用自己的政治统治,一步一步地夺取资产阶级的全部资本,把一切生产工具集中在国家即组织成为统治阶级的无产阶级手里,并且尽可能地增加生产力的总量。"①

政治发展服务于社会经济发展,并不意味着政治发展失去其独立性,相反,政治发展发挥推动社会经济发展和生产力的作用,正是建立在政治发展自身发挥作用的基础上的,也就是说,政治发展还具有自己独立的发展目标。政治发展最终以推动社会经济发展和生产力为目的,决定了政治发展的内部目标以这一最终目的为指导。

从第二次世界大战以后政治发展研究的领域来看,20 世纪 50 年代末到 60 年代初,学者们主要关注于民主的先决条件和民主制度的发展,而这种民主制度主要是西方意义上的。60 年代后期,发展问题的研究转向了政治秩序和政治稳定。这种状况持续了将近十年,直到 80 年代初,向民主制的过渡问题才又引起了人们的重视。这表明,在不同的历史时期,政治发展的关注点也即政治发展的目标是不同的。但是,从长期来看,政治发展还是能够表现为某些共性的方面。S·亨廷顿在区分传统政体和现代政体时指出了三个关键的方面:① 政治现代化涉及权威的合理化,并以单一的、世俗的、全国的政治权威来取代传统的、宗教的、家庭的和种族的等等五花八门的政治权威;② 政治现代化包括划分新的政治职能并创制专业化的结构来执行这些职能;③ 政治现代化意味着增强社会上所有的集团参政的程度,并认为,这几个方面给正在经历现代化变迁的社会指明了政治变革的方向②。有些学者归纳了政治发展各种各样的目标,包括民主、稳定、合法性、参与、动员、制度化、平等、能力、分配、一体化、合理化、安全、福利、正义、自由等等。

通常来讲,衡量政治发展的主要指标包含三个方面的内容:一是政治结构,政治发展以政治结构的分化和专门化为形式,体现效率、科学和合理的标准;二是政府能力,政治发展以政府能力的提高和权力的有效运用为特征,体现权威、法治、有限政府的原则;三是政治文化,政治发展以政治文化的世俗化、理性化为特征,体现民主参与、权利意识、平等自由等精神。这些指标指示了政治发展的价值取向。

但是,一个不容忽视的现实问题出现了。当我们研究政治发展的目标时,只是把这些目标当作一些理想的取向。而如何实现这些目标,各项目标之间

① 《马克思恩格斯选集》第一卷,第 272 页。
② 塞缪尔·P·亨廷顿:《变化社会中的政治秩序》,三联出版社 1989 年,第 32—33 页。

的关系是什么,却成为困扰正处于现代化进程中的国家尤其是发展中国家的一大难题。一些学者如 C·E·布莱克、S·利普塞特认为政治发展的各项目标之间具有内在的相容性,尽管他们不否认现代化运动过程中包含着压力、混乱和冲突,但他们坚持现代化是一个具有整体性和连贯性的过程,认为发展中的社会能够而且实际上几乎同时向这些目标前进,各个目标之间不仅彼此相容,而且互相推动。这一理论的主要依据是西欧和北美一些发达国家所呈现的发展特点。

然而,当用相容性假设来考察发展中国家的政治发展进程时却遇到了极大的困难。大量的研究著作集中于政治发展实际过程中遇到的两难境地,比如经济增长与社会平等、政治参与与政治稳定、经济发展与政治民主等。一些经验性研究的结果显示,经济增长与社会公平、经济发展与政治稳定之间存在着相反的或曲线式的关系,如西蒙·库兹涅茨在 20 世纪 50 年代提出的经济发展水平与社会分配之间存在倒 U 型曲线关系、G·奥唐奈就经济增长与集权之间关系而提出的官僚权威主义理论等。显然,政治发展的目标相容性假说是不确切的,至少在解释发展中国家的情况时如此。但实际上,冲突性假说也不能解释早期发达国家政治现代化进程中出现的情形。

有鉴于此,一些学者提出了一种折衷的方案,致力于寻求可以使各种发展目标之间互相调和的途径,特别是关注于目标的选择顺序、调和各种发展目标的制度结构以及推动同时实现各项发展目标的政府战略和政策。这些学者认为,从政治发展的现实来看,一定形式的顺序安排是不可避免的,政府不可能同时均衡地追求各个发展目标,某个或某些目标可能比其他目标更具有优先发展的迫切性。因此,这些学者排出了一些顺序结构。D·罗斯托认为应依次实现国家统一、政府权威以及政治平等。亨廷顿则强调在形成大众参与政治之前发展有效的政府机构和政治制度化的重要性。大多数政治学者强调适当的顺序应该是最大限度地实现各项政治目标而不是实现各项经济目标,要求稳定、秩序优先于民主。但问题在于,政治发展和经济发展密切相关,无法割裂。没有政治的高度发展,经济发展就没有保障,没有经济的发展,政治发展则缺少条件,这是辩证统一的。从二战后发展中国家的政治发展实践看,其不成功的原因主要是缺乏一定的经济基础。因此,在政治发展的过程中,必须以经济发展为前提条件,根据经济发展、生产力发展的状况来调整政治发展的目标、方向和进程。至于政治发展的内部目标安排,只要是能够促进社会经济发展,推动生产力发展,符合社会整体利益需要的,就是合理的政治发展的目标结构。

二、政治发展的类型

（一）早期现代化国家的政治发展

对政治发展现象的研究目的在于揭示政治发展的规律性内容,以此作为各个政治体系进一步发展的指导和参考,减少政治发展的盲目性和无序性。揭示政治发展规律的一种重要途径就是对政治发展的各种具体发展道路进行一定的理论抽象和总结,归纳出某些类型或模式。这也是比较研究方法在政治发展领域广泛运用的重要形式。当代政治发展研究对政治发展的道路和模式从不同角度进行了研究。C·E·布莱克运用比较历史的方法,从现代性的挑战、现代化领导的强固、经济和社会的转变以及社会的整合四个方面入手,将所有建设现代化的社会分为七种范型。巴林顿·摩尔归纳了政治发展道路的三种历史类型,一是西方式民主的资产阶级革命道路,以英国、美国和法国为代表;二是以法西斯主义为归宿的自上而下的保守革命,以德国、意大利和日本为典型;三是通向共产主义的以工人、农民为主体的革命,以俄国和中国为代表。这些政治发展模式的概括都十分抽象和简单化。划分依据、标准不同,进行分析和比较的框架也就不同。

根据政治发展的历史起点、发展的动力、发展的时序、现代化的领导力量、政治发展与经济发展的关系等方面的差异,我们大体上将政治发展划分为两种基本的模式,即早期现代化国家模式和发展中国家模式。

从人类发展的历史来看,西欧资本主义国家最早启动现代化的进程,这些国家的现代化进程伴随着政治现代化和政治发展。这些国家中的大部分是通过社会内部各种力量的变革和作用而促成的,几乎不受外部力量的影响。由于早期现代化国家的政治发展是在文艺复兴、资本主义经济兴起、工业化以及城市化背景下展开,经历了数百年漫长的发展过程,因此,这些国家的政治发展具有一定的共同特征。

在这些社会中,政治发展的进程在政权中心和广泛的社会阶层内部几乎同时开启。在政权中心,现代化的最初进程由强有力的专制君主开创,如英国的都铎王朝、荷兰的威廉皇帝时期。但现代政治结构的建立则都与某种革命过程或事件相联系,虽然这些革命性运动并没有以十分激烈的形式出现,也没有同传统完全割裂开来。在广泛的社会阶层内部,因文艺复兴、工业化运动而新兴的新教团体、城市阶层、工商业者，甚至包括一些贵族和上层农民群体开始向政权中心提出自己的要求，逐步寻求制度化的权利身份，并通过各种社会运动、政治运动改变政权合法性的基础。从政治制度和政治结构来看，这些国家政治发展的步伐较为缓慢，且政权组织结构的变化强于社会性政治结构和组织的变化；其次，在广大社会阶层、群体被广泛动员参与经济、政治生活之前，就已经被纳入城市化、工业化运动之中，因而，社会阶层循序渐进地通过组成利益集团和社会运动并进一步形成现代政党以参与政治生活。同时，政治权力方面的变化也能够及时地反映经济、社会结构方面的变化，适应了社会经济发展的需要。

大体上，早期现代化国家政治发展的历程经历了三个阶段，一是国家建设，即通过君主集权和绝对主义从封建主义、诸侯割据到建立现代民族国家的过程；二是民主化，即通过资产阶级革命和渐进式改革确立公民权利和政治权利，扩大政治参与，建立民主的政治体制，如代议制、普选制、政党制、现代官僚制和司法独立制度；三是福利化，即随着资本主义发展的深入，国家的职能和政府的干预扩大，国家承担了大量的社会职能，建立了现代意义上的福利国家。尽管早期现代化国家在这三个阶段发展的具体情况有所不同，经历的时间长短不同，具体的表现也不同，但一般都或多或少经历了这三个阶段的发展，这是早期现代化国家政治发展的总体性特征。

虽然早期现代化国家的政治发展都经历了国家建设、民主化和福利化三个阶段，但这些国家在具体的发展道路上却存在着明显的差别。其中，又可以分出三种具体的发展模式：

第一种是渐进—妥协的发展道路，以英国为典型。英国是较早进行资产阶级革命的国家，但在其后数百年的发展历程中总体上比较平稳，虽然期间也出现了诸如"宪章运动"等重大政治运动，但自 1688 年"光荣革命"创立君主立宪制以后，这一政体一直延续下来。当然，在后来的时间里，英国的政治结构发生了很大的变化，但这些变化很少是以暴力的方式或激烈革命的方式进行，而是通过和平手段一点一滴地完成的。最明显的例子是英国的议会。当代英国的议会与 17、18 世纪时相比可谓大相径庭，虽然国王、上院、下院等主要结构未变，但君主已经彻底从实质性政治权力中淡出，不再干预政策过程，成为"虚位君主"，而议会成为政治权力的真正核心。这种局面的形成是英国统治阶层和被统治阶层以及社会各阶层、集团诸种政治力量之间不断妥协、交易达成的结果。保留君主这一做法本身就表明了资产阶级与贵族相互妥协的做法。这种发展模式一般较为稳定，不存在疾风骤雨式的革命和破坏运动，主要是统治阶级与被统治阶级之间不断进行斗争和妥协，以达成互相认可的法律创新和体制创新的共识,政治发展主要是在现代代议民主框架之下通过和平的方式循序渐进地进行的。走这种发展道路除了英国以外,还包括瑞典、丹麦、挪威、芬兰、比利时、卢森堡等国。这种发展道路的特点还包括政治生活相对稳定,政体长期延续,尊重传统体制,先例和习惯在政治生活中发挥着重要作用。美国等原英国殖民地国家,大体上走的也是这一道路,但美国与英国略有不同的是,由于美国没有封建主义的历史,政治发展较少受传统的影响而更具原创性,其基本政治制度是通过宪法得以确立的。

第二种是激进—革命的发展道路,以法国为典型。法国自 1789 年大革命后,又经历了多次起义、暴乱和革命,政局极不稳定,政治体制缺少连续性。与英国宪政体制在形式上基本保持延续性不同,法国从 1789 年以来颁布了十七部宪法,政体形式变化不定。1789 年法国大革命后建立了第一共和国,后由拿破仑政变在 1804 年建立了第一帝国。拿破仑失败后波旁王朝于 1814 年复辟,1830 年七月革命再次推翻波旁王朝,建立了"七月王朝",其后 1848 年革命后法国建立了第二共和国。1852 年路易·波拿巴发动政变又建立了第二帝国。1870 年普法战争后,人民起义推翻了波拿巴的统治建立了第三共和国。二次大战后第四共和国应运而生,但政局相当不稳定,在 1945 年以后的13 年里更换了 25 位总理。戴高乐于 1958 年重新上台,建立了第五共和国。可见,法国的政治发展主要是在革命和暴力中一步一步向前推进的,政治发展的道路极不稳定。这种政治发展的模式主要是依靠革命和暴力在政治生活中的颠覆性效果来实现对体制和政权的更替。法国出现激进主义的发展路径并非偶然,这从 1789 年大革命以后革命力量的不断分裂瓦解过程中得到体现:从斐扬派的失势到吉伦特派的被清洗,再到忿激派被铲除,最后到雅各宾派内部的分裂和清洗,政治上越来越激进,暴力方式的运用也越频繁,革命力量也越来越遭到削弱。这种激进—革命的方式使法国的政治发展道路充满了波折和戏剧性,政治形式也在左右之间摇摆嬗变,每前进一步都要经过几次反复,在革命与反动的一再较量中才最后完成。通常,政治激进主义的思维假定政治生活的发展只有当一种新制度和新政权替代旧制度和旧政权时才能实现,政治发展只能以制度和政权的性质发生根本变化为标志。而旧制度和旧政权不会在历史进程中主动退出政治舞台,因此,政治发展只有采取革命和暴力的方式,新政治形式在革命与反革命的反复较量中才能最终完成。与法国的激进—革命式发展道路相似的还有西班牙、葡萄牙、希腊等国的政治发展。俄国历史上的政治发展也属于这一类型,只是到 20 世纪其革命的性质发生了变化,建立了新型的社会主义国家。

第三种是保守—改良的发展道路,以德国为典型。与英国、法国相比,德国的政治发展步履维艰,姗姗来迟。当 15 到 19 世纪英法两国建立强大的中央集权的民族国家并开始民主化的进程时,德国仍陷于严重的诸侯割据的封建泥沼之中,全德国有 300 个诸侯国,包括 7 个大选侯、十几个大诸侯和 200 多个小诸侯,另外还有上千个独立的帝国骑士,他们各自为政,壁垒森严,不仅在政治上对内不能统一,对外不能独立,而且也严重阻碍了经济发展。由于市场分割,仅货币就有上千种,这使德国在现代化的道路上远远落后于英法。19 世纪的德国,在英、法等国示范效应的强大压力下,不仅面临着民族国家建设的任务,还受到民主化浪潮的冲击,因而德国的政治发展与英法历史上相比更为艰难。德国的资产阶级在 1848 年欧洲革命的形势下想通过革命的手段实现国家的统一和民主化的双重任务,但没有成功,德国人的民族性格和资产阶级的软弱性也使其很难走法国式的道路。同时,由于德国发展落后,又面临着国际激烈竞争的局面,在 19 世纪它很难像英国那样通过缓慢的渐进方式进行其政治发展的历程,而且也不具备走英国式道路的条件。于是,德国走上了通过王朝战争和强硬统治自上而下实现国家统一的保守主义道路。普鲁士国王威廉一世执政后,于 1862 年任用了容克政治家俾斯麦。俾斯麦以其"铁血政策",在连续的丹麦战争、普奥战争和普法战争的军事胜利中实现了德国的统一,于 1871 年建立了德意志帝国,并在其后短短的几年中实现了司法统一、货币统一、行政统一和市场统一。俾斯麦还通过内部改良,满足资产阶级的政治经济要求,并在 1883—1889 年实行福利化,成为世界上第一个向工人提供病、老、伤、残社会保险的国家。只是,由于德国的政治发展依靠的是保守的国家主义力量,民主化的问题没有从根本上得到解决,使其走上了专制主义和军国主义的道路,经过第一次世界大战的失败、魏玛共和国的夭折、希特勒的上台和二次大战的劫难,最后联邦德国在盟军占领下才完成了民主化的任务。除了德国以外,日本、意大利等国在进入近代政治发展的历程时也显得远为落后,不仅在时间上滞后于英法等国,而且面临着来自外部政治现代化示范效应的压力。这些国家同时面临着国家建设和民主化的双重任务,这就决定了它们无法像英国那样通过渐进的方式进行政治发展,也不能像法国那样通过革命和暴力的方式完成政治变革,因此,这些国家采取了改良主义的保守道路,通过政治统治阶级自上而下对原有的制度在保存其实质的前提下进行逐步调整和改进,以适应新的政治形势变化的需要,以此来实现政治发展的目标。

　　大体上,由于历史、社会、文化条件的不同,早期现代化国家的政治发展形成了渐进—妥协、激进—革命和保守—改良的三种道路。如果说保守—改良的道路主要是通过自上而下的力量实现政治发展的模式,而激进—革命的道路基本上是通过自下而上的力量推进政治发展的模式,那么渐进—妥协就是一种上下力量互动的发展模式。

(二) 发展中国家的政治发展

发展中国家,主要是指亚洲、非洲、拉丁美洲等一批欠发达的第三世界国家。这些国家大体上有两种成因:一种是 20 世纪二三十年代经过独立运动以后开始本民族或民族联合体的国家建设;另一种是二战后随国际局势变化通过革命的方式取得民族解放。一般所说的政治发展问题主要集中在二战以后的发展中国家进入现代化潮流的过程。

与早期现代化国家相比,发展中国家在政治发展的进程中具有较大的特殊性,总体特征表现为后发性。

首先,发展中国家由于启动政治发展的时期较晚,面临着时间和问题的巨大压力。早期现代化国家的现代化发轫于 16 世纪,到目前已有四五百年的历史,经历了王权专制、民主化和福利化时代的嬗变。这一过程主要由社会力量自发驱动生长,在这一过程中所遇到的问题和挑战个别地出现,并一个一个地分别得到解决,且每解决一个问题均有充裕的时间,很少受到其他国家示范效应的影响。而后发国家处于一个完全不同的情况,面对西方国家强大的示范效应和激烈的国际竞争压力,它们必须把西方历史上依次出现的若干时代压缩为一个时代,需要同时解决上述所有问题。正如 G·阿尔蒙德指出,当今世界的国家建设同时处在相互冲突的要求所造成的压力之下,"集权的需要与分权的要求相冲突;提取资源与经济增长及进行投资的需要又与增加福利的要求相冲突。在当代世界中,一个有效的国家建设战略,必须设法调解政治集权与分权、经济增长与分配之间的这些冲突。"[①]

其次,发展中国家共同面临的是一种被动型政治发展,即由于在现代化的历史上属于晚来者而不得不具有某些特殊的发展逻辑。被动发展意味着缺乏自主的发展。早期现代化国家的政治发展在历史上先行一步,故这些国家的发展经历在发展目标、方向、路径等方面对发展中国家形成了一种示范效应,这种示范效应因早期国家的成功先例而使发展中国家多少自觉或不自觉地仿照西方发达资本主义国家走过的道路进行自己的发展历程,如许多发展中国家仿效西方民主制建立议会制、多党制、普选制,扩大政治参与等。这也是早期现代化理论主张"西方中心论"的一个重要原因。被动发展的另一层含义

① 加布里埃尔·A·阿尔蒙德等:《比较政治学:体系、过程、政策》,上海译文出版社 1987 年,第 423—424 页。

体现在现代化理论的后来者们提出的依附论和世界体系论中。与早期西方国家政治发展的背景不同,西方国家是自主的发展,而发展中国家处在一个国际社会的背景之下,处于整个国际依附或依存体系中。这种依附、依存关系的存在使发展中国家政治体系的结构和功能显得脆弱、不稳定,往往易受国际、地区性政治局势、经济局势的变动而变动,政治发展进程缓慢,缺乏自主性。

此外,发展中国家在政治发展过程中,它们的历史、文化传统因素等也对政治发展产生了不可忽视的作用。发展中国家政治发展的起点一般都是从殖民主义的历史展开的,这些国家在国家地位、主权独立等方面曾受到巨大的冲击,这对独立后的政治发展也有一定的影响。同时,发展中国家的传统文化等也在其中产生一定影响。

当然,发展中国家的政治发展也存在一定的有利因素。相对于西方资本主义发达国家,尤其是英、美、法等国家,发展中国家在政治发展过程中国家的主导作用很明显。在西方社会,代议制民主出现以前,社会的生长发育如工业化、都市化早已出现,国家对经济生活的影响,对民主政治的建构,并不具有决定性的作用。发展中国家的政治发展,面临着政治体系与整个社会体系的同时发展,而且由于这些社会的传统性较强、分化程度较低以及广大社会阶层的内在现代化推动力较弱,因此必然是一种自上而下的、以国家为主的干预性过程,政权为促进和调节社会动员而采取的政策,在现代化进程中具有特殊的重要性。因此,这些社会首先需要进行国家建设,建立有效的政府机构,从而大规模地进行民众动员,调动经济建设和政治发展所需要的资源,较快地推动经济增长和政治发展。发展中国家最明显的所谓后发优势,体现为其借鉴性的特点。早发的西方发达资本主义国家的自由发展不可避免地带来了许多盲目性,在探寻适合自己的政治发展道路上付出了巨大的代价,这些国家的军事化、殖民化道路就是这种代价的一种曲折反映。这在后发国家中得以避免。在政治发展的目标、方向上,后发国家可以参考早发国家,建立符合自己国情的政治体系。尤其能体现后发优势的是,早发国家政治发展过程中形成的一套政治制度和机制、治理技术,成为后发国家迅速建立稳定有效的政治体系,发挥应有功能的参考条件,例如西方体制结构中的文官科层制、权力结构内部的有效制约与监督、法律对公民权利的广泛赋予和保障等。这些制度、技术的可借鉴性,使后发国家大大减少了政治发展的创新成本和统治成本,从而使有限的政治资源得到更为合理的分配与运用。

二次世界大战后一些发展中国家面临的最大困难是发展过程中出现的一系列尖锐的矛盾和问题:种族和阶级冲突不断加剧,社会动乱和暴力事件层出不穷,军事政变接连不断,领导人物推行专断强权政策,政府官员肆无忌惮地贪污腐化,公民权利和自由毫无保障,政治团体和政党相互对立,立法、司法机关缺乏权威等等。这些问题严重阻碍了发展中国家的政治发展,因而也引起了发展学者的广泛注意。与经济上的不发达相对应,发展中国家的这些政治问题通常被称为"政治欠发展"现象。

　　针对发展中国家面临的这些政治欠发展现象,许多学者提出了自己的看法。路逊·派伊认为过渡时期发展中国家的政治问题是由一系列危机引起的。他归纳了六大危机:① 认同危机。新兴国家建立之初社会整合度低,民众对部落、村落、宗教、家族、语言团体等保持着高度认同与忠诚。这种观念往往与现代国家观念发生冲突。② 合法性危机。政治体系的权威与职能是否具有正当性、合理性,常常受到民众尤其是传统集团的挑战。③ 贯彻危机。发展中国家国家制度建设尚未完成,政府与民众严重脱离,缺乏沟通,导致政府的政策、法令难以顺利贯彻实施。④ 参与危机。发展中国家的政治体系往往缺乏正式制度化的渠道容纳民众、新兴政治集团的参与要求,从而易导致非正常或暴力方式的政治意愿表达。⑤ 整合危机。政治整合是指把民众纳入政治体系中统一起来,使民众在政治参与过程中达成共识,这既能反映民众的利益,又能够顺利贯彻政府的政策法令。但发展中国家的政治体系缺乏政治整合能力,无力实现政治整合过程。⑥ 分配危机。发展中国家在经济增长的同时往往加剧了社会贫富分化,难以协调来自民间大众的平等分配要求和特殊利益集团对分配的倾斜性主张,这就进一步引发了分配不平等而导致政治危机的爆发。G·阿尔蒙德认为发展中国家的政治问题产生于政治体系的能力与社会要求之间的脱节。由于有现代国家的范例,这些新兴国家在建立起有效的中央决策机构和形成促进民众参政的组织之前,就受到了要求为民众参与决策开放渠道的压力。此外,由于有现代经济的范例,新兴国家在具备生产福利——资本产品、管理才能、劳动技艺——的能力之前,也受到了要求分配物质福利的压力。毫无疑问,当今世界中的国家建设和政治发展,处于这些同时产生而又相互冲突的要求所造成的双重压力之下,这双重压力使发展中国家陷入危机,引发种种社会、政治问题①。S·亨廷顿把产生政治问题的原因很大程度上归结于发展中国家现代化进程过快,表现为:① 现代化进程中中央集权、民族融合、社会动员、经济发展、政治参与、社会福利等同时向政治体系提出要求,政府机构无力解决;② 公民文化水平提高,大众传媒和通讯的发达使民众有了政治参与的可能和愿望,但现有的政治制度缺乏参与渠道和途径;③ 政治体系落后,存在严重的"政治衰败",如官员腐化、行政软弱、专制

---

① 加布里埃尔·A·阿尔蒙德等:《比较政治学:体系、过程、政策》,第422—423页。

独裁等①。

发展中国家的这些政治问题引起了严重的政治后果,主要表现在:

第一,政局动荡。发展中国家政治发展中的一个显著特点是:政治生活极不稳定,政权频繁更迭,政府如走马灯式地更换。按照 S·亨廷顿的说法,1955 年到 1962 年间发生政治不稳定事件的频率是 1948 年到 1954 年间的 5 倍,当时世界上 84 个国家中有 64 个存在不稳定倾向②。政治不稳定的表现形式各种各样,较通常的有:非法的游行、示威和静坐、抗议、骚乱、暴乱、军事政变、革命等。从政治不稳定的原因来看,政治体系的无效似乎是根本因素。发展中国家的政治动荡常常导致政治秩序混乱,政治体系功能失效,进而阻碍社会经济的发展,引起社会倒退。历史实践表明,部分发展中国家缺乏基本的政治稳定条件,不管是经济生活发展还是政治体系本身的发展,都是极为困难的。

第二,行政不力。行政不力是指发展中国家政府行政体制不健全,行政结构松散,行政效能低下,致使中央政府的政策、法令无法有效地得到贯彻执行,从而影响国家的现代化发展。瑞典经济学家 G·缪尔达尔把这种在现代化进程中国家行政命令贯彻能力的弱化、行政实施效率低下和法令遭到任意破坏而引起的现象称为"软政权化"③。发展中国家出现行政不力现象,主要与传统的政治体制有关。不少发展中国家在进入现代政治发展过程时还不是一个权力统一的国家,存在着民族、部落、宗族、宗教或语言团体等多种传统的权力中心,社会整合度低,缺乏对国家的认同,国家内部没有一个从上到下的统一有效的行政机构,从而导致中央政府的行政效能低弱,阻碍了政治发展。对于后发的发展中国家来说,要维持政治体系、社会生活的稳定,经济发展上追赶西方发达资本主义国家,没有国家的主导作用是不行的,而国家的主导作用关键就体现在全国的政令统一,中央政府能够有效地调动全国的资源。因此,建立有效的行政机构成为发展中国家的一项重要任务。

第三,政治独裁。在一些发展中国家,由于传统因素或社会力量弱小,政治权力往往高度集中于一人或少数人手中(主要为某一政党或军队)。政治独裁下的权力运作没有或缺乏宪法的制约,权威的合法性不是来自被统治者的认可,而是来自某种特性如个人的超凡品格、国家的神圣使命等。政治独裁

---

① S·亨廷顿:《变化社会中的政治秩序》,第 43—54 页。

② 同上书,第 4 页。

③ 冈纳·缪尔达尔:《世界贫困的挑战——世界反贫困大纲》,北京经济学院出版社 1991 年,第 184 页。

的主要特征是取消民主,利用国家机器和意识形态全面控制社会的经济、政治生活。一般地,独裁者反对现代政治制度的发展,或使其徒有虚名;取消公民参与,限制公民团体的生长,建立一种使特权阶层和广大民众相隔离的二元社会,使用强制手段压制要求平等和参与的呼声;取消一切政党或限制反对党,实行个人独裁、一党专政或军人专政。发展中国家的专制独裁,有些是传统专制体制的遗留,但更多的是发展中国家在政治发展过程中由于政治、经济危机,原政治体系无力解决问题而形成的"体制真空"由独裁政府来填补,尤其是军人独裁。尽管在一段时间内,专制独裁有可能促进经济发展,但长期来看,由于政权与社会利益的隔离而最终阻碍了社会经济生活的发展。

第四,两极分化。政治生活中的两极分化,是指政治生活中人们参与政治的两极分化。发展中国家在政治发展过程中,往往出现这样的情况,一方面,经济、政治的发展使一部分社会阶层、集团掌握更多的政治权力和政治资源,成为政治生活中的权力阶层或特权阶层;另一方面,一部分社会的中低阶层越来越远离政治权力中心,除了基本的公民权利外,基本上不涉足政治生活。R·达尔把这种情况称之为"有权力阶层"和"无权力阶层"。这种政治发展过程的两极分化实质上还表明,政治权力作为利益分配的工具,是由经济上占统治地位的阶级、集团所掌握的。政治权力分配的两极分化,还反映了经济生活中财富分配的两极分化。同经济生活中的两极分化一样,政治权力分配的两极分化,导致了政治生活中不同阶层之间的敌对和社会分裂,往往引发社会不稳定,破坏现代化进程和政治现代化的发展。

第五,政治腐败。一些发展中国家在致力于经济、社会发展过程中,普遍伴随着严重的政治腐败现象。贪污、受贿行贿、以权谋私、钱权交易、寻租活动在一些发展中国家比比皆是。由于发展中国家缺乏法治传统,对政治权力很少具有有效的制约,政府官员凭借其所处的职位和手中掌握的权力、资源,将权力用于私人的目的而严重损害了国家、社会利益。这方面的例子如加纳的前总统恩克鲁玛、尼加拉瓜前独裁者索摩查、印度尼西亚前总统苏哈托及其家族等。一些发展中国家的政府官员涉嫌贪污腐败而身败名裂者不计其数。腐败现象不仅危害社会稳定,损耗政府效能,干扰政府管理,而且破坏了社会资源分配,阻碍经济增长,使法制观念和社会道德水准下降。如果不能有效遏制腐败现象的蔓延,则经济发展带来的繁荣、政治发展产生的民主稳定只能是短暂的,严重腐败造成的社会混乱很可能中断现代化的进程。

可见,政治发展过程中出现的这些严重政治问题阻碍了发展中国家的政治发展与社会经济的发展。如何解决发展中国家的这些矛盾和问题,是发展中国家政治发展的主要任务。而解决这些问题,就需要选择合理、有效且符合本国国情的政治发展方式。

三、政治发展的方式

（一）政治发展的主要方式：政治革命与政治改革

政治发展的方式指政治发展过程中政治体系的主体选择何种方式、途径、策略来推动政治发展，实现某个特定的政治发展目标。任何一个政治体系都不可避免地需要选择政治发展的方式。政治发展的方式通常决定了一个国家政治发展的速度、方向、目标及其结果。通常，政治发展的主要方式有两种：政治革命和政治改革。

马克思主义的一个重要贡献就是革命学说。马克思主义认为，革命是人类社会历史发展不可避免的政治行动，也就是说，正是通过这种政治行动，人类社会才一步一步地从低级形态向高级形态发展。从政治发展的角度来看，革命是政治发展的一种重要方式。

什么是革命？中国古代就有"汤武革命，顺乎天而应乎人"这一说法。列宁曾经给出了一个十分明确的概念："从马克思主义的观点来看，革命究竟是什么意思呢？这就是用暴力打碎旧的政治上层建筑，即打碎那由于和新的生产关系发生矛盾而到一定的时机就要瓦解的上层建筑。"[1]列宁的这一概念表明：革命是一种暴力行为，革命的主要对象是旧的政治上层建筑，革命的目的是为了建立新的生产关系。马克思主义进一步认为，革命主要有两种：社会革命和政治革命。马克思指出："每一次革命都破坏旧社会，所以它是社会的。每一次革命都推翻旧政权，所以它具有政治性。"[2]而革命的主体，无疑就是阶级。因此，马克思主义认为革命是阶级斗争的最高形式，是革命阶级推翻反动阶级的统治，建立新的社会制度的过程。政治革命是以阶级为政治主体旨在推翻另一个阶级的政治统治的暴力行动，是政治权力迅速实现变更，以一种政治体系代替另一种政治体系的激烈的变革。在这一过程中，政治关系、政治制度、政治结构、政治统治权力、政治活动以及主要的政治价值和观念都发生迅速的、根本性的变化，旧的政治关系和政治秩序被打破，

---

[1] 《列宁选集》第一卷，第616页。

[2] 《马克思恩格斯全集》第1卷，第488页。

代之以新的政治体制、政治关系和政治秩序,从而推动人类整个政治文明的进步。

作为政治关系质变过程的政治革命,具有不同于其他政治发展方式的特征:

首先,政治革命是以革命阶级为主体的政治活动,是革命阶级推翻落后、反动阶级的统治的运动。从根本上说,政治革命是离不开社会革命的。马克思在《哲学的贫困》中讲到,在阶级社会中,任何一种政治运动同时又是社会运动。"不能说社会运动排斥政治运动。从来没有哪一种政治运动不同时又是社会运动的。只有在没有阶级和阶级对抗的情况下,社会进化才不再是政治革命。"①因此,政治革命发生的原因应当从社会革命的原因中去寻找。社会革命发生的根本原因是生产力与生产关系之间的矛盾。社会生产的发展导致社会变革,这是历史的必然过程。但这个过程不会自然发生,而需要通过革命。只有经过革命,改变旧的、不适应生产力发展需要的生产关系,才能从根本上解放生产力,推动社会生产的发展。在阶级社会中,生产力与生产关系之间的矛盾不可避免地表现为代表新的生产力的被压迫阶级与在旧的生产关系中占据统治地位的统治阶级之间的矛盾和斗争。而这种阶级矛盾和斗争,就往往成为革命的直接原因。代表新的生产力方向的被压迫阶级,为了打破旧的生产关系的束缚,必须变成社会中占统治地位的阶级,因而只能采取推翻统治阶级的政治行动,也就是政治革命。

其次,政治革命的首要任务是夺取政权,通过夺取政权来推动政治发展,是政治革命的最重要标志。在阶级社会中,一切政治上层建筑都是建立在一定的经济基础之上,并受经济基础决定的。政治上层建筑主要依靠政治权力来维护和巩固经济基础,镇压被统治阶级,实现对被统治阶级的政治剥削,因而政治权力是统治阶级实现阶级统治的工具。当任何为了破除旧的生产关系、并使自身获得解放的被统治阶级不得不与统治阶级展开激烈斗争时,斗争的焦点必然集中在国家的政治权力上。这正如恩格斯所说的:"在阶级反对阶级的任何斗争中,斗争的直接目的是政治权力。"②因此,阶级斗争的性质和目的,决定了任何试图成为统治力量并建立新社会的阶级在采取推翻旧的统治阶级的革命行动时,革命的首要任务就是夺取政权。综观早期现代化国家和发展中国家在政治发展的过程中,政治革命往往给国家的现代化带来全面而根本性的变化,不管是政治制度、社会结构、经济生活、领导体系、政策

① 《马克思恩格斯选集》第一卷,第160—161页。
② 《马克思恩格斯全集》第19卷,第284页。

法令还是价值观念、意识形态等方面。成功的革命所建立的政权都导致了新政治秩序的产生,扩大政治参与并使之稳定化和制度化,更为根本的是,新政权能够在一定的时期内适应社会经济发展的需要,推动了生产力的发展。

再次,政治革命以政治体系全面的、根本性的变革为内容,与旧有的一切政治关系、政治结构和政治观念进行决裂,建立一种全新的政治体系和政治制度。政治革命与其他政治发展方式的不同在于其变革的全面性和彻底性。一场全面的革命通常包括对现存政治制度的迅速而猛烈的摧毁,动员新的社会集团参与政治生活,并建立新的政治制度和政治秩序。从历史上来看,政治革命最容易发生在社会转型时期,特别是传统社会向现代社会转变时期。在这些时期,社会生产发展造就了新的社会阶级、集团,也塑造了新的政治意识,新的政治意识迅速扩展,并动员新兴的社会阶级、集团参与政治生活。但是,旧的社会统治阶级为了维护旧有的生产方式和自己的统治地位而利用政权压制革命的阶级、集团。在这样一种阶级对抗和冲突中,革命爆发了。革命建立的新的政治体系必然重新界定政权结构,容纳新的阶级、集团进入政治生活,宣扬新的政治价值观念和政治合法性来源,由一批革命的精英人物执掌政权,创立新的、符合社会发展的政治制度。

第四,政治革命往往以暴力形式为表现,通过革命的暴力推翻反动的阶级统治,建立新型的政治制度和政治秩序。国家从本质上是一种物质的、暴力的工具,因此,政治革命常常同暴力联系在一起。在阶级社会中,当生产力与生产关系的矛盾、经济基础与上层建筑的矛盾使政治统治面临全面危机时,任何掌握政权的统治阶级都不会主动让出政权,反而会以更加严厉、更加残酷的政治统治维持摇摇欲坠的政权。因此,政治革命只能采取暴力的方式才有可能获得成功。近代历史上,如果没有把查理一世送上断头台,没有巴黎人民攻占巴士底狱,英国和法国革命的结果或许就不是今天这样。革命同暴力相联系,并不意味着所有的暴力都是革命。革命暴力是在形成革命形势和发生革命危机时的结果,是具有深刻的社会阶级基础的。革命不同于政变、起义、叛乱、暴动之处在于,政治革命的任务不仅仅是为了夺取政权,实现某个具体的政治目标,更重要的是在于通过全面变革政治关系和政治制度以实现新的生产方式代替旧的生产方式。

总体上,政治革命在历史上对社会政治发展的作用主要体现为调整政治关系,改变社会发展的政治环境,更新政治体系和政治结构,变革政治观念和政治文化,从而为政治发展和社会发展开辟了新的道路。

在历史上,革命是很少发生的,改革则更加少见。因为当生产力与生产关系、经济基础与上层建筑发生矛盾和冲突时，统治阶级极少主动采取有效的措施对现存的生产关系、上层建筑进行调整、变革，以适应生产力发展的需要。改革是对事物的改造与革新，与革命相比，它显得较为温和、渐进，既包含了量变的过程，也包含了质变的过程，而且，两者在变革的动力、速度、范围、方向上存在较大的差异。革命涉及价值观念、社会结构、政治制度、政策纲领等方面迅速、全面和剧烈的变化，这些变化越完全，革命就越彻底。反之，在领导、政策和政治制度等方面发生范围有限而又速度和缓的变化，则属于改革。政治改革是指政治关系的调整与变化，也即统治阶级中的政治领导集团根据社会利益矛盾状况及其对统治权的要求，有计划、有步骤地进行政治体系的改进，调节政治关系，以巩固和完善政治统治过程。

政治改革主要调整社会政治利益关系，调整社会阶级、利益集团之间的关系。这种利益关系往往在政治权力的分配格局中体现出来，因此，政治改革也就集中表现为调整政治权力关系和政治权利关系，构造新的政治权力格局，以适应社会政治发展的需要。

政治改革具有的特征是：

首先，政治改革以维护和巩固现有政治统治为目的，以不破坏既有政治统治的根本基础和基本原则为限度。社会生产关系的总和构成该社会的经济基础，经济基础又决定着上层建筑。任何一种社会生产关系都有与之相适应的社会关系（在阶级社会里主要为阶级关系）和政治上层建筑。当生产力的发展迫切需要改变旧的生产关系时，政治上层建筑的危机也就到来了。但是，在阶级社会中，统治阶级为了维护自己的统治，不会轻易让出政权，也不会让决定政权的旧的生产关系被轻易抛弃。在这种情况下，存在两种可能：统治阶级利用手中的政治权力进一步巩固和维持旧的生产关系和政治统治，不做任何的让步，这样，生产力和生产关系、上层建筑和经济基础的矛盾的解决，集中表现为被压迫阶级和统治阶级之间的冲突和斗争，这种斗争往往以革命暴力的方式体现。另一种可能是，统治阶级为了维持政权和旧的生产关系，主动采取改革措施，使被统治阶级的利益在旧的生产关系中得到一定的反应，允许社会各个阶层有限参与政治过程，从而缓和阶级冲突和矛盾，避免了革命的情势。政治改革即属于后一种情况。

其次，政治改革以政治领导阶层为变革的主体，通过政治领导层自上而下的发动来实现政治改革进程。改革与革命的一个重要区别在于变革主体的不同。革命是被统治阶级自下而上发动、实施的具有广泛社会基础的政治变革，而改革则是由统治阶级、领导阶层自身发起并执行的政治革新，如日本的明治维新、俄国的彼得大帝改革、土耳其的基马尔改革等。两者的主体不同，决定了政治变革的结果也存在很大的差异。政治改革虽然不需要打破旧的生产关系和上层建筑,但这却使得改革过程更加复杂。改革者必须在各种社会力量之间寻求利益平衡,努力消除社会分裂和冲突。与革命者相比,改革者需要把更多的注意力放在改革的途径、手段和时机方面,需要审慎对待各种改革目标之间的关系,把改革纳入稳定有序的进程中,避免因改革处理不当而走向革命。

第三,政治改革是有计划、有步骤的渐进过程,整个变革的过程从属于政治领导层的严格控制,通过量变的过程达到质变的实质。由于改革是一种利益关系的调整,几乎所有的社会阶级、集团的利益状况都在这一过程中被改变,因此,改革不可能一下子完成,只能在政治领导层的协调、安排之下有计划、有步骤地进行,不能操之过急。一些进行政治改革的国家,通常先采取增量改革后实施存量改革的方法,即在旧的体制因阻力太大而无法改动的时候,先发展出一些新的体制或新的成分,随着新体制、新成分的发展壮大,政治关系和政治结构的不断变化,以及政治改革环境的改善,逐步改革旧的体制和旧的秩序,通过渐进的量变过程最终达到质变的结果。

第四,政治改革以和平的方式进行,基本上排斥了革命和暴力在政治发展进程中的地位。政治改革的出发点就是为了避免阶级冲突中可能出现的因对抗而导致的暴力革命,因而,政治领导阶层主动采取相应的措施对现存的政治关系进行调整、改变,显然,这种变化是以妥协、和平的方式出现的。改革者着眼于变革,但鉴于既得利益的考虑,改革不可能十分彻底,也不可能采取剧烈的方式。革命暴力的改革过程超越了改革者所能够控制的范围和程度,而且其改革结果无法预期,这是发动改革的统治阶级极不愿看到的。从政治改革发动者的角度出发,适时进行政治改革,通过调整社会集团之间的利益关系,缓解阶级、集团之间冲突,削弱反对现存政治制度的力量,可以有效地防止革命情势的出现,从而保证统治阶级原有的统治地位。

与政治革命一样,政治改革在社会政治发展过程中发挥着重要作用:首先,它是缓解社会利益矛盾的有效方式,是推动社会政治经济和文化发展的重要途径。其次,它是适应社会利益发展要求,维护政治统治,提高政治管理效率的有效途径。此外,政治改革是社会政治生活中有效防止和消除弊端的手段。

当代表旧的政治关系和政治秩序的统治阶级不愿主动退出历史舞台时,政治革命便成为政治发展的动力。而当统治阶级主动对政治关系和政治秩序进行调整时,政治改革就成为政治发展的主要推进方式。

（二）政治发展的一般策略

在政治发展过程中，政治体系通常既要面对政治发展本身许多目标的选择，又要关注政治发展作为社会整体发展的一部分而必须处理好同经济、文化发展之间的关系。因此，如何选择政治发展的策略，往往决定了政治发展的最终结果。

G·阿尔蒙德从政府能力、政治参与、经济增长程度和分配角度，把发展中国家的发展战略大体分为下列几项。

1. 民主的平民主义战略

二战以后，大多数新兴民族独立国家都建立了资本主义民主议会制政权形式，但这种模式实践的结果基本上是失败的。这主要是因为：首先，在现代化水平很低的竞争性政权中，政治过程事实上往往为拥有政治参与资源和技能的少数集团所控制。因此，分配的、甚至参政的目标在很大程度上未能兑现。由于民众参政程度相当低，政府能力低弱，各种政策难以执行。其次，在略为发达一些的平民主义型政治体系中，广泛的社会动员或逐渐增强的参政压力，使政府不得不满足对民众参政和分配所许的诺言，但这意味着大规模地重新分配政治权力和经济资源——这种行动会受到政治权力和经济资源的所有者的强烈反对——因此引起了激烈的政治冲突。此外，在没有经济增长的情况下进行分配，不仅是产生激烈冲突的根源，而且事实上阻碍了为未来经济增长提供资金所必需的资本积累，从经济上看，其结果也是破坏性的。当然，也有少数竞争性的民主政权生存了下来。

2. 权威主义——技术型战略

这一战略的重点放在提高政府维持秩序和促进经济增长的能力上。这种战略往往用制订对工业有利的税收和投资政策、训练工人和吸引外资等办法来促进经济增长。在巴西、印度尼西亚等国家，权威主义的精英人物建立了一套强制性机构来压制人民对平等和参政的要求。所有的政党被解散，新闻自由和结社自由被剥夺，大众的政治权利极为有限，偶尔的选举也只限于选择没有多少权力的立法机构成员。虽然这类政权鼓励物质增长，但对物质的分配是漠不关心的。它使大多数成员相对而言没有受到现代化带来的益处。这一政权采用压制的办法来"解除"发展中国家的政治和经济由于希望受挫而产生的压力，但还是难以避免长期的动荡不定。这种战略依赖于经济增长，但正是经济增长以及随之而来的不平等现象的加剧，最终必将增加民众要求参政的压力。

3. 权威主义——技术—平等型战略

这种战略是前一种战略加上平等内容而产生的变型。从政治结构的角度来看,这种类型的政权取缔政党,或根本限制其活动,而且对新闻工具和利益集团施加控制。最强有力的两个机构是政治、行政领导部门和政府行政机构。这类政权能够将现代化带来的成果在一定程度上与民众共享,推动收入分配的平等化。20世纪60、70年代的秘鲁和韩国为这类政权的典型。

4. 权威主义——技术—动员型战略

实行这种战略国家一般是通过政党(通常是唯一的政党)作为动员民众和渗透社会的工具,同时作为制定和执行公共政策的工具。而民众被动员起来执行政党和精英人物已经制定好的政策,不能参与制定政策。执政党是一个先占性的体系,其他政党及其活动被取缔或被严格限制,不同的意见遭受严格压制。

5. 新传统主义战略

从性质上看,这类政权属于传统的权威主义,将基本上未变化的传统社会的结构和文化带到了新的时代,其特点是低经济增长率,城市化和工业化进程缓慢,识字率很低。在这些国家中,主要的现代化发展就是引进了现代军事组织和技术,出现了一些现代的产业组织形式,并具有民族国家身份。与其说新传统主义战略是被制定和追求的,还不如说它是一种无可奈何的现实,因为传统的那些落后的社会制度、结构和关系模式还未及改变就已被卷入了现代化的世界潮流。因此,在这些国家中,一个极为普遍的场景是——由现代经济结构和受过教育的人口所组成的零星分布的城市与保持着自给自足的自然经济的广大乡村构成的二元社会。

一般地,在政治发展的历史上,发展中国家可以选择的主要的发展策略有:

第一,经济发展和政治发展。作为一种政治发展策略的经济发展与政治发展,主要是考虑以经济发展来推动政治发展,或是以政治发展来推动经济发展,因此,先发展经济还是先发展政治,成为发展中国家政治发展策略的一个组成部分。出现这一问题的主要原因是经济发展与政治发展之间的复杂关系。尽管一些学者如利普塞特等认为经济发展与政治发展、政治民主之间存在着正相关,但更多的学者却指出了这两者之间的关系远没有那么和谐,他们发现诸如政治制度化水平较高的社会经济增长速度往往比政治制度化水平较低的社会要快;政治民主水平较低的社会,其经济增长速度反而比政治民主水平较高的社会要快;迅速的经济发展有时会妨碍一个国家转变为现代民族国家的过程。面对这些复杂关系,发展中国家在经济发展和政治发展中面临着一系列的顺序选择,这些选择包括经济增长、社会平等、政治稳定、政治民主、国家自主等。一些国家把政治目标置于经济目标之前考虑,将稳定、秩序优先于经济增长和分配,另一些国家则将经济增长放在首位,忽视民主、稳定等政治目标。

第二,权威主义和民主主义。权威主义是二战后一些发展中国家采用的一种政治发展模式,一些早期现代化国家在国家建设的过程中也曾经运用过这一策略。这种策略以增强政府维护社会政治秩序能力和推动经济增长为主要目的,通常排除政治参与,压制公民权利,实行封闭的政治过程。阿根廷学者吉列尔莫·奥唐奈概括了现代权威主义的几个特征,包括国家权威机构由履行暴力的专家和致力于经济稳定的专家组成,政治上排斥、打击平民主义势力,关闭民主渠道,经济上主张经济机构的跨国化,大力推行有利于跨国垄断集团的资本积累模式,认可、鼓励社会资源的不平等分配趋势等①。实行这一策略的主要为 20 世纪 60、70 年代的巴西、阿根廷、智利、韩国、新加坡等国家。实行民主主义策略的主要是二战后独立的发展中国家,它们仿效早期现代化国家的民主模式,建立议会民主,实行多党制、普选制,扩大民众的参与,赋予民众广泛的公民权利,实行竞争性的政治过程,以此实现政治发展。但 20 世纪 60 年代以后,许多民主政府由于社会发育不足、经济增长缓慢而纷纷垮台,继之而起的是军人政府或独裁政权。除了少数国家以外,民主化实验在发展中国家遭到了失败。70 年代中期以来,许多权威主义国家或军人政权开始选择或回到了民主化的道路,掀起了一轮新的民主化浪潮。可见,各国在选择政治体制的过程中,经历了艰难的探索和曲折。

第三,集权主义和分权主义。在政治发展过程中,尤其是在发展中国家,为了推动政治发展,国家面临的一个重要难题是中央与地方关系的处理。在政治体系中,中央与地方孰重孰轻,中央与地方的权力界限为何,地方是否享有自治等一系列问题困扰着处于政治发展过程中的任何一个政府。集权主义策略认为政治发展过程中作为整体的国家具有特殊的重要作用,中央政府应作为政治发展的中心,享有对社会、对地方的极大权威,中央应具备强大的调控能力,以处理政治发展过程中面临的各种政治、经济、社会问题,因而,中央有必要集中较大的权力、功能和财政资源。分权主义策略则认为,经济发展和政治发展不只是国家和中央政府的事情,而主要属于社会和地方,政府不应当干预过多,同时,政治发展的民主化目标显然要求中央政府分权、放权,社会、

---

① G·奥唐奈:"官僚权威主义国家的张力与民主问题",载 D·科利尔主编:《拉丁美洲的新权威主义》,普林斯顿大学出版社 1979 年英文版。

地方应享有充分的自主性,实行地方自治。许多国家的政治发展进程缓慢的一个重要原因就在于未能正确处理中央与地方的关系,要么造成地方割据,各自为政,中央政府形同虚设;要么走向另一个极端,中央过于集权,地方缺乏活力,仅仅是中央的执行机构,导致经济发展缓慢。

对于任何一个正处于政治发展中的国家来说,制定合理的政治发展策略,就是要善于处理各种政治发展过程中遇到的主要矛盾和问题,正确指导政治发展的进程。

四、政治发展与政治稳定

(一) 政治发展进程中的政治稳定

政治发展与政治稳定的关系是当代政治学研究的一个重要课题,也是困惑政治发展进程中所有国家的一个难题。从政治发展概念本身包含着变革性来说,政治发展不以追求政治稳定为目标,毋宁说政治发展是以一系列的政治无序为代价的。马克思主义的政治观认为,政治作为上层建筑是随着经济生活的发展变化而发展变化的,一旦经济基础发生了变化,旧的政治体系必然为新的政治体系所取代,而阶级斗争成为推动政治变革的巨大动力。马克思的重要理论贡献就在于揭示出:"过去的全部历史是阶级斗争的历史,在全部纷繁和复杂的斗争中,问题的中心始终是社会阶级的社会和政治的统治,即旧的阶级要保持统治,新兴的阶级要争得统治。"[1]因此,马克思主义把阶级斗争和政治革命作为政治发展的前提和动力,政治稳定完全从属于阶级斗争和政治发展。但是,从另一个方面来讲,缺乏基本的有序、稳定的环境,政治发展无从谈起,政治发展的一些重要目标如民主、平等、有效性便失去了实现的保障。正是基于对政治发展的这一前提条件的重视,亨廷顿在20世纪60年代把政治稳定问题作为其研究的主题和目标,他在《变化社会中的政治秩序》一书中写到:"我之所以写这本书,也是出于对政治稳定的关注。于那些正经历着迅猛的社会、经济变革而灾象丛生的国家来说,我力图找出一些条件,俾使这些国家借此能在某种程度上认识到这个目标。"[2]因此,政治稳定不得不成为政

---

① 《马克思恩格斯选集》第三卷,第40页。
② S·亨廷顿:《变化社会中的政治秩序》,第1页。

治发展必须考虑的一个因素,也是政治发展的目标之一。

政治稳定是指一国政治体系的连续性和有序性,它包括政权体系的稳定、国家权力结构的稳定、政治过程的有序状态。一般地,政治稳定表现为国家的根本政治制度、基本政策的稳定,政治权力配置有效,政治体制运作正常,社会有序,政局稳定,人民对国家的认同感较强,政府能妥善协调利益关系,解决利益冲突等。在这种情况下,国家的权力结构和利益结构处于相对均衡的状态,国家权力和政治秩序没有受到强有力的挑战,社会生活得以正常运行。政治稳定是一种动态的稳定,一方面,政治体系适应社会环境系统的发展变化要求而呈现稳定状态,并向新的结构功能状态有序演进,同时,政治体系反过来有序地促进社会环境系统发展变化;另一方面,政治体系的自身结构和功能合理配置、稳定运转,体系内部各个部分之间协调发展、良性运作。

政治稳定是政治发展的前提条件,也是政治发展的一种结果。政治稳定要求政府面对来自社会环境的压力,运用自身的调节手段,在解决社会矛盾和危机的过程中有效地化解社会张力,消除不安定因素,防止动乱,保持原来的基本政治结构和基本制度,维持社会生活的秩序和连续性。在人类历史上,当一个社会遇到新旧两种社会结构转型时,都会发生政治不稳定和无序状态,这是由其"过渡"的性质决定的。特别是在现代化过程中,现代化的一些主要成果如工业化、城市化、识字率的提高、经济增长、社会动员等,往往加重了政治体系的负荷,使这些政治体系通常面临着一系列严重的矛盾和问题。由于社会发展与政治发展之间的不协调,发展中国家在建立有效的中央决策、执行机构之前,就受到了民众要求参与政治生活的压力,同时,在还未具备强大的经济实力时,就面临着物质分配与高消费的压力。社会期望的不断增长与社会满足能力之间的距离不断拉大,社会分配不公严重,政治制度化不足,政治权力结构不合理等等,这一系列问题导致了社会不稳定因素的滋生,引发了政治不稳定和社会动乱,破坏了政治秩序,严重阻碍了政治体系发展的进程。因此,在政治发展过程中必须处理好政治发展与政治稳定之间的关系。

处理好政治发展与政治稳定之间的关系,必须充分认识政治稳定对于政治发展的意义。政治稳定对于政治发展的意义在于:

首先,政治稳定是政治发展的前提和保障。政治发展需要基本的体系连续性和秩序性,缺乏连续、有序的政治变革只能说处于政治动荡之中,政治发展的既定目标和步骤就会因动乱而无法实现,使政治发展失去意义。就政治发展的结果要求建立有效的国家制度、民主体制,保障公民权利和政治权利,加强社会的政治认同感等方面来讲,无疑要求有一个稳定的环境作为基础予以保障,否则,政治发展的这些结果就很难得到实现。进一步讲,政治稳定不仅是政治体系自身存在和运作的需要,而且也是经济发展和社会进步的前提条件。如果一个国家长期处于严重的政治动乱和无序之中,经济发展、社会安全和人民生活必然会受到严重影响,而在经济发展停滞、社会落后的背景下,政治发展更是不可能实现。正是认识到这一点,在中国改革开放和社会主义现代化建设的关键时刻,邓小平指出:"中国的问题,压倒一切的是需要稳定。没有稳定的环境,什么都搞不成,已经取得的成果也会失掉。"①当然,邓小平虽然把稳定置于重要的战略地位,但他同时认为发展才是硬道理。社会发展是历史运动的基本规律,发展不仅包括经济与社会发展,也包括政治发展。正是从这个意义上讲,政治发展所要求的稳定,是动态有序的稳定,是稳定与发展的统一。

其次,政治稳定是政治发展的内在目标之一。作为政治发展目标之一的政治稳定,要求政治体系在制定政治发展的目标时,应当将政治稳定纳入政治发展的目标之内,在实现政治发展目标的过程中必须有秩序、有步骤地进行。作为政治发展目标的稳定,应当这样理解:政治稳定不是指政治体系的所有成分都不发生变化,稳定主要是指政治体系相对的连续性和政治体系的一些基本组成部分如基本的政治价值、政治文化、主要政治组织结构和基本制度不发生变化,而另一些政治过程如社会集团和民众的政治参与变化、政治领导的更替、政策的改变则是必然的。如果政治发展的社会经济环境一直在变化,政治参与、领导和政策的变化对维护政治价值、组织结构和制度的连续性是至关重要的。一个政治体系要想维持稳定,就必须有秩序地改变政治参与状况、领导阶层和政策,提供组织化、制度化的政治过程和手段。因此,作为政治发展目标之一的政治稳定,主要是指政治价值、政治文化、政治组织结构和政治制度的连续性,而这种连续性是以政治过程中的有序变革为基础的。应当指出的是,政治稳定必须以服从政治发展为条件,政治稳定所要求的政治价值、政治组织结构和政治制度的连续性,只能在适应政治发展的总体目标的条件下才能具有意义,只能在适应社会经济发展的条件下才是有价值的。当政治发展过程中政治体系妨碍了社会经济发展,特别是阶级斗争无法通过和平的方式解决时,暴力革命也就成为政治发展进程的必然选择,旧的上层建筑、旧的政治制度也就必须彻底从历史中被抛弃。从这个意义上讲,政治稳定是相对的。

在研究政治稳定时,必须把政治稳定纳入政治发展的总体进程中,才能真正揭示政治稳定的内涵。

---

① 《邓小平文选》第 3 卷,人民出版社 1993 年,第 284 页。

(二)政治民主与政治稳定

在政治发展的各种目标中,几乎所有的国家都把政治民主作为自己追求的重要目标甚至主要目标。因此,在某种程度上,政治发展与政治稳定之间的关系集中体现为政治民主与政治稳定之间的关系。

政治民主是一种社会政治形式,以特定政治统治关系的确立为前提。政治民主以公民权利的自由和平等为核心原则,以多数决定为基本的规则,通过间接民主或直接民主的形式实现其价值和内容。在人类历史上,政治民主是确立和巩固阶级统治,推动人们广泛地参与政治决策,提高人们的政治能力和素质,最大限度地实现人民的根本利益的制度保证。因此,许多现代化国家均把民主作为本国政治发展的目标之一,为实现民主而不懈奋斗。

在政治发展过程中,几乎所有的国家都为政治民主与政治稳定之间的关系而困扰。政治民主的进程一方面是指国家政治结构和政治体制的民主化,另一方面更为重要的,是与社会民众的广泛社会动员和政治参与联系在一起的。但政治制度化不足使得政治参与成为一种无序的活动,从而破坏了政治发展的进程。如何处理政治参与和政治制度化之间的关系,成为政治稳定的关键。从理论上讲,为了使公民的政治参与有序化,就必须要求在公民认同的各种程序、规则下进行参与,也就是政治制度化,这种制度化就是政治稳定的一个基本方面。首先,政治制度化缓解了政治参与带来的冲击。由于公民和利益集团的各种利益表达均在一定的程序规则下进行,政治过程的秩序化、规则化,从制度上合法地规范了政治参与的进行,同时,又提供了公民和利益集团表达自己利益的正式渠道。这样,既可以推动民主体制的发展,又有利于政治稳定和社会安定。其次,通过民主协商达成的政治制度化、规则化使得政治生活中的政治主体在认同体制的基本价值下进行政治竞争,从而避免了政治无序竞争带来的不稳定。遵循政治竞争的规则意味着认同民主政治的基本制度和基本价值,这些制度和价值为政治稳定和社会稳定奠定了价值基础和提供了制度保障。

但是,在现实中,政治民主与政治稳定的关系远为复杂。政治民主的最基本方面就是全体社会成员得以广泛参与政治生活。但是,在广泛的社会动员和政治参与到来之前,政治体系通常无法作出及时、有效的应对。更为重要的是,处于政治统治地位的统治阶级一般很少主动对旧的上层建筑、旧的政治制度作出重大调整,即使在自己的统治地位受到严重挑战的情况下,统治阶级仍然利用手中的政权维持原有的政治上层建筑。这时,来自社会的政治参与也就只能以政治运动、政治革命的方式争取民主的目标。一些国家在面临激烈的社会动员和政治参与时,虽然采取了主动改革的措施,但这种改革所进行的结构和制度的调整通常无法完全满足政治参与对民主化的要求,往往出现大量带来不稳定因素的非制度化政治参与。因此,从这个角度来讲,争取民主的过程或民主化的进程,通常是与政治不稳定联系在一起的。而民主化的过程是没有终点的,换言之,到目前为止,任何一个国家都没有彻底实现民主目标和价值,这也意味着政治不稳定伴随民主化的整个进程。然而,就民主的阶段性目标的实现而言,却又必须要求在相对稳定的环境下才有可能,从这个角度讲,政治民主又是与政治稳定紧密联系在一起的。

在政治现代化的过程中,许多国家都没有很好地处理政治民主与政治稳定之间的关系,往往将两者割裂开来,视两者为互相冲突的目标,从而在政治发展的策略中要么强调民主而忽视稳定,要么只强调政治稳定而取消民主,前者导致"软政权式"的民主,后者则走向集权主义,两种结果都将使政治发展步入歧途,进一步阻碍了社会经济的发展。

处理好政治民主与政治稳定关系的关键在于统治阶级和政治领导阶层制定合理、有效的政治发展策略。在发展政治民主过程中,应当逐步将日益扩大的政治参与制度化,使政治参与通过体制内的渠道进行表达,切实实现公民的政治权利,避免引发不稳定因素。另一方面,政治体系在维护政治秩序和政治稳定时,不应以压制政治参与、政治自由和平等,取消公民权利为代价实现稳定,而是在政治稳定的条件下逐步实现政治民主。

总之,政治民主和政治稳定是政治发展过程中相辅相成的目标,两者是辩证统一的关系,缺一不可。

思考题

1. 什么是政治发展?
2. 如何理解政治发展的普遍性与特殊性?
3. 如何看待政治发展的各个目标?
4. 早期现代化国家的政治发展有哪些模式?
5. 简要叙述发展中国家政治发展的共同特征。
6. 政治发展的主要方式有哪些?其内容是什么?
7. 如何认识政治发展进程中政治稳定的作用?
8. 政治民主与政治稳定的关系是什么?

第十一章 国际政治

随着全球化趋势的日益发展,国内政治与国际政治的相互影响和交织程度正在越发扩大和加深。在全球化的时代背景下,不管是实际的政治管理工作,还是政治学本身的理论研究,都需要用一种全球的视角来重新回顾和审视自己的活动。所以本书的最后一章,我们要介绍国际政治的含义与特征、国际政治的行为主体、国际社会的行为准则、国际体系及全球化时代下国际政治发展的新趋势。

一、国际政治的含义与特征

(一)国际社会、国际关系与国际政治

人们通常所指的国际社会包含两个方面的基本含义:第一层意义是指国家与非国家行为主体因相互联系和交往而形成的一种环境。从这个意义上讲,现代民族国家的出现和国家之间相互交往关系的建立是国际社会形成的重要前提。第二层意义是指一种由国家和非国家行为主体的相互关系所构成的体系,是一种超出国界而由大量松散而复杂多变的社会因素而联系起来的整体结构,即国际体系。国际社会的物质条件、国际社会的行为主体和主体所展开的交往行为构成国际社会的三大要素。

在国际社会中行动的成员间的相互交往关系包括国际政治关系、国际法律关系、国际经济关系、国际文化关系等国际社会各方面的关系及其相互作用。广泛意义上的国际政治就等同于国际关系,包括国际交往关系的各个方

面。狭义的国际政治则专指国际社会的成员之间所发生的政治行为和政治关系,是国际社会的成员为谋求自身利益而以其他国际社会的成员为对象所进行的各种政治活动的总称。

自有国家产生以来,国家之间便已存在政治、经济、军事、外交等各个方面的相互作用和交往,其中以国际政治交往的影响和作用最为突出。由于国际政治关系是国际关系的主要内容和集中表现,在国际政治领域中政治关系与其他关系的区分并不像国内政治那么清晰,以国家名义展开的各种活动大多打着政治的印记,因此也有不少人将国际政治等同于国际关系。本书主要采用的是狭义的国际政治概念,但由于这种区分也只具有相对的意义,因而在个别地方也要涉及广义的国际政治概念。但是,这里所指的国际社会的成员间的政治关系不仅仅是国家之间的政治关系,还包括了国际社会中其他非国家行为主体间的政治关系。

(二) 国际政治的基本特征

相对于国内政治而言,国际政治由于不像国内政治那样存在着一个普遍性的公共权威,由此也就决定了国际政治在对政治的理解和国际政治的活动主体、基本出发点和运行机制上都有着与国内政治不同的特点。

1. 国际政治是一种特殊而复杂的政治现象

国际政治首先是一种政治现象,是国际社会成员间的权力和利益关系。但是,国际政治意义上的政治一词并不完全等同于国内政治意义上的政治。虽然国际政治行为也涉及权力和利益的获得和分配,但是却并不一定意味着公共权力的获取和运用,也不能说成是一种"稀缺价值的权威性分配"过程,因为至少到目前为止,在国际社会中还不存在公共权力的形成和使用问题,即使是国际组织的权威也是建立在主权国家认可的基础上的。国际政治的主要表现形式是各主权国家及其政府对外政策的制定和实施。但是由于现代国际政治中国际政治行为主体的多元化特征,国家联合、国际集团和权威性国际组织的产生和发展,使得国际政治又不单纯地表现为主权国家的对外政策的制定和实施。又由于国际政治中的主权国家在进行决策的行动时往往既要受到其他国际行为主体的制约和限制,又要受到国内政治各种因素的限制,国际政治关系并不是各个成员的政治行动的简单相加,也不能按照某一国际社会的成员的意愿任意建立。因而国际政治的互动过程是国际社会成员间的互相冲突、斗争、合作、妥协的一系列复杂过程的总和。

2. 国际政治最基本的参与者是民族国家

由于国际政治生活中没有国内政治意义上的公共权威,从而也就不存在围绕着公共权威的产生和行使而产生的阶级、等级性社会阶层、政党和其他政治性社团。从历史上看,迄今为止的国际政治都主要是各个民族国家为了自身利益而存在和发生的交往、合作、矛盾和冲突关系。国际政治结构主要是以民族国家之间的相互政治关系为纽带而形成的有机整体。由于民族国家的主权内在地要求不受外来力量的支配而独立地决定国家对内、对外事务,因而相互尊重主权是国际社会和国际政治关系的基本准则之一。随着国际交往的扩大,一国的政治、经济和军事目标无法仅靠自身单独来实现,民族国家之间为实现共同利益而结成的国家集团便应运而生。这些国家集团虽然可以参加不少政治活动,却不能凌驾于民族国家的主权之上,其目的也主要是服务于维护和巩固民族国家的地位。此外,在国际政治活动中还有一些非国家性的政治经济实体,如巴勒斯坦民族解放组织虽然还不具备完全的国家形式,但是作为一个完备的政治经济实体也能够参与部分国际政治活动,只不过这并不是一个资格完全的国际政治行为主体。

3. 国际政治的基本出发点是国家利益

一切国际政治行为的根本目的都是为本国谋取更多的利益,国家利益是民族国家参与国际政治活动的基本驱动力,它不但设定了一国对外政策的基本目标,而且还决定了一国的国际政治行为的行为规律。在民族国家的对外交往活动中,国家之间在利益上的相似、互补、平行和冲突是国家之间联合、协作、妥协与对抗的根本动因。

国际政治学在研究关于国家利益的本质问题上一直存在着客观利益和主观利益之争。前者认为只要国家存在就必然存在着人们可以看得见的、由全民所共享的整体和普遍利益。后者则认为国家利益其实是一个虚幻的存在,是权势集团和政治家们杜撰出来为其政策和行为作辩护的托辞,是伪装成国家利益的私人或集团利益。因此我们在观察和分析一国的国家利益和对外政策时,既要看到一国客观存在的普遍和全民利益,又要看到某些以国家利益的面貌出现的权势集团的利益。

4. 国际政治的无政府状态

在国际政治活动中,由于各个国家在历史传统、文化背景、政治经济制度和意识形态上的差异,对于同一种政治行为就往往会有各自不同的理解,很难产生出一套为全体成员所接受的价值系统或国际道德,因此对于某些国际政治的行为是很难用某种特定的道德标准来进行评判的,在缺乏一套具有普遍性的公共权威来负责维护严格的公共秩序的情况下,各国在这些方面往往都是以自己的国家利益作为判别的标准。尽管在国际社会中也存在着一些为大多数成员所承认的"国际准则",但是由于并不存在一个类似于国内政治中的那种公共权威机构来负责实施这些准则并对违规者进行有效制裁,因而任何制裁行为只能是国家之间联合的结果,某些国家是否参与这些制裁活动也主要是取决于国家利益和国内的法律、政策,其结果是对那些违反国际准则的制裁是极其有限的。在这种情势之下无疑就为强权政治和暴力干涉留下了很大的空间。总而言之,国际政治活动既有一些效力有限的国际准则或国际道德存在,同时又呈现存在着强权、无序和混乱的无政府状态。

（三）国际政治与国内政治的相互关系

国际政治与国内政治是相互影响、相互作用的两个方面。对一国的国内政治的正确理解离不开对国际形势和国际格局的准确研究;反之,对国际政治的确切把握也离不开对国内政治的精确分析。

1. 国内政治是国际政治的决定性作用因素

国际政治是国内政治在对外关系上的延续,其根源在于国内政治之中。任何一个国家的对外政策都是一国总政策的一个组成部分。国家利益是一国对外政策的根本性动因。国家对外政策目标的实现程度也取决于一国的综合国力,取决于一国在国际政治格局中所处的地位。各个国家的历史传统、文化背景和政治经济结构和政治力量的对比关系的不同也意味着其外交政策的偏好或目的上的差异。此外还有一些政治学家也强调一国的政体形式对于国际政治的重要影响。如政治学家米切尔·多伊利等人就认为,独裁国家的领导人更少受到民众的约束而更有可能放纵野心去对外攻城掠地,而民主国家之间是不会相互发动战争的[①]。在实际的外交决策活动中,一国的外交决策体制和政治领导人的个性、意识形态信仰等也可能对外交政策产生一定程度的影响。但是我们在这里并不能将国际政治看做是国内政治的简单放大和延伸,由于国家的对外关系还会受到其他一系列因素的影响,国际政治行为受国际性因素的影响也非常大。在全球化的背景之下,国际体系的变化对一国的国内政治也有相当大的影响,有时也甚至会起到决定性的作用。

2. 国际政治是国内政治的环境或影响因素

只要一国卷入了国际政治的交往之中,国际政治体系的变化、国际行为准则的变化和国际形势的变化都会对其国内政治产生一定程度的影响,都有可

---

① 布鲁斯·拉西特、哈维·斯塔尔:《世界政治》,华夏出版社2000年,第164页。

能引起国内政治的某些变化。自国际社会形成以来,国际政治作为一种外部的环境压力首先使一国在政治制度和意识形态方面更多地受到外部环境的影响。冷战格局的形成就曾经使大多数国家在政治制度和意识形态上被纳入了两大阵营之中,意识形态也因此而成为各个国家的国内政治生活中被不断强化的内容。民主和平等原则在国际社会中的传播也使民主思想影响着各国政治发展的总体趋势。在新制度主义政治学看来,当代的国际政治环境不但是一种市场或技术环境,而且在更大程度上是一种制度化的政治环境,"理性化"作为一种制度性神话通过各种方式在强行对各国的制度形式进行渗透,形成了从外部强加给所有政治制度的强大压力,迫使各国的政治组织都不得不为追求合法化而内化各种合法化要求,变革自身的政治结构,由此而造成了全球范围内的制度"同形化"趋势[1]。

二、国际政治的行为主体

真正意义上的国际政治是在享有独立主权的近代国家的基础上形成的,民族国家不仅仅是最初意义上的国际政治行为主体,而且在相当长的一段时间内曾经是唯一的行为主体。但是随着国际体系的迅速转型和变迁,一些非国家的行为体在国际政治舞台上也越来越活跃。民族国家在国际社会中能够控制的价值分配过程和结果正在受到次国家行为体、跨国家层次和超国家层次上的其他行为体及各种运动的挑战。当代国际政治的行为主体正在越来越呈现出多元化的趋势。然而,多元化主体的挑战虽然使民族国家在国际政治中的某些活动已经过时,民族国家仍然是在一定的领土之上保证着大多数公民免受冲突之苦的最重要的行为主体。

(一)民族国家

民族国家是现代国际政治中最重要的行为主体。现代国家与主权这两个概念都出现在 16 世纪。国家(state)的最初意思是统治者的职位或位置[2]。布

---

[1] 鲍威尔、迪马乔编:《组织分析中的新制度主义》,芝加哥大学出版社 1991 年英文版,第 64—66 页。

[2] 布鲁斯·拉西特、哈维·斯塔尔:《世界政治》,华夏出版社 2000 年,第 50 页。

丹认为国家是"许多家庭和管理它们的共同利益的、具有主权的合法政府"。作为最高权力的主权是不受任何限制的。君主被认为是国家主权的人格化身。当时的这些主张主要还停留在理论层面,因为教会在当时仍然还是国王之上的最高精神权威。真正在实践中具有决定性意义的事件发生在 1648 年,即欧洲新教同盟战胜了天主教同盟而签订的威斯特伐利亚条约。条约不仅确定了欧洲大陆各国的领土和边界,而且还排除了教会的影响,将世俗君主置于了一定领土上的最高统治者地位,使得各国君主真正成了最高主权的人格化体现。所以当时的国际政治也主要还是君主与君主之间的关系。经过法国大革命之后,君主主权的国家同民族共同体意义上的国家开始融为一体①。享有主权、人民、政府、领土四位一体的民族国家成了正式意义上的国际政治的行为主体。二战结束以后,随着许多殖民地独立为民族国家,国际政治中的民族国家的数量不断增多。到 2006 年为止,仅仅是加入联合国的成员国数目就已达 192 个。

在国际政治中,享有主权的民族国家意味着在一国的领土之内没有其他权威凌驾于主权之上,因而在国际法中任何一国的主权都是平等的,每个国家在法律意义上都享有独立而平等的地位,都享有独立的外交权和国际会议中的平等投票权等,国家主权原则是国际社会的基本行为准则之一。但是国家的主权平等实际上又主要是一种形式上的平等,各国的经济、军事力量和文化、历史因素等的不同又导致了各个民族国家在国际政治中的实际地位并不平等,国际政治中民族国家按照资源的多少和综合国力的强弱又有超级大国、大国、中等国家、小国和微型国家的区分。

作为国际政治行为主体的国家也意味着国家在参与国际政治的活动中应该享有一定的权利并承担相应的义务。即作为国际政治行为主体的国家应该享有由国家主权派生出来的独立权、平等权、管辖权和自我保护的权利等。一个国家在享有国际法赋予的权利的同时也必须履行相应的义务,一国的权利同时也构成他国的相应义务,即尊重他国的主权、不侵犯他国的主权、严格遵守国际法和国际社会的基本行为准则等。在国际交往中维护国家的基本权利、履行国家的基本义务,是发展良性的国际政治关系,维护和平、安宁与秩序,进而求得世界共同发展繁荣的基础。

(二) 国际组织

国际组织是现代国际政治中最重要的非国家行为主体。在广泛意义上,

---

① 星野昭吉编著:《变动中的世界政治》,新华出版社 1999 年,第 388 页。

国际组织是指由若干国家的政府、政治团体、社会组织或个人基于特定的目的,根据一定的国际条约、协议而建立起来的国际性联合体。国际组织出现于民族国家的形成之后,是首先出现的非国家行为主体,在当代国际政治中是最重要的非国家行为主体。由于国际组织的建立是以各成员单位共同达成的协议为基础的,其行使的权力是各成员单位所授予的,因而它并不具有凌驾于各成员单位之上的权力。但是作为一个实体的国际组织在条约的基础上又是以自己的名义而不是个别成员的名义来进行国际政治活动的,因而它在参与国际政治事务时又能够在很大程度上超越个别成员单位的利益而以整体的形式开展活动,在解决某些超越国界的事务时往往能够发挥自己的独特优势。

自从国际组织诞生以来,随着突破国界的事务的增多,国际组织的数量和类型已经越来越多,不少国际组织的规模也越来越大,其所涉及的事务已经渗透到了社会政治生活的各个方面。由于国际组织本身的数量巨大、名目繁多,对国际组织的分类也有各种各样的标准。一般根据其目的和职能范围,可以分为综合性组织和专门性组织两种:前者具有政治、经济和文化等多种职能和较大的规模,如联合国、东南亚国家联盟、非洲统一组织、欧盟等;后者指主要行使某种特定职能的组织,如万国邮政联盟、国际电信联盟、世界卫生组织、世界气象组织和世界银行等。根据国际组织的区域特点和活动范围,可分为全球性组织和地区性组织。全球性国际组织往往具有一定的开放性,其成员国来自世界各地,往往不论其地理位置和社会政治制度如何,如联合国、国际货币基金组织、世界贸易组织等;地区性国际组织则严格以地域为界,往往是为解决某一地区的特定问题而建立的国际组织,如欧盟、西非经济共同体、东南亚国家组织、亚太经合组织和北美自由贸易联盟等。

在国际政治中最重要的一种区分国际组织类型的方式是根据其成员单位的属性而区分为政府间国际组织和非政府间国际组织。政府间国际组织是由各个民族国家组成的国际组织,它享有参与国际事务的独立地位,具有直接承受国际法权利和义务的能力,是国际政治中的合法行为主体。有些学者根据政府间国际组织的成员范围和宗旨进一步将其分为综合性组织和功能性组织。如以前的国际联盟和现在的联合国不但在成员上具有普遍性,而且还兼有政治、经济、安全、社会、文化等多种职能。而如美洲国家组织和欧盟等虽然在成员单位上具有区域性,但是在职能上仍然具有综合性。功能性的政府间组织履行着某种特定的职能,最典型的是联合国下属的各专门机构,还有些政府间组织则本身就是全球性专门组织,如国际劳工组织、世界贸易组织等,更多的则限于某个地区,如阿拉伯联盟和北约在建立之初就主要强调的是军事功能。政府间国际组织发挥作用的方式有多种,如联合国现在就很大程度上起到了一个讲坛的作用,各成员国的观点能在这里进行面对面的沟通;有的国际组织则履行着某种专门的管理职能,如世界卫生组织和国际原子能联盟就发挥着某种独特的管理和协调职能;还有一些国际组织甚至履行着一定的分配职能,如欧洲联盟甚至有权越过各成员国而采取行动分配某些资源。

非政府间国际组织是指由不同国家的民间团体或个人为一定目的而组织起来的、非官方、非营利性的国际组织,如宗教团体、职业组织、体育组织、劳工组织、环保组织和政党等。它们通常围绕着特定的问题而结成团体,通过非政府的跨国性接触而进行着不同国家的个人或团体之间的特殊沟通。单纯从数量讲,目前在国际组织上数量最多的就是非政府间国际组织。这些组织在政治上行动的焦点往往是在全国性政府的层面上,其起作用的方式是影响各国政府的政策而实现自己的主张,因此非政府间国际组织有时甚至类似于一个压力集团而对各国政府的政策产生相当大的影响,在许多方面都有举足轻重的作用。非政府组织虽然未被确认为具有国际法主体资格,但是一些大的非政府组织,如绿党、社会党国际等对各国内政和外交都产生过相当大的影响,其作用也绝不亚于某些正式的政府间国际组织。

(三) 跨国公司

跨国公司是国际政治活动中强有力的新角色。跨国公司是以一国或多国资本组成的总公司为基础,通过对外直接投资,在国外设立分公司、子公司或合资企业,从事跨国界的生产、销售和其他业务活动的国际性公司。迅速发展的跨国公司已经不再是单纯的经济实体,而已经成了国际政治活动中强有力的新角色。它主要通过跨国界经济活动而对国际政治的局部和全局都发挥着深刻的影响。

由于跨国公司本身就是经济国际化的产物,跨国公司的成长和壮大反过来又促进了经济的一体化过程,因而跨国公司在国际政治活动中所产生的首要影响,就是其在各国间相互投资和贸易不断增长所强化的经济一体化过程带来了国际政治相互依存和权力的多极化趋势,使得国与国之间在相互竞争的同时又必须要相互依存,从而给国际政治的总体格局中注入了一些新的和平与民主化因素。其次,由于跨国公司代表的是某国的大垄断财团或国际垄断财团的利益,其强大的经济实力使其具有一定的自主权,在母国拥有一定的独立性,又因为其在不同的国家活动而具备某些超越国家和法律之上的特殊地位。跨国公司就不但能以其强大的经济实力来影响本国的内政和外交政策而捍卫自己的利益,而且还可以削弱或摆脱某一国家的直接控制,并利用自身的国际行为而影响各国关系,使某些国家行为归于无效。最后,由于跨国公司在东道国中往往控制着一定的土地、人口和资源,有些跨国公司在东道国中还有自己的独立武装力量,其总体实力甚至超过了个别小国家,使得不少跨国公司在某些东道国中成了民族国家的直接竞争者。他们可以通过直接行贿、支持特定的候选人或政党、资助政变等活动而深深地卷入东道国的政治活动中;有的跨国公司为了实现自己的利益甚至还直接从事原本由民族国家从事的外交和间谍活动,使其在不少小国和新兴国家中拥有极其优越的超然地位。

三、国际社会的行为准则

虽然国际政治在总体上处于一个无序的无政府状态之中,但是在总体的无序中仍然还有一定的有序性。即国际社会既带有霍布斯所指的自然状态的特征,同时又有一些洛克意义上的公民社会的特点。产生出这种有序状态的原因就在于国际政治活动主体因其客观需要而产生出了一定的国际社会的行为准则。所谓国际社会的行为准则,是指国际社会的成员在实施外交行为、处理对外事务时应遵循的基本行为规范,它主要通过政府间国际组织和国际会议所共同制定的条约、章程、宪章或宣言等形式表现出来,或以各国际社会的行为主体因普遍共识而在实践中自觉遵守的形式存在。由于国际政治活动是国际社会中的一个重要方面,因而也同样要受到国际社会行为准则的约束。

由于国际社会的行为准则在不同的发展阶段有不同的体现,各个国家对某些准则的理解也并不完全一致,但是在国际社会的变迁和各国的外交实践中仍然存在着一些最基本的国际社会的行为准则:主权平等原则、互不侵犯与和平解决国际争端原则、互不干涉内政原则、平等互利原则与和平共处原则。

(一) 主权平等原则

主权平等原则既是一个非常古老的国际社会行为准则,也是国际社会的一项根本行为准则。主权是民族国家不可缺少的属性,是国家区别于其他社会和政治组织成为国际社会基本行为主体的主要标志。在以联合国宪章为代表的一系列国际性文件中,主权平等原则都被确定为是国际法原则的核心原则。其他国际社会的行为准则都可以说是由主权平等原则引申出来的原则。

在具体内容上,主权平等原则要求:各国均享有主权所固有的排他性管辖权,政治独立不受侵犯;各国的领土完整不受侵犯;各国在国际法上不分种族、大小、强弱,一律平等;各国均有义务尊重他的国际人格;每一个国家的人民都有权选择其政治、经济及文化制度;各国均有责任履行其相应的国际义务。

(二)互不侵犯与和平解决国际争端原则

互不侵犯原则是从主权平等原则自然引申出的一条重要的国际社会行为准则。坚持主权平等原则就必须坚持互不侵犯原则。互不侵犯原则的基本要求就是各个国家在国际政治活动中不得以任何借口使用和威胁使用武力,或炫耀使用武力以及用其他方式侵犯他国的主权、领土完整和政治独立,不得以战争作为解决国家争端的手段。侵犯他国在国际法上是非法行为。

互不侵犯原则同和平解决国际争端原则是紧密联系在一起的,只有坚持用和平的方式处理国与国之间的争端,互不侵犯原则才能得到真正实现。这一原则要求在国家之间发生纠纷或争执时,争议各方都负有用和平方式加以解决的义务,而不能诉诸战争、使用武力来解决争端。在国际政治史上,用武力解决国际争端曾经是国家间解决争端的主要手段。在国际社会中确立这一原则是对第一次世界大战前国家拥有战争权的否决,解决争端的方式由武力转向和平的进程标志着人类文明的进步。

随着对武力、侵犯和侵略概念的进一步澄清,当代国际政治中和平解决国际争端的原则排除了在殖民地、种族主义政权及其他形式的外国统治下的争取自决、自由和独立权利的战争。至于解决国际争端到底采用哪种和平方法,有关国家则可以根据争端具体情况自行选择,他国无权对此作出干涉。

(三)互不干涉内政原则

互不干涉内政原则也是从主权平等原则中引申出来的一条国际社会基本行为准则,因为干涉别国内政,实际上也就是不尊重他国的主权;要真正实现主权平等,就必须要互不干涉内政。互不干涉内政原则要求各国在国际交往中不得干涉他国主权范围内的事务,不得使用或鼓励使用经济、政治或其他任何措施来强迫他国服从本国的意志并从该国获取任何利益。按照联合国宪章和其他相关国际文件的规定,这里的内政是指凡是在一国宪法中以法律形式固定下来的内容,具体包括政治制度、经济制度的选择,政权形式的确定,立法、行政与司法的自由,国家对外政策的制定,社会文化的发展,国际关系的建立等。

互不干涉内政的原则同时还要求:国家不得以内政或国内管辖事件为借口,破坏国际和平和国际安全;反之,在国际实践中所发生的践踏国际法和国际义务的行为也不能被视为是内部事务,因而对这些行为所采取的行动和措施不能视为对内政的干涉。

在国际政治的实践中也有着某种合法的干涉现象存在,如联合国授权安理会组建维和部队在某一地区执行联合国的决议,并负责在特定地区的难民安置、地方安全保障等。但是这种干涉是有一定的限度的,并且也只能针对特定的对象,如被干涉者本身有损国际和平、违反国际准则或可能对他国主权和领土完整构成威胁等。

(四) 平等互利原则

平等互利原则也是与主权平等原则紧密相连的一条国际社会基本行为准则。即各国不论大小、强弱、贫富以及社会政治制度如何,在国际社会中都是平等的成员,享有平等的法律地位;与此同时,还要在形式平等的基础上通过互利行为以实现实质性的平等,即在政治上平等的同时还要追求经济上的平等。所以也可以说平等互利原则是主权平等原则在经济关系上的体现。

平等互利原则要求各国在政治上平等的同时,还要通过各种形式在经济上互通有无、取长补短、平等合作、互惠互利,排除各种形式的贸易保护主义和不等价交换。自第二次世界大战结束以来,随着民族国家数量的不断增多,在政治上反对强权,主张国家不论大小一律平等的要求得到了广泛的支持。但是自 20 世纪 70 年代以来,随着国家间贫富差距的增大、南北矛盾的进一步突出,捍卫发展中国家的经济主权、争取南北之间的经济平等已经成了国际社会中重要的中心课题之一。由于当前的多边贸易体制主要是在发达国家的主导下逐步建立和发展的,因而在这些体制中不可避免地存在着国际贸易"游戏规则"有利发达国家的趋势。发展中国家在国际贸易中的地位有更加边缘化的趋势。所以,当前为贯彻平等互利原则,很大程度上是要求建立起一套多边参与下的国际经济新秩序。

(五) 和平共处原则

要尊重主权平等原则,也必须要同时接受和平共处原则,即承认各个国家不论其经济、政治制度和发展水平如何,都应共存共处、相互尊重、彼此友好,以和平的方式解决相互间的一切争端,反对诉诸武力或武力威胁。和平共处原则体现了主权国家间正常交往的需要,既是前面几项原则的总结和基本目的,是遵守前四项原则的必然结果,也是维护国际和平、促进世界发展的需要。

和平共处原则与前面四项原则联系起来,最先出现在由 1954 年中印两国政府总理联合公报倡导的"和平共处五项原则"中,后来在许多国际条约、国际会议文件中都得到确认和巩固,现在其已作为一项基本的国际行为准则写进了各个国际组织和国际法的文件之中。

四、国 际 体 系

(一)国际体系及其基本特征

由于民族国家在相当长一段时间内都是国际政治活动中的唯一主体,因而早期的国际政治学者大多从民族国家及其对外政策的角度来考察国际政治,这种分析的视角被称为是"国家中心论"。但是随着国际政治行为主体的日渐多元化,各种地区性、全球性国际组织的兴起和发展,以及国内政治和国际政治间联系的加强,通过国家中心的视角越来越难以对国际体系的转型作出有效说明,因此有不少学者都越来越倾向于从跨国家的国际体系角度来从整体上把握国际政治的变动。

所谓国际体系,简言之,就是国际政治的各行为主体间相互联系、相互作用而形成的,具有相应的结构、功能并与环境相互作用的有机整体。从体系的角度来分析国际政治,可以把握国际政治的全局和整体运转情况,从而更深入地了解整体与部分、部分与部分的相互关系,达到对国际政治的全面认识。在国际体系的形成、变迁和运转过程中,可以看出它具有如下几个基本特征。

1. 整体性

构成体系的基本条件就是各组成部分间的相互联系和相互作用。作为一个系统的国际体系并不是各个组成部分的简单相加之和,而是具有各组成部分处于分散状态时所不具有的整体效应,有其整体的结构与功能和总体的运转、变迁规律。国际体系作为一个整体本身并不同于世界政府、国际性组织等实体性组织,也没有系统的组织结构,不能行使实际权力。但是在体系之中的每个成员又都是整体的一个组成部分,成员间的每一组联系都会对整体产生影响;国际体系的整体性就体现在各行为主体间相互作用而形成的整体局势。从体系的角度来考察国际政治,也就是要站在整体的高度去观察和分析局部,要注意那些可能对全局产生重大影响的关键性局部事件。

2. 联动性

国际体系是一个密切联系的有机整体,作为整体的系统与其亚体系之间、各个亚体系之间都有着非常复杂的相互依存、相互作用、相互影响和相互制约的关系。国际体系中各成员的互动既有正式的政府对政府的互动,也有非政府团体和个人间的各种互动。在这些错综复杂的互动关系中,某些单个的互动事件可能并不一定对国际体系的运转产生多大的影响,但是互动的综合而形成的群体间的联动就可能会对国际体系产生重大影响,甚至引发国际体系的重大变化。特别是随着第二次世界大战结束以来国际政治各行为主体间相互依存关系的加强,国际体系的联动性特征也越来越明显。

3. 不平等性

国际社会的成员在国际政治活动中的平等仅只是一种形式上的平等,但是从有国际体系之日起就充满了不平等。不平等的原因一方面来自各个行为主体间由地理位置、自然资源、人口数量、经济实力、科技水平和军事力量等构成的综合国力上的差异,还来自国际体系诞生之后,垄断资本的剥削和帝国主义的殖民扩张所带来的帝国主义国家与广大亚非拉国家之间统治与从属、掠夺与被掠夺关系,使被压迫民族在政治上和经济上完全处于附庸地位。尽管第二次世界大战以来随着亚非拉地区大量殖民地获得了独立,导致了殖民体系的解体,但是不平等的世界政治经济秩序仍然存在,在全球范围内以大欺小、恃强凌弱的现象仍然存在。正是这种依然存在的不平等,构成了国际体系内各种矛盾和冲突的根源,从而也揭示了建立世界政治经济新秩序的历史必然性和合理性。

(二)国际体系的基本类型

最早在理论上对国际体系的基本类型进行探讨的学者是莫顿·卡普兰。在1957年出版的《国际政治的系统和过程》一书中,卡普兰从理论上提出了六种国际体系的基本模式。第一种是均势体系,即民族国家是唯一的行为主体,各主体都以一种互相补充的方式单独行动,没有其他子系统存在。第二种是松散的两极体系,此时既有国家,又有超国家的行为主体存在。在国家、国家集团和全球性国际组织共存的同时,存在着两个集团行为主体。第三种是牢

固的两极体系,整个世界被划分为两大集团,此外没有其他行为主体,缺乏统
一性和稳定性是这一体系的基本特征。第四种是全球性国际政治体系,即在
一体化的体系之内,国家和国家联盟的行为都受到了全球性政治规则的约束。
第五种模式是等级制体系,即由某一国家或国家集团凭借其实力而将自己的
意志强加给其他国家。最后是单位否决体系,所有行为主体都有毁灭他国的
能力,但同时又无法防止自身的毁灭。

加拿大的国际政治学者霍尔蒂斯区分了四种国际体系的类型。第一种是
等级制体系,即权力集中于一个单位,体系之内呈自上而下的等级制状态。第
二种是分散型体系,此时权力归于体系内和各构成单元,各单元间实力相当,
势力均衡。第三种是分散的集团体系,指既有对立的集团,又有非集团和不结
盟的角色存在,各单元间相互交流又相互制约。第四种是两极体系,两大集团
间呈对立状态,权力集中于集团的领导者手中。

理查德·罗斯克莱兰则认为国际体系只有两种类型,即以稳定为特征的
体系和以不稳定为特征的体系。在他看来,国际体系的稳定涉及三个因素:
干扰因素输入的总量;反作用于干扰因素的调节机构的能力;影响可能出现的
结果和自身最终结果的环境抑制作用。在以稳定为特征的模式中,干扰因素
总量处于最低水平,调节机构能够妥善处理这些干扰因素,领导人也满足于现
状。而在不稳定的体系中,调节机构处理干扰因素的手段极少,领导人不满足
于现状,并有不安全感,总是企求改善自己在体系中的地位,也有能力通过民
族主义和意识形态的煽动来动员内部的潜力,环境不能限制干扰因素。

乔治·莫德尔斯基也认为从历史发展的各个因素来看,在宏观上存在着
两大国际体系类型,即工业社会体系和农业社会体系。前者作为一套国际体
系拥有众多的人口,其潜力比农业社会更容易动员;个人的地位依赖自己的技
术和成就,是一个能人社会;国际组织和得到改善的通讯网络所提供的信息有
助于文化的发展。工业社会的权力基础是工业组织,其政治共同体是与公民
共存的。由于工业社会所拥有的战争摧毁能力是如此之大,以至于可以摧毁
整个社会,所以国家在追求自己的目标时,就更不容易将战争当作是摆脱苦难
的手段。国家增强自己的军事实力与其说是为了发动战争,还不如说是为了
参加讨价还价的谈判,以巧妙的强制性手段来达到国家的目标。

自真正意义的国际体系形成以来,人们一般认为在一个多世纪的发展历
程中,实际存在四种公认的国际体系类型①。

---

① 关于四类体系的论述,参见迈克尔·罗斯金等:《政治科学》,华夏出版社 2001 年,第 420—
421 页。

一是19世纪的势力均衡体系,又称维也纳体系。19世纪的欧洲在拿破仑战争之后,主要的欧洲国家在1814年10月至1815年6月召开了维也纳会议。会议在英、法、俄、普四国的操纵下调整了欧洲各国的疆域,使欧洲大国间的领土面积大致相等。同时为防止法国重建霸权,增强了法国周边的力量,为各大国间的关系创造了力量的平衡,在很大程度上恢复了威斯特伐利亚体系所确立的多极均衡体系。从而在欧洲国家内部保持了相对稳定的和平,对外则以各自的势力而和平地瓜分殖民地。这一体系的确立大致在欧洲国家间维持了约一百年左右的和平时期。但是德国在1871年的统一和日本的迅速崛起之后,列强之间在瓜分世界和争夺殖民地的斗争中很快便使这一均势体系变得越来越没有束缚力,原有的均势体系失去了平衡。到20世纪初,欧洲国家间已经形成了协约国和同盟国两大相互敌对的阵营,进行着旷日持久的军备竞赛。第一次世界大战的爆发正式打破了这一均势体系。

二是两次世界大战之间的体系,即凡尔赛——华盛顿体系。这一体系是在第一次世界大战后由战胜国英、美、法、日、意等按照战后力量对比关系的变化重新划分势力范围,以和平的名义建立的新的国际体系。在这一体系之下,战败国被迫割地赔款,殖民地被重新瓜分,战胜国靠压制和妥协维持了短暂的均势与和平。但是由于英国和法国在一战期间已经耗尽了国力,德、日、意的重新崛起及其对这一体系的不满使这几个国家走上了战争的道路。列强之间实力对比再次发生了重大变化,大国间的争夺每天都在破坏这一体系。在短短的20年之后,希特勒德国点燃的第二次世界大战的战火,又一次彻底埋葬了这一体系。

三是两极冷战体系,即雅尔塔体系。第二次世界大战以后,在以雅尔塔会议为代表的一系列重要国际会议上,美、英、苏等国就战争与和平问题通过了一系列文件、宣言和公告等,从而构成了雅尔塔体系。其主要内容是美、苏两大国间势力范围的划分和战后大国间合作的维持。在这一体系之下,世界上的主要国家被分为资本主义和社会主义两大阵营。即使是处于中立地位的国家也相对地趋向于其中的某一阵营。两大阵营很快就以美、苏两个超级大国为中心而走向了对抗,逐渐形成了在两大阵营之间进行的政治、军事、经济和文化等的全面较量和竞赛,这种带有很强的意识形态色彩的对抗被称为冷战。但是由于超级大国间的军备竞赛的成本越来越昂贵,加上第三世界的兴起对双方都产生了新的冲击,1989年的东欧剧变、1990年两德的统一和1991年苏联的解体,标志着两极对抗的雅尔塔体系正式终结。

四是多极竞赛体系,即冷战结束之后的国际体系。两极体系的解体导致了各种政治力量的分化和重组,萌芽于两极体系之中的多极体系开始加速发展,世界裂变成了几大阵营。美国、俄罗斯、中国、日本和欧盟等构成了新的多极力量,尽管当前的体系也被人称作是美国独大之下的多极体系,即一超多强体系,但是各极之间相对均衡和制约的新形势正在形成之中。在多极竞赛体系之下,经济增长开始取代军事对抗而在一定程度上减少了战争爆发的可能性,世界权力的分散化和多极化在一定程度上带来了新的和平。但是各国之间在经济竞争上的残酷性也开始升级,各极力量之间在经济竞争中所产生的新危险因素也仍然不可忽视。

(三)国际体系的结构与稳定

在国际政治的理论研究中,有不少学者都在致力于从权力分配与战争的关系的角度来研究国际体系的结构与稳定的关系,认为体系结构与稳定的关系应成为国际体系研究的重点,希望以此来找到维持国际稳定的方式。但是各个学者从不同的角度所得出的结论并不一致,有些甚至还完全相反。综合西方学者有关国际体系的结构与稳定的论述,可以总结出下面几种理论模式。

一是两极体系稳定论。以斯坦利·霍夫曼、肯尼思·华尔兹等为代表的学者认为,两极体系比多极体系更趋于稳定。因为在两极体系之下由于重要角色的减少和军事政治关系的确定性,发生错误理解和冲突的情况会减少,其控制力要强于多极体系的分散状态所带来的不平衡体系。如霍夫曼就认为,在20世纪70年代,学者在理论上假设有五个不平衡的权力中心存在的做法是不可取的,而且也很危险。因为这样一来就既增加了不确定的极,又会导致新的军备竞赛[①]。华尔兹也认为,在两极化体系之中,超级大国与小国之间存在着根本的差别,超级大国既有能力施暴于他国,也有能力控制暴力行为。两个超级大国都根据他们保全自己的本能行事,不断谋求范围广泛的军事和技术能力,并在此基础上保持均势。

二是多极体系稳定论。卡尔·多伊奇、戴维·辛格等人则认为,当国际体系脱离两极体系而进入多极体系时,战争的次数可望会减少。在他们看来,国与国之间相互作用越受限制,不稳定的可能性就越大,虽然两极体系下结成国家联盟的做法减少了成员国内部之间发生冲突的可能性和激烈程度,但是它们与联盟以外的行为者发生冲突的深度和广度则增加了;同时,两极均势体系也是一种很敏感的体系,任何一方的力量消长都可能会引发势力天平的倾斜;而在多

---

① 詹姆斯·多尔蒂、小罗伯特·普法尔茨格拉夫:《争论中的国际关系理论》,世界知识出版社 1987年,第180页。

极体系之下,由于相互之间存在着伙伴关系和牵制作用,因而会相对稳定。

三是两极——多极体系稳定论。理查德·罗斯克兰对两极和多极化体系都表示了不满。他认为在一个两极体系下,两个超级大国对一切重大国际问题的结局都会感到利害攸关,这样两极体系基本上就是一个你死我活的竞争场所,只有置对方于死地才有生存的希望,因此,在两极体系下扩张的野心要大于多极体系,而且在两大阵营中的大国之间也更可能爆发冲突。而在多极体系下,虽然冲突的激烈程度会比两极体系小,但是由于利益和要求的种类增多,冲突的爆发将更频繁。即使多极的国际秩序能够限制冲突的后果,但是它不能使冲突的数量有所减少。而在他提出的两极加多极化体系中,两个主要国家起着调节其他地区冲突的作用;同时,多极国家将在两极国家的冲突中起调解和缓冲作用。不管发生哪种情况,都不会使冲突彻底消除,但是却都可能使冲突受到限制①。

此外,奥兰·扬也对两极和多极体系稳定论提出了批评,他认为两极稳定论和多极稳定论都是一种偏重结构的分析模式,两者都忽视了体系本身的能动性。他认为要准确地分析国际体系的稳定和冲突,就必须要建立起一套既能突出全球范围内国际政治的各个中心的相互渗透的不断深入,又能强调若干新生的、各不相同的区域或子系统的重要作用的模式。他为此而建立了一种"突变模式"的分析框架,概括了全球和地区各种权力活动同时产生的影响,突出体现了各种迭合和突变因素,并以此来说明全球各地区之间和各区域内部的政治利益与权力关系模式有哪些相同和不同之处,明确各个次体系的边界、交错和重叠之处。扬建立这一模式的目的并不是为了强调模式本身的稳定性,而是从另一个角度来帮助人们认识各子系统间相互渗透的多样性和复杂性、各子系统间相互操纵的可能性、具有整体利益的行为者不能协调一致的问题和各子系统与全球国际政治结构间的关系问题。

五、全球化与国际政治

(一) 全球化的含义

全球化是我们这个时代最重要的特征之一,但是全球化到目前为止还是

---

① 詹姆斯·多尔蒂、小罗伯特·普法尔茨格拉夫:《争论中的国际关系理论》,世界知识出版社1987 年,第183 页。

一个缺乏明确界定的概念。自由主义经济学家认为,全球化是指生产的国际化、新的国际分工、移民以及加剧上述进程的竞争环境;社会学家往往把全球化看成是现代性的各种制度在全球范围内的扩张;在一些西方政治学家眼中,全球化意味着各国之间在政治文化、政治价值和政治制度等方面的某种交流和趋同,即自由、平等、人权和民主等价值的普遍化及国际国内政治界限的模糊;从文化角度出发研究全球化的学者则认为全球化指不同的生活方式、消费方式、观念意识和风俗习惯的同一化。理想主义学派认为全球化就是世界各国人民汇合成一个全球社会的过程,而现实主义学派则认为全球化指的是世界范围内社会关系的日渐模糊。在有些不发达国家的学者看来,全球化其实就是现代资本主义对发展中国家进行殖民式剥削的另一种方式,只不过是帝国主义的一个变种而已。而罗马俱乐部则认为,全球化就是全人类在危及自身共同命运的全球性问题上达成一系列共识的过程。

除了从各个不同的研究角度可以得出不同的全球化含义外,全球化也有不同的层次。在技术与经济层次上,全球化意味着在经济力量和技术力量的推动下,世界正在被塑造成一个共同分享的社会空间;在全球,一个地区的发展能够对另一个地方的个人或社群的生活产生深远影响。在社会政治层次上,全球化往往被理解为人类在环境恶化、核威慑等全球问题背景下的全球治理以及价值和制度上的输入和输出。在文化层次上,全球化被视为是人类各种文化、文明发展要达到的一种理想状态或目标。

总之,在一般意义上,我们可以把全球化理解为人类克服时空障碍的能力的加强和全球相互联系、相互依存程度的扩大和加深。即使在这样一种意义上,人们对全球化的理解也有范围宽窄的不同。在国内学术界,宽泛型的理解是把全球化视为当代人类活动空间正日益跨越民族国家主权版图的界限,在世界范围内展现出全方位的沟通、联系、交流与互动的客观历史进程;狭窄型的理解是把全球化的本质规定为是经济上的全球化,市场化是全球化的基础,有人甚至认为全球化本质上是全球范围内市场经济的一体化历史进程;中间型的理解是把全球化视为人类从彼此分隔的多中心时代逐步走向全球性社会的历史变迁过程①。

以对全球化本身的态度而论,人们又往往把全球化研究的理论分为三种,

---

① 杨雪冬:《国外全球化理论》,《国外社会科学》1999 年第 3 期;纪玉祥:《全球化与当代资本主义的新变化》,《马克思主义与现实》1998 年第 4 期;俞可平:《全球化研究的中国视角》,载《战略与管理》,1999 年第 3 期。

即极端全球主义者、怀疑论者与变革论者①。极端全球主义者认为,当代的全球化标志着一个新时代,在这个时代里,各个民族日益服从于全球市场的约束;怀疑论者则认为,全球化在本质上是一个神话,掩盖了国际经济不断分裂为3个主要地区集团和国家政府依然强大的现实;变革论者则认为,全球化的当代模式是前所未有的,因此全球的各国正在经历着一个深刻的变革过程,它们努力适应着这相互联系更紧密,但又非常不确定的世界。

全球化与国际化和一体化是一组紧密相关的概念。国际化是指相对独立的政治经济体系融入国际社会的过程,它反映的是以民族国家为主体的交往活动从相对封闭走向开放的途径和结果,而全球化则更为注重跨国家、跨地区的过程中非国家的国际行为主体和全球共同规范的作用。一体化指各国在政治、经济交往过程中由国别差异所带来的制度性障碍被逐步消除的过程,它侧重于质的统一性,而全球化则包含着结构、层次和过程的多样化。所以,可以说国际化导致了全球化,而在全球化发展过程中新的全球性制度的形成又导致了一体化。但是,全球化在表现为国际化和带来一体化的同时也表现为本土化和分散化。即全球化一方面冲破了传统的民族国家的壁垒,越来越多的国际性标准和规范为世界各国所共同遵守,民族国家在各个领域内的活动与国际接轨成为一种潮流,但是各国在接受这些国际性规则和制度的同时却尽量在将其和本土的传统和本国的特征相结合,从本土的角度来解释和实施国际规范和制度。全球化一方面表现为各个国家之间在经济和政治上的制度和规范趋同的一面,国家间的一体化趋势非常明显,但另一方面各个国家、各个地区和各个民族自身的独立性却比以往任何时候都更被强调。区域自治、地方自治和社区主义的浪潮也伴随着全球化而越发高涨。

(二) 全球化与国家主权

全球化在当代国际政治中所带来的最严峻的挑战莫过于对国家主权的影响。自1648年威斯特伐利亚和会以来,主权原则便成了构建近代以来国际关系的基石,在无政府状态的国际现实中,主权原则也是各国保护自己的独立和安全的最重要的法律武器②。但是,超越民族国家疆界的全球化的发展,正在对传统的主权内涵形成巨大的冲击,主权问题是当今国际政治发展中最突出,同时也是争议最大的一个问题。

① 戴维·赫尔德:《全球大变革》,社会科学文献出版社2001年,第4—14页。
② 俞正樑等:《全球化时代的国际关系》,复旦大学出版社2000年,第202页。

在国际上,全球化的发展所带来的一个重要特征就是国际组织的大量兴起和发展。像世界银行、国际货币基金组织、世界贸易组织、欧盟等全球和地区性组织对世界和地区事务正在产生越来越广泛和深入的影响,使得原有的国家权力不断向这些超国家组织流变。除了正式的国际组织之外,在当代的国际政治活动中还有越来越多的非政府组织也越来越多地卷入国际事务之中,发挥着不断增长的影响,对国家主权起着某种约束、侵蚀或抵消作用。在近年的国际政治发展中,还有一个明显的现象就是原主权原则所绝对不能容忍的干预一国主权行为开始在国际政治活动中增多。联合国在一些国家所设立的"安全区"、"禁飞区"等在无形中硬化了国际法律规则和秩序,不但使被干预国家的主权受到了一定程度的限制,而且国际法律和规则的扩展和硬化也对其他国家产生了类似的影响。同时,随着国际联系的加深和加强,各个国家在国际上的行动也往往受到了其他相关国家的牵扯和制约,全球问题的解决也离不开各个国家间的合作与配合。国家在国际政治中的活动并不是像在真空中一样不受限制,而是越来越多地受到了其他力量的制约。

在国内,全球化所带来的各国间联系的加强使得各个国家内部的一举一动也往往会牵扯到其他国际政治的行为主体,某一国家或地区的事务可能会波及到其他国家或地区,反之亦然,各国之间联系和影响的增强和国际规则的硬化也使得一国内部的决策往往会受到其他行为主体的影响和控制。在这种大的背景之下,民族国家对本国事务的管理已经不再具有完全意义的排外权,其政策的制定、机构的设置甚至产品的标准等都必须要考虑到与国际环境相协调。通讯的高度发达所带来的大众传媒的普及和深入使得国内官僚机构决策活动的保密性受到了巨大的挑战,政府和公共部门的活动在很大程度上无时不受到来自国际社会的关注、审视和评判,国内的决策活动也就不得不考虑到国际社会的反响。国际力量对国内政治决策活动影响的加深,越过领土边界的事务增多以及资本、人员和技术的跨国流动,使得原有构成国家的四大要素都受到了不同程度的挑战,传统意义上的国际政治与国内政治间的明显的界限在某些领域内正逐渐变得模糊。

民族国家的主权除了受来自国际环境的挑战之外,全球化也使得其内部分权的潮流在不断加剧。全球化在伴随着国际化和一体化的同时也凸显了地区和城市在全球经济和政治活动中的重要性,"地区和城市将超越国家疆界,成为经济全球化过程中再工业化和重新组合的主要空间。"[①]这就使得民族国家的权力流向地区机构和社区,甚至流向少数集团和围绕着某一问题而形成

271

---

① 　周志忍:《当代国外行政改革比较研究》,国家行政学院出版社1999年,第6页。

的选民集团,国家权力面临着不断分散化的压力。与此同时,与全球化带来的一体化相伴行的还有本土化,即一国之内的各个民族和种族的本土意识、本根意识和自我意识的加强。在国家认同与民族或地区认同发生冲突或对国家认同发生动摇之时,很可能产生出对国家和政府的认同危机而强化对本民族、本地区的认同。在全球化的过程中,民族独立运动不但没有下降的迹象,反而是随着全球化的深入而不断高涨。民族独立、民族自治、地区自治和社区自治的兴起,直接从内部挖空了有些国家的统治基础而导致国家解体。

但是,全球化对国家主权原则所提出的挑战并不意味着主权的终结,也并不一定就意味着国家权力的削弱。全球化理论中的怀疑论者就指出,极端全球化论者在鼓吹全球化的时候完全低估了国家政府管制国际经济活动的持久权力,全球化的力量其实并没有摆脱国家的控制,相反恰恰要用国家的权力来确保经济自由化的不断进行。吉尔平甚至认为,国际化在很大程度上是美国发起的多边经济秩序的副产品①。在国际政治活动中,国家为实现和扩大自己的利益而对主权进行一定程度的限制是必要的,也是一个客观的发展趋势,在许多问题领域内各国都已经而且必将还会将更多的传统主权属下的权力让渡给更高层的国际政治经济组织并受到各方面的制约,但是这并不违背主权的本质精神,也并不构成对主权的本质精神的伤害。

(三)全球化与相互依赖

一般意义的相互依赖是指行为主体在行动和利益上的一种影响和制约关系,这是任何一个体系都必然具备的基本特征。在国际体系之中,相互依赖的关系意味着体系中的任何单位行为的变化或其内部发生的事件,都会对其他单位的行为态度造成影响,或者受其他单位的影响。

全球化的发展首先在发达国家产生了明显的影响,使发达国家的技术、资本和金融的相互依赖及与之相应的经济协调机制得到加强②。在资本和金融领域,发达国家之间资本的国际运动以空前的规模和速度向前发展,不仅使国际金融市场空前发展,而且货币资本的国际活动同商品资本的国际化和产业资本的国际化联系也越来越紧密。这一方面表现为非官方的民间资本的国际借贷空前高涨,跨国公司充当了资本输出和输入的主体,多中心的金融活动受各国政府的政策法令的约束越来越少,资本的顺利流动加深了发达国家之间

---

① 戴维·赫尔德等:《全球大变革》,第8页。
② 俞正樑等:《全球化时代的国际关系》,第191页。

在经济上的相互依赖程度;同时,经济国际化的发展也导致了各国之间在经济交往中产生磨擦的机会增多,维护共同得益的需要在客观上也提出了加强与改善国际经济运行机制和国际经济协调机制的要求,超国界的协调逐步加强,联合干预的措施被广泛采用。

全球化在使发达国家相互依赖程度加深的同时,也在发达国家与发展中国家之间不断制造出不对等的依附关系。发展中国家由于经济实力、社会结构及制度结构等方面的薄弱环节,往往容易成为经济全球化的负面效应的受害者。全球化在一定程度上也加大了发展中国家与发达国家之间的差距,甚至还造成了发展中国家内部的动荡与不稳。事实表明,经济全球化进程最快的时期也是贫富差距进一步拉大的时期。据统计,世界上20%最富有者与最贫穷者的收入差距已从1960年的30∶1、1991年的61∶1扩大到了1995年的82∶1①。在政治上,由于全球化发展过程中的一系列制度安排都往往是在发达国家的主导下进行的,发展中国家在参与全球经济发展的过程中,为了获得全球化带来的好处,有时会被迫主动对自己的某些经济管理权限做出某些让步。再加上发展中国家往往位于国际产业分工的边缘或外围,极易接受发达国家扩散的低层次产业,在垂直分工中处于底层,最终导致发展中国家产业结构的单一性和从属性。

世界各国在世界上相互依赖关系的不断强化还使这种依赖关系不断越出经济范围而进入到了政治、军事、外交和社会等领域,在各国之间形成了全面依存的关系。全球化过程中所出现的人口、资源、毒品、核武器、裁军和恐怖主义等全球问题的不断增多,单靠某个国家的力量已经无能为力,只能在各国间相互交流与合作中求得共同解决。全球问题的出现使得世界各国真正成了一个整体,任何国家和国家集团都不可能不受这些问题的影响或者单独出面解决这些问题,世界上的各个国家只能联合起来共同合作才能求得这些问题的解决。而各个国家之间的交流与合作也已经不可能再局限在原有的经济和技术领域,而是各个领域内的全方位合作,通过多种途径来求得共同问题的解决。

全球化所带来的跨国活动的增多和国际体系行为主体的多元化,也使得跨国家的行为主体和次国家行为体越来越多地参与到了国际价值的分配和决策过程之中。这些跨国家行为主体和次国家行为体在国际价值的分配和决策活动中已经形成了复杂的网络,有时还有可能和国家间关系网络构成竞争,从而扩大了他们在全球空间范围内的规模和密度,以国家为中心的价值分配体系已经从整体上越来越失去了支撑能力,已经没有任何一个国家能够完全支

---

① 俞正樑等:《全球化时代的国际关系》,第193页。

配次国家行为体和地区行为体,国家在国际价值的分配和决策过程中受到很大的制约。与此同时,随着国际行为主体的增多和各种全球问题的出现,以国家安全为中心的价值也正在让位于越来越多元的价值,以国家安全为中心而构建出来的国家间的秩序,不可避免地要越来越让位于以多元行为主体的多元价值为特征的世界秩序。

（四）全球化与全球治理

所谓全球问题,是指在全球范围内普遍存在的涉及整个人类生存和发展的世界性问题。全球问题是在 20 世纪中期伴随着新技术革命而出现的,其要点是全球社会在政治、经济、文化、科技等方面都深深交织在一起,相互作用并相互牵制。

从全球问题的层次上看,人们一般把全球问题分为三个层次。在最为狭窄的层次上,全球问题主要指全球生态问题,即人类在利用和改造自然的过程中产生的一系列自身所始料不及的问题,即人口、资源、环境和粮食问题。目前,全球人口的迅猛增长是当今世界发展的一大特点,全球人口正以每年 8 000 万的速度增长。当前人口问题的新特点是随着人口的爆炸性增长,人口的老龄化和移民浪潮也在不断加剧。人口的过快增长所带来的首要问题就是使满足人类生存的资源出现紧张,给自然资源带来了巨大的压力,导致了所谓的"能源危机"和粮食危机。由于新增的人口主要出现在发展中国家,贫困和饥荒是对不少发展中国家的重大威胁。与此同时,工业化发展过程中还带来了诸如物种灭绝、臭氧层损耗、温室效应、水土流失、大气污染等严重的环境问题。

第二个层次上的全球问题是全球性的经济社会问题。由于在历史上长期受殖民掠夺,独立后又一直受不平等的国际经济秩序的影响,加上国内的社会经济制度和政策因素,不少发展中国家在社会经济发展过程中处境极为困难,发达国家与发展中国家的经济差距越来越大,全球范围内的贫富悬殊在不断加大。世界上最贫穷国家的人均收入已经从富裕国家人均收入的 3.1% 下降到了 1.9%,有不少国家内部各地区和阶层的贫富差距也在不断扩大。与此同时,在国际体系的变动过程中,还因各种原因出现了严重的难民、毒品、跨国犯罪、恐怖主义和妇女问题等严重的社会问题,其正从各方面威胁到人类的和平与安宁。

第三个层次上的全球问题是核武器、民族矛盾、宗教冲突和领土争议等全球范围内的全球或地区性政治问题。目前世界上的现存核武器已经足以把世界毁灭几十次,全世界都处在"核冬天"的威胁之下。宗教冲突、领土争端和民族矛盾等问题虽然主要发生在局部地区,但是矛盾的激化和冲突的频繁和升级也加剧了国际关系的紧张局势,阻碍了各国经济社会的正常发展,给各国人民都带来了灾难。

全球问题的出现是当代国际政治中的一个突出现象,当代的全球问题也是作为一套完整的体系而存在的,相互之间存在着紧密的联系。这些全球问题的存在无疑将对未来的全球危机的规模与性质、构成与内容及表现形式产生巨大的影响。它要求国际社会必须要以全新的理念去共同寻求对这一系列全球问题的有效治理。全球问题的出现必然推动国际社会携手,加强全球行动与国际合作,促使国际制度的变革与创新。全球治理这一概念的提出在一定程度上也就是对这种新的挑战的回应。它表明了在全球问题治理过程中单纯凭借原有民族国家的力量已经不足以解决问题。在全球问题的治理活动中,一方面要求各国政府建立多渠道的合作,建立多重国际规则,同时也要顺应时代的潮流,注意发挥各种非政府组织在全球治理中的作用。为了弥补某个单一国家在国际合作制度中的局限,推动全球问题的解决,全球制度的建立和完善也是全球治理的一条必由之路。

思考题

1. 国际政治与国内政治有何联系与区别?
2. 国际社会的行为准则有哪些?
3. 国际社会的行为主体及其变化趋势是什么?
4. 国际体系的理论类型与实际类型有哪些?
5. 全球化时代下国际政治发展的新趋势是什么?

第一版后记

本书的写作顾问是曹沛霖教授,书稿的整个写作过程自始至终都是在他的关心和指导下进行的。本书的写作大纲依据全国公共管理硕士(MPA)专业学位教育指导委员会规定的教学大纲,同时参考政治学理论发展的前沿成果,并由全体作者多次认真研究讨论后确定。各位作者在完成初稿后经主编审阅对初稿进行了修改,最后由主编定稿。本书是老、中、青教师结合进行集体创作的成果。由于各位作者在写作过程中的创造性劳动,使本书得以达到现在的水准。

本书各章初稿分工如下:

孙关宏、何俊志、任军锋:第一章;

陈周旺:第二章、第三章;

胡雨春、何俊志:第四章;

任军锋:第五章、第八章、第九章;

陈尧:第六章、第十章;

何俊志:第七章、第十一章。

我们要感谢国际关系与公共事务学院对本书在写作过程中所给予的财力支持。同时感谢张敏、沈丽娟老师为本书的文字打印、编排、复印所付出的辛勤劳动。还要特别感谢复旦大学出版社邬红伟副编审所给予的帮助和斧正。此外,我们在写作过程中参阅了许多国内外专家、学者的研究成果,如果没有这些研究成果的启示,本书难以达到现在的水平,谨向政治学界的各位同仁致以谢意。

孙关宏　胡雨春

2001 年 12 月

第二版后记

本书作为 MPA（公共管理硕士）系列教材之一，出版已经八年了。复旦大学出版社的邬红伟先生希望我们在原来框架结构基础上作一次修订。我们遵嘱要求参与本书写作的各位作者对自己分工负责的各章作一次仔细的审读，对已经过时的、不适当的提法和资料，以及文字表达上的欠妥之处，作一些修正、补充和润饰。修订时我们删除了书后的参考书目。修订过程中，任军锋协助我们做了不少联络和组织工作。

本书各章修改分工如下：

何俊志　任军锋　第一章

陈周旺　第二、三章

何俊志　第四、七、十一章

任军锋　第五、八、九章

陈　尧　第六、十章

本书第一版出版后，承蒙不少高等院校相关专业的教师和学生的厚爱，采用本书为教材，我们在此深表感谢，并欢迎他们以及所有读者对本书的修订本提出宝贵意见，我们将同样表示深深的谢意。

孙关宏　胡雨春

2010 年 5 月

图书在版编目(CIP)数据

政治学/孙关宏,胡雨春主编.—2版.—上海:复旦大学出版社,2010.6(2024.9重印)
(复旦博学·MPA系列)
ISBN 978-7-309-07198-6

Ⅰ.政…　Ⅱ.①孙…②胡…　Ⅲ.政治学-研究生-教材　Ⅳ.D0

中国版本图书馆 CIP 数据核字(2010)第 063051 号

政治学(第二版)
孙关宏　胡雨春　主编
责任编辑/邬红伟

复旦大学出版社有限公司出版发行
上海市国权路 579 号　邮编:200433
网址: fupnet@ fudanpress.com　http://www.fudanpress.com
门市零售: 86-21-65102580　团体订购: 86-21-65104505
出版部电话: 86-21-65642845
浙江临安曙光印务有限公司

开本 787 毫米×960 毫米　1/16　印张 17.75　字数 307 千字
2024 年 9 月第 2 版第 10 次印刷
印数 35 701—36 800

ISBN 978-7-309-07198-6/D·454
定价: 40.00 元